U0115969

中華文化思想叢書

清代學術源流

上冊

陳祖武　著

目次

上編
明清更迭與清初學術

第一章
清初國情分析

　　探討歷史問題，一個基本的準則，便是要將這一問題置於它所由以產生的社會環境中去。對歷史上的經濟問題如此，政治問題如此，軍事問題如此，學術文化問題亦復如此。而在歷史上，不同時期的學術現象，不僅有其自身發展的內在邏輯，而且無不是受那一定時期的社會經濟、政治等諸多因素的制約，並在宏觀上規定了它所能達到的高度。因此，要考察清初學術史，總結出八〇年間學術發展的基本規律來，準確地把握當時歷史環境的基本特徵，就成為一項十分必要的工作。也就是說，弄清楚清初的國情，是研究順治、康熙二朝學術史的出發點。

一　對十七世紀中葉中國社會發展水準的基本估計

　　清初的歷史，乃至全部清王朝的興衰史，是在一個什麼樣的基礎之上展開的？這是需要我們首先去加以解決的問題。

　　清王朝建立的十七世紀中葉，無論在世界歷史上，還是在中國歷史上，都是一個重要的發展時期。不過，這種重要性的內涵，世界史與中國史卻不盡一致。就世界範圍而言，在西歐的一些國家，資本主義經濟關係經過一個多世紀的醞釀，到此時已經日趨壯大而足以同腐朽的封建制度相抗衡，並最終取得沖決封建經濟網羅的勝利。以公元一六四〇年英國資產階級革命的爆發為標誌，開始了資本主義在西歐

的勝利進軍。這樣的巨大歷史變遷，無疑是具有劃時代意義的，它對
人類社會歷史發展的影響也是空前的。從此，揭開了世界近代歷史的
第一頁。但是，這絲毫不意味著世界各國在同一時期都邁入了近代社
會的門檻。同各個國家、各個民族經濟發展水準的不均衡相一致，它
們各自的社會發展水準也不可能是同步的。當歐洲的歷史翻開近代社
會篇章的時候，古老的中國卻依然被封建制度牢固地桎梏著，並沒有
提出迎接近代社會的歷史課題。在當時西歐的歷史舞臺上，顯示出扭
轉乾坤力量的，是新興生產方式的代表者資產階級。而在東方，左右
當時中國歷史命運的，仍舊是與封建宗法制扭結在一起的封建地主階
級及其國家機器。從十七世紀二〇年代起，在中國歷史舞臺上叱吒風
雲的農民大眾，雖然他們以不可抗拒的力量摧毀了舊的封建王朝，但
是他們卻沒有意識到，也不可能去否定這個王朝所據以建立的封建經
濟結構。恰恰相反，嚴酷的歷史現實表明，作為推動歷史車輪前進的
階級，十七世紀的中國農民大眾，在爭得生存下去的一點可能之後，
他們所付出的巨大代價，卻被頑固的封建制度無情吞噬。其結果，便
是他們沿著父祖生前的足跡，依舊回到以耕織相結合的生產方式中
去，成為替新的封建王朝創造財富的基本力量。

在十七世紀的中國社會成員構成中，同西歐迥然而異，這裏不惟
沒有資產階級的席位，而且也尚不具備產生資產階級的歷史條件。爾
後的歷史發展證明，直到之後兩個世紀，中國資產階級才出現在歷史
舞臺上。近數十年來，我國歷史學界和經濟學界的研究成果顯示，儘
管自明代中葉以後，在我國少數地區的某些手工行業中，已經出現了
資本主義萌芽，但是由於作為國民經濟主要構成部分的農業勞動生產
率的低下，這就決定了手工行業中的這種萌芽是極其微弱的。退一步
說，即使是如同某些同志所論證，在當時的農業生產中也出現了類似
的萌芽。但是從總體上來看，較之以農業和家庭手工業相結合的封建

經濟，局部而微弱的資本主義萌芽，不過宛若汪洋大海中的一葉扁舟而已，步履艱危，隨時存在傾覆的可能。在十七世紀二〇年代到八〇年代的社會動盪所造成的經濟凋敝中，資本主義萌芽被摧殘殆盡，就充分地說明了這一點。

足見，同樣作為重要的歷史發展時期，西歐的十七世紀是以資本主義的勝利進軍來顯示其歷史特徵的。而中國的十七世紀不然，它所展示的則是一幅激劇動盪的歷史畫卷。封建商品經濟的發展所孕育的微弱資本主義萌芽，土地兼併、賦役繁苛所造成的生產力大破壞，空前規模的農民大起義和隨之而來的封建王朝更迭，曠日持久的國內戰爭，以及這一世紀最後二十年間封建經濟的復蘇，所有這些都層次清晰地錯落在畫面上。這一幅歷史畫卷表明，在十七世紀的中國，古老的封建社會雖然已經危機重重，但是它並沒有走到盡頭，它還具有使封建的自然經濟恢復和發展的活力。因此，十七世紀中葉的中國社會並沒有翻開近代歷史的篇章，它依舊處在封建社會階段，只是業已步入其晚期而已。我們不能違背這樣一個基本的歷史實際，用世界歷史的分期來規定中國歷史的分期，人為地把十七世紀中葉的中國社會納入世界近代社會的範疇。否則，我們不僅對清初學術歷史價值的估計要出現偏差，而且對整個清代學術的歷史評價都可能出現偏差。

二　明清更迭是歷史的前進

從廣義上說，明清更迭並不僅僅是指崇禎十七年（1644年）三月十九日朱明王朝統治的結束，以及同年五月清軍的入據北京和四個月後清世祖頒詔天下，「定鼎燕京」。[1]它是一個歷史過程。這一過程長

1　《清世祖實錄》，卷9，「順治元年十月甲子」條。

達一個世紀的時間，其上限可以一直追溯到明萬曆十一年（1583年）清太祖努爾哈赤以七大恨告天興兵，其下限則迄於清康熙二十二年（1683年）清廷最終清除亡明殘餘，統一臺灣。

中國封建社會發展到明代，隨著專制主義中央集權的強化，其腐朽性亦越發顯現出來。及至明神宗萬曆之時，朱明王朝已入末世。其間雖有過張居正十年（1573-1582年）的銳意革新，然而頹勢已成，不可逆轉。啟禎兩朝，更是江河日下，猶如癰疽積年，只待潰爛了。

土地兼併，這在漫長的中國封建社會，尤其是它的晚期，是一個無法解決的社會問題。明末，不惟地主豪紳巧取豪奪，「求田問舍而無所底止」，更有官莊的肆意侵吞。據《明史》〈食貨志〉載：「神宗賚予過侈，求無不獲。潞王、壽陽公主恩最渥，而福王分封，括河南、山東、湖廣田為王莊，至四萬頃。群臣力爭，乃減其半。……熹宗時，桂、惠、瑞三王及遂平、寧德二公主莊田，動以萬計，而魏忠賢一門，橫賜尤甚。蓋中葉以後，莊田侵奪民業，與國相終云。」[2] 僅以江蘇吳江一地為例，「有田者什一，為人佃作者什九」，土地兼併已經發展到如此嚴重的地步。加之私租苛重，縉紳飛灑、詭寄，轉嫁賦役，「佃人竭一歲之力，糞壅工作，一畝之費可一緡。而收成之日，所得不過數斗，至有今日完租而明日乞貸者」。[3]

明末，在以農民為主體的廣大勞動者身上，既有私租的榨取，復有官府繁苛賦役的重壓，而遼、剿、練三餉的加派，則更屬中國古史中所罕見的虐政。崇禎十二年（1639年），御史郝晉上疏，對加派的苛酷驚歎道：「萬曆末年，合九邊餉止二百八十萬。今加派遼餉至九百萬，剿餉三百三十萬，業已停罷，旋加練餉七百三十餘萬。自古有

2　〈食貨志一〉，《明史》，卷77。
3　顧炎武：〈蘇松二府田賦之重〉，《日知錄》，卷10。

一年而括二千萬以輸京師，又括京師二千萬以輸邊者乎？」[4]在重重壓榨之下，人民生計蕩然。崇禎末年，自江淮至京畿的數千里原野，已是「蓬蒿滿路，雞犬無聲」。[5]

同經濟的崩潰相終始，明末政治格外的腐敗：閹寺弄權，士紳結黨，貪風熾烈，政以賄成，一片亡國景象。明神宗在位四十餘年，蟄居深宮，侈靡無度。熹宗一朝，宦官魏忠賢一手障天，禍國殃民，「自內閣六部至四方總督、巡撫，遍置死黨」。[6]魏氏黨羽，推行恐怖政治，「廣布偵卒，羅織平人，鍛鏈嚴酷，入獄者率不得出」。[7]政治黑暗，無以復加。天啟六年（1626年）八月，浙江巡撫潘汝禎請為魏忠賢建生祠。一人首倡，群醜效尤，競相建祠於蘇、杭、松江、河北、河南、山西、陝西、四川等地，「計祠所費，不下五萬金」。[8]寡廉鮮恥，趨炎附勢，已成一時風尚。而熾烈的貪風，公行的賄賂，在明季官場更有席卷之勢。崇禎帝即位之初，戶科給事中韓一良上疏言道：「然今之世，何處非用錢之地？何官非受錢之人？向以錢進，安得不以錢償？……以官言之，則縣官行賄之首，而給事為納賄之魁……科道號為開市。臣兩月來辭金五百，臣寡交猶然，餘可推矣。」[9]崇禎當政十七年，儘管孜孜圖治，然而病入膏肓，積重難返，歷史又豈是個人意志所能轉移！因此，崇禎一朝「事事仰承獨斷」的結果，不惟於事無補，反倒使「諂諛之風日長」。[10]這樣腐朽已極的封建專制政權，理所當然要遭到歷史的淘汰。

4　〈食貨志二〉，《明史》，卷78。
5　谷應泰：〈崇禎治亂〉，《明史紀事本末》，卷72。
6　〈魏忠賢列傳〉，《明史》，卷305。
7　〈田爾耕列傳〉，《明史》，卷306。
8　谷應泰：〈魏忠賢亂政〉，《明史紀事本末》，卷71。
9　谷應泰：〈崇禎治亂〉，《明史紀事本末》，卷72。
10　谷應泰：〈崇禎治亂〉，《明史紀事本末》，卷72。

正當朱明王朝積弱待斃之際，地處我國東北的建州女真崛起。自
努爾哈赤於萬曆十一年（1583年）興兵以來，短短半個世紀，雄踞遼
瀋，虎視關內。皇太極繼起，揮師頻頻叩關，出沒於山東、山西、河
北，乃至京畿一帶，成為終明之世不得擺脫的敵對力量。而置朱明王
朝於死地的，則是無路可投的農民大眾。天啟七年（1627年），陝西
白水縣農民率先舉起義旗。星星之火，倏爾燎原，於崇禎十七年
（1644年）將腐朽的朱明王朝埋葬。但是李自成的大順農民政權，由
於其小生產者的局限，沒有能夠得以鞏固，入據北京僅僅四十餘日便
又匆匆西去。明末農民大起義的勝利成果，為擁兵西進的滿洲貴族所
攫奪。中國封建社會沒有發生根本的變革，而只是憑藉農民起義的力
量，實現了改朝換代的政治變動。

清王朝作為一個全國性的封建政權，自順治元年（1644年）建
立，迄康熙二十二年（1683年）統一臺灣，經歷了整整四十年的動亂。

順治元年滿洲貴族的入關，改變了明末階級力量的對比，使之出
現了新的組合。在北方，曾經受到李自成農民軍嚴重打擊的地主階
級，以吳三桂降清為標誌，很快與滿洲貴族合流。而在張獻忠農民軍
所掃蕩的南方，地主階級亦糾集反動武裝，對農民軍進行拼死反抗。
未曾受到農民起義沉重打擊的江南官紳，則於同年五月，在南京建立
起弘光政權，試圖與滿洲貴族「合師進討，問罪秦中」。[11]清廷作為滿
漢地主階級利益的代表者，一方面於順治元年頒發圈地令，下令將北
京附近各州縣的所謂「無主荒田」，「盡行分給東來諸王、勳臣、兵丁
人等」，以確保滿洲貴族對土地的大量佔有，使「滿漢分居，各理疆
界」[12]；另一方面，則在不與圈地衝突的前提下，明文規定保護漢族

---

11 蔣良騏：《東華錄》，卷4，「順治元年七月」條。
12 《清世祖實錄》，卷12，「順治元年十二月丁丑」條。

地主階級的利益，於順治二年宣佈，因戰亂出逃的地主，返鄉之後，
「準給故業」，任何人不得「霸佔」，否則將以「黨寇」懲處。[13]就全
國範圍而言，順治之初，基本上是一個滿漢地主階級聯合鎮壓農民起
義的局面。

　　然而，清政權對漢族地主階級的聯合和保護是有前提的，那就是
必須無條件地服從新王朝的統治，承認滿洲貴族在這一聯合政權中特
殊的核心地位。對此不得有絲毫的異議，更不能「擁號稱尊」，否則
「便是天有二日，儼為敵國」。[14]所以，當南明政權拒不接受這樣的現
實之後，這一格局便迅速發生了變化。順治二年四月，明末農民大起
義的主要領袖之一李自成犧牲於湖北通山縣九宮山。翌年冬，另一主
要領袖張獻忠亦在四川西充縣鳳凰山捐軀，轟轟烈烈的明末農民大起
義，至此就更向低潮跌落下去。在農民軍蒙受重大挫折，局促西南一
隅的同時，清軍揮師南下，以武力強迫江南官紳接受歷史的現實。順
治二年五月，弘光政權崩潰。六月，清廷再頒剃髮令，將滿人剃髮習
俗強制推行於江南。清廷重申：「自今布告之後，京城內外，直隸各
省，限旬日盡行剃完。若規避惜髮，巧詞爭辯，決不輕貸。」還嚴格
規定：「已定地方，仍存明制，不遵本朝制度者，殺無赦！」[15]這樣的
民族高壓政策，雖然使不少江南官紳低頭就範，但是也有更多的不甘
民族屈辱者，挺而抗爭，投身到風起雲湧的反剃髮鬥爭中去。形勢的
急劇變化，打破了滿漢地主階級聯合鎮壓農民起義的格局，民族矛盾
一度上陞為社會的主要矛盾。

13　《清世祖實錄》，卷15，「順治二年四月丁卯」條、卷18，「順治二年閏六月辛巳」
　　條。
14　蔣良騏：《東華錄》，卷5，「順治元年七月」條；《清世祖實錄》，卷6，「順治元年七
　　月壬子」條所載同，唯「儼為敵國」作「儼為勁敵」。
15　蔣良騏：《東華錄》，卷5，「順治二年六月」條。

　　民族矛盾的空前激化，為大順、大西農民軍餘部同繼弘光政權後相繼建立的南明隆武、永曆政權聯合抗清，提供了客觀的條件。於是在清初歷史上，出現了以農民軍為主體的抗清鬥爭高潮。但是，一則由於南明政權的極度腐敗，不惟官僚傾軋，黨爭不已，而且極力排斥、打擊農民軍。再則無論是大順軍還是大西軍，又都沒有形成一個強有力的領導集團，兩支力量始終未能有效地合作，甚至還發生火拼。這樣，經過十餘年的角逐，到康熙三年（1664年），抗清鬥爭終於被鎮壓下去。至此，全國範圍的反民族壓迫鬥爭基本告一段落，民族矛盾趨向緩和。

　　自康熙三年起，曾經出現過一個近十年的相對平靜局面。之所以說它是相對平靜，其根據在於，康熙帝親政前後，鼇拜輔政，屢興大獄，擅殺無辜，弄得朝野不寧。六年，康熙帝親政。八年，總算把鼇拜除去。但是，此時臺灣鄭氏猶擁兵自立，不奉正朔；西北準噶爾部封建王公正在積聚力量，以與清廷抗衡；吳三桂、尚可喜、耿精忠等藩王，則已是尾大不掉了。所以，與其說是平靜，倒不如說是更大規模對抗和動亂前的醞釀。一方面是清廷強化其中央集權政治需要的日益迫切，另一方面是以吳三桂為代表的封建軍閥割據稱雄欲望的惡性膨脹，矛盾雙方力量的消長，演成了自康熙十二年（1673年）起，長達八年之久、蔓延十餘省的三藩之亂。康熙二十年（1681年），三藩亂平。嗣後，清廷才於康熙二十二年降伏鄭氏勢力，統一了臺灣。

　　一如前述，明朝末年，社會經濟已經是一個崩潰的爛攤子。清軍入關之初，連年用兵，戰火不熄，社會生產力遭到了嚴重的破壞，經濟狀況久久不能復蘇。就連清世祖也不得不承認，順治中葉的社會狀況，依舊是「民不聊生，飢寒切身」，「吏治墮污，民生憔悴」。[16]三藩

---

16 《清世祖實錄》，卷75，「順治十年五月己卯」條。

之亂平定後，康熙帝就曾及時指出：「今亂賊雖已削平，而瘡痍尚未全復。」他深以「師旅疲於徵調」、「閭閻敝於轉運」為念，敦促內外官員「休養蒼黎，培復元氣」。[17]一時民生疾苦，當可想見。然而，畢竟經過明末農民大起義的衝擊，腐朽的封建秩序在一定的時間和地域被打亂了，農民大眾爭得了生存下去的可能。而且，反民族壓迫鬥爭的長期進行，也促使清初統治者不得不對明末積弊及清初虐政作出適當調整。明末的「三餉」加派，早在順治初即已明令廢除。宦官干政，官紳結黨，也為清廷三令五申嚴行禁止。康熙帝親政以後，鑒於圈地所造成的惡劣後果，於康熙八年六月，特為頒詔，宣佈：「自後圈佔民間房地，永行停止。」[18]所有這些，都為清初經濟的恢復提供了可能。即以墾田數字為例，中國封建社會素來以農為本，於此正可窺見一時經濟的盛衰。明末，已是一片混亂，不足為據。明中葉的弘治年間，為四百二十二萬八千〇五十八頃。張居正執政之時，「天下田畝通行丈量」，為七百〇一萬三千九百七十六頃。[19]當然，前者有欺隱，後者有虛浮，不盡實錄，但是作為一個大致的依據數還是可以的。清初，經過順治帝親政後的十年，尤其是康熙初政十餘年的努力，順治十八年（1661年），全國墾田已達五百四十九萬三千餘頃。康熙二十四年（1685年），更增至六百〇七萬餘頃。[20]康熙中葉的理學名臣陸隴其曾經說過：「康熙二十年以後，海內始有起色。」[21]這樣的話應當是可信的。平心而論，清朝初期，儘管有四十年的動亂，但是無論是在經濟上，還是在政治上，較之明末，都顯然有調整，有進

17　《清聖祖實錄》，卷99，「康熙二十年十二月癸巳」條。
18　《清聖祖實錄》，卷30，「康熙八年六月戊寅」條。
19　〈食貨志一〉，《明史》，卷77。
20　〈田賦一〉，《清朝文獻通考》，卷1。
21　〈論直隸興除事宜書〉，《清經世文編》，卷28。

步。所以，以清代明，不是歷史的倒退，而是歷史的前進，只是這個
蹣跚的前進過程，採取了曲折的動盪形式罷了。

三　由亂而治的清初社會

康熙二十年三藩之亂的平定，兩年之後臺灣鄭氏勢力的回歸，使
清王朝確立了對全國的有效統治。從此，清廷採取多種有力措施，使
業已恢復的經濟迅速發展，清初社會遂由亂而治。在康熙二十三年
（1684年）至六十一年（1722年）的近四十年間，雖然由於曠日持久
的儲位之爭，引起了政治上的許多麻煩，為維護國家的統一，清廷還
曾兩度在西北和西藏採取大規模的軍事行動，而且局部的農民起義等
也偶有發生。但是就全國範圍而言，大體上可以說是政通人和，百廢
俱興，出現了一個由安定趨向繁榮的局面。

康熙帝是一個很有作為的封建帝王。他在少年時代，從清世祖手
上承繼過來的是一個草創未就的基業。親政之後，他順乎人心，以
「與民休息」為治國宗旨，指出：「從來與民休息，道在不擾，與其
多一事，不如省一事。朕觀前代君臣，每多好大喜功，勞民傷財，紊
亂舊章，虛耗元氣。上下訌囂，民生日戚，深為可鑒。」[22]從面臨的
實際情況出發，他「以三藩及河務、漕運為三大事」，「書而懸之宮中
柱上」[23]，朝思夕慮，念念不忘。八年的三藩之亂，是對年輕的康熙
帝的一次嚴峻挑戰。運籌帷幄，決勝千里，鍛鍊和顯示了他駕馭國務
的卓越才幹。三藩亂平，隱患根除，臺灣回歸，海內一統。此後，康
熙帝勵精圖治，一如既往地興修水利，獎勵墾荒，集主要精力於河務

22　《康熙起居注》，「康熙十一年十二月十七日戊午」條。
23　《清聖祖實錄》，卷154，「康熙三十一年二月辛巳」條。

和漕運的處理。他指出：「漕運關係重大」[24]，而河務又「關係漕運民生」，因此他說：「今四海太平，最重者治河一事。」[25]為此，他在一六八四年至一七○七年，六次南巡，調查黃淮的治理和漕運的整頓。在他的精心部署和督導之下，「淮黃故道，次第修復，而漕運大通」，出現了「漕輓安流，商民利濟」[26]的景況。這樣，就為農業生產的迅速發展和南北經濟的溝通，提供了可靠的保證。

　　隨著生產的發展，國家日趨富足。康熙四十四年（1705年），國庫存銀較之順治末年成數百倍增長，達到四千餘萬兩。[27]由於國帑充裕，清廷一再蠲免地方賦稅，一則旨在舒緩民力，再則亦可收藏富於民之效。康熙四十九年十月，清聖祖頒諭，普免天下錢糧，他宣佈，全國各地應納賦稅，「自明年始，於三年以內，通免一周」。[28]五十一年二月，清廷更把作為封建國家重要財政來源的人口稅凍結，明令：「將直隸各省見今徵收錢糧冊內，有名人丁，永為定數。嗣後所生人丁，免其加徵錢糧。」[29]到康熙末、雍正初，全國耕地面積較之順治末年成百萬頃地增長，接近並逐漸超過明代萬曆年間的水準。與之相一致，此時的清王朝，國力強盛，威震四方。經過一連串的軍事行動之後，清廷牢固地確立了對內外蒙古、新疆和西藏的統治，統一的多民族國家的疆域，至此大致奠定下來。

　　在我國封建社會晚期的歷史上，由康熙中葉開始出現的安定和繁榮局面，是自明代永樂年間以後兩百餘年來所未曾有過的。它為其後雍正、乾隆年間國力的鼎盛，奠定了雄厚的基礎。舊史家曾於康熙一

24　《康熙起居注》，「康熙二十八年三月二十六日癸巳」條。

25　《康熙起居注》，「康熙二十八年正月二十三日辛卯」條。

26　〈治河一〉，《清聖祖聖訓》，卷33。

27　《清聖祖實錄》，卷229，「康熙四十六年五月戊寅」條。

28　《清聖祖實錄》，卷244，「康熙四十九年十月甲子」條。

29　《清聖祖實錄》，卷249，「康熙五十一年二月壬午」條。

朝有過如下謳歌：「風移俗易，天下和樂，克致太平。其雍熙景象，
使後世想望流連。」[30]「想望流連」云云，既多餘，復可悲，自不足
取，但是，清除其間所包含的腐朽氣息之後，這樣的評價與歷史實際
也相去未遠。

---

30 〈聖祖本紀三〉，《清史稿》，卷8。

第二章
清廷文化政策批判

　　在影響清初學術發展的諸多因素中，清廷的文化政策是一個重要方面。關於這個問題，以往的研究批評其消極影響多，肯定其積極作用少，未得一個持平之論。因此，實事求是地對清初的文化政策進行探討，無疑是一個應予解決的課題。

一　清初文化政策的主要方面

　　順治一朝，戎馬倥傯，未遑文治，有關文化政策草創未備，基本上是一個沿襲明代舊制的格局。康熙初葉，南明殘餘掃蕩殆盡，清廷統治趨於鞏固。聖祖親政之後，隨著經濟的逐漸恢復，文化建設亦相應加強，各種基本國策隨之確定下來。康熙二十三年（1684年）以後，三藩亂平，臺灣回歸，清初歷史進入一個相對穩定的發展時期。伴隨清廷文化政策的調整，學術文化事業蒸蒸日上，臻於繁榮。

　　清初的文化政策，可以大致歸納為如下幾個方面。

　　第一，民族高壓政策的確定。

　　作為上層建築的文化政策，一方面它必然要受到所由以形成的經濟基礎的制約，從而打上鮮明的時代印記；另一方面各種具體政策的制定，又無不為統治者的根本利益所左右，成為維護其統治的重要手段。滿洲貴族所建立的清王朝，雖然形式上是所謂「滿漢一體」的政權體制，但是以滿洲貴族為核心才是這一政權的實質所在。這樣的政

權實質，就決定了滿洲貴族對廣袤國土上的眾多漢民族和其它少數
民族的強制統治。反映在文化政策上，便是民族高壓政策的施行。由
順治初葉開始，以武力為後盾，漸次向全國推行的剃髮易服，構成了
民族高壓政策的基本內容。這一政策的強制推行，其結果，一是直接
導發江南人民可歌可泣的反剃髮鬥爭，促成明末農民起義軍餘部同南
明政權的聯合，並以之為主力，與清廷展開長達十餘年的大規模軍事
對抗。其二，則是它在民族心理上造成的隔閡，歷二百數十年而不能
平復，從而在一代歷史中時隱時顯，成為長期潛在的一個嚴重不穩定
因素。

　　與之相一致，順治十六年（1659年），清廷開焚書惡劣先例，以
「畔道駁注」為口實，於當年十一月，下令將民間流傳的《四書
辨》、《大全辨》等書焚毀。嚴飭各省學臣：「校士務遵經傳，不得崇
尚異說。」[1]翌年一月，又明令士子「不得妄立社名，糾眾盟會」。[2]接
著便於康熙初葉的四大臣輔政期間，製造了清代歷史上的第一次大規
模文字冤獄──莊廷鑨明史案。從此，研究明史，尤其是明末的明清
關係史，便成為學術界的禁區。聖祖親政以後，雖然奉行「寬大和
平」的施政方針，對學術界苛求尚少，但是在這樣一個利害攸關的問
題上，則不容越雷池一步。後來文字冤獄的再起，康熙五十二年
（1713年）翰林院編修戴名世因著述而招致殺身慘禍，直至雍正、乾
隆間文網密佈，冤獄叢集，根源皆在於此。

　　嚴酷的封建文化專制，禁錮思想，摧殘人才，成為一時學術發展
的嚴重障礙。

　　第二，科舉取士制度的恢復。

　　科舉取士，自隋唐以來，歷代相沿，既成為封建國家的掄材大

1　《清世祖實錄》，卷130，「順治十六年十一月甲戌」條。

2　《清聖祖實錄》，卷132，「順治十七年一月辛巳」條。

典，也是文化建設的一項基本國策。明末，戰亂頻仍，滅亡在即，科舉考試已無從正常舉行。順治元年（1644年），清廷入主中原。十月，世祖頒即位詔於天下，明令仍前朝舊制，「會試，定於辰、戌、丑、未年；各直省鄉試，定於子、午、卯、酉年」[3]，從而恢復了一度中斷的科舉取士制度。順治二年五月，南明弘光政權滅亡，清廷從科臣龔鼎孳、學臣高去奢請，命南京鄉試於同年十月舉行。七月，浙江總督張存仁疏請「速遣提學，開科取士」，以消弭士子「從逆之念」。[4]於是鄉試推及浙江。翌年二月，首屆會試在北京舉行，經三月殿試，傅以漸成為清代歷史上的第一名狀元。同年八月，為羅致人才，穩定統治，清廷下令復舉鄉試，來年二月再行會試。於是繼傅以漸之後，呂宮成為新興王朝的第二名狀元。後來，傅、呂二人均官至大學士。

與之同時，清廷修復明北監為太學，廣收生徒，入監肄業。旋即又改明南監為江寧府學，各省府、州、縣學，也隨著清廷統治地域的擴展而漸次恢復。同學校教育相輔而行，各省書院亦陸續重建，成為作育人才、敦厚風俗的一個重要場所。

自康熙二年起，清廷曾一度廢棄科舉考試中的八股文，專試策論。後從禮部侍郎黃機請，於七年仍舊改回。從此，以八股時文考試科舉士子，遂成一代定制。

第三，「崇儒重道」基本國策的實施。

在中國數千年封建社會中，重視文化教育，是一個世代相沿的傳統。宋明以來，從孔孟到周、程、張、朱的所謂「道統」說風行，「崇儒重道」便成為封建國家的一項基本文化國策。

清初，經歷多爾袞攝政時期的干戈擾攘，順治八年世祖親政之

3　《清世祖實錄》，卷9，「順治元年十月甲子」條。

4　《清世祖實錄》，卷19，「順治二年七月丙辰」條。

後，文化建設的歷史課題提上建國日程。九年九月，「臨雍釋奠」典禮隆重舉行，世祖勉勵太學師生篤守「聖人之道」，「講究服膺，用資治理」。[5]翌年，又頒諭禮部，把「崇儒重道」作為一項基本國策確定下來。十二年，再諭禮部：「帝王敷治，文教是先，臣子致君，經術為本。……今天下漸定，朕將興文教，崇經術，以開太平。」[6]兩年後，即於順治十四年九月初七，舉行了清代歷史上的第一次經筵盛典。下月，又以初開日講祭告孔子於弘德殿。雖然一則由於南方戰火未息，再則亦因世祖過早去世，所以清廷的「振興文教」云云多未付諸實施，但是「崇儒重道」的開國氣象，畢竟已經粗具規模。

世祖去世，歷史出現了一個短暫的迴旋。在康熙初葉的數年間，輔政的滿洲四大臣以糾正「漸習漢俗」，返歸「淳樸舊制」為由，推行了文化上的全面倒退。康熙六年，聖祖親政，八年，清除以鰲拜為首的頑固守舊勢力，文化建設重上正軌。同年，聖祖親臨太學釋奠孔子。翌年八月，為鰲拜等人下令撤銷的翰林院恢復。十月，聖祖頒諭禮部，將世祖制定的「崇儒重道」國策具體化，提出了以「文教是先」為核心的十六條治國綱領。即：「敦孝悌以重人倫；篤宗族以昭雍睦；和鄉黨以息爭訟；重農桑以足衣食；尚節儉以惜財用；隆學校以端士習；黜異端以崇正學；講法律以儆愚頑；明禮讓以厚風俗；務本業以定民志；訓子弟以禁非為；息誣告以全良善；誡窩逃以免株連；完錢糧以省催科；聯保甲以弭盜賊；解仇忿以重身命。」[7]後來，清廷將所謂「聖諭十六條」頒示天下，成為一代封建王朝治國的基本準則。

康熙九年（1670年）十一月，日講重開。翌年二月，中斷多年的

5　《清世祖實錄》，卷66，「順治九年九月辛卯」條。

6　《清世祖實錄》，卷91，「順治十二年三月壬子」條。

7　《清世祖實錄》，卷34，「康熙九年十月癸巳」條。

經筵大典再度舉行。此後，每年春秋二次的經筵講學，便成為一代定制。自日講重開，年輕的清聖祖在日講官熊賜履等人的輔導之下，孜孜嚮學，將「崇儒重道」的既定國策穩步付諸實施。以康熙十七年的詔舉「博學鴻儒」為標誌，宣告了清廷「崇儒重道」國策的巨大成功。

第四，「博學鴻儒」特科的舉行。

開科取士，意在得人。封建王朝於既定科目之外，為延攬人才而增闢特科，載諸史冊，屢見不鮮，並不自清初始。然而如同康熙間的「博學鴻儒」科得人之盛，則是不多見的。自順治初年以後，在連年的科舉考試中，雖然一時知識界中人紛紛入彀，但是若干學有專長的文化人，或心存正閏，不願合作，或疑慮難消，徘徊觀望，終不能為清廷所用。既出於「振興文教」的需要，又為爭取知識界的廣泛合作以鞏固統治，在平定三藩之亂勝利在即的情況下，清聖祖不失時機地作出明智抉擇，對知識界大開仕進之門。康熙十七年一月，他頒諭吏部：「自古一代之興，必有博學鴻儒振起文運，闡發經史，潤色詞章，以備顧問著作之選。……我朝定鼎以來，崇儒重道，培養人才。四海之廣，豈無奇才碩彥，學問淵通，文藻瑰麗，可以追蹤前哲者？」在發出這一通議論之後，聖祖接著責成內外官員：「凡有學行兼優，文詞卓越之人，不論已仕未仕，令在京三品以上及科道官員，在外督撫布按，各舉所知，朕將親試錄用。其餘內外各官，果有真知灼見，在內開送吏部，在外開報督撫，代為題薦。務令虛公延訪，期得真才，以副朕求賢右文之意。」[8]

命令既下，列名薦牘者或為「曠世盛典」歆動而出，或為地方大吏驅迫就道，歷時一年，陸續雲集京城。十八年三月初一，清廷以《璿璣玉衡賦》和《省耕詩五言排律二十韻》為題，集應薦一百四十

8　《清聖祖實錄》，卷71，「康熙十七年一月乙未」條。

三人[9]於體仁閣考試。榜發，錄取一等二十人，二等三十人，俱入翰林院供職。後來，上述五十人雖在官場角逐中各有沉浮，其佼佼者最終亦多遭傾軋而去職，但是「博學鴻儒」科的舉行，其意義則遠遠超出五十名入選者個人的升沉本身。它的成功首先在於顯示清廷崇獎儒學格局已定，這就為爾後學術文化事業的繁榮作出了一個良好的開端。其次，由於對有代表性的漢族知識界中人的成功籠絡，其結果，不僅標誌著廣大知識界與清廷全面合作的實現，而且在更廣闊的意義上對滿漢文化的合流產生深遠影響，從而為鞏固清廷的統治提供了文化心理上的無形保證。

第五，圖書的訪求與編纂。

「書籍關係文教」。[10]在封建社會，衡量一個王朝文教的盛衰，大致有兩個可供據以評定的標準：其一是得人的多寡，人才的品質；其二則是作為學術文化直接成果的圖書編纂與收藏。順治一朝，文化雖未能大昌，但世祖雅意右文，圖書的編纂和訪求早已引起重視。定鼎伊始，清廷即沿歷代為前朝修史成例，於順治二年三月始議編纂《明史》；五月，設置總裁、副總裁及纂修諸官數十員。世祖親政後，以御撰名義，於順治十二年九月，將《資政要覽》、《範行恒言》、《勸善要言》、《人臣儆心錄》頒發異姓公以下，文官三品以上各一部。翌年正月，又令儒臣編纂《通鑑全書》、《孝經衍義》等。八月，《內則衍義》撰成。十二月，再敕修《易經通注》。十四年三月，責成各省學臣購求遺書。當時，由於世祖的博覽群書，內院諸儒臣已有「翻譯不給」[11]之歎。後來，雖因世祖的遽然夭折，《明史》、《孝經衍義》諸書皆未完篇，但篳路藍縷，風氣已開。

9　此人數據《清聖祖實錄》所載。陸以湉：《冷廬雜識》作一百五十四人。

10　《清世祖實錄》，卷117，「順治十五年五月庚申」條。

11　《清世祖實錄》，卷98，「順治十三年二月丙子」條。

聖祖繼起，發揚光大，經初政二十餘年的努力，遂奠定了日後圖書編纂繁榮興旺的深厚根基。其間，於經學則有《日講四書解義》、《易經解義》、《書經解義》、《孝經衍義》的先後撰成。於史學則在康熙十八年（1679年）重開《明史》館，「博學鴻儒」科錄取人員悉數入館預修《明史》。對於本朝史事，則有《三朝實錄》、《太祖、太宗聖訓》、《大清會典》、《平定三逆方略》諸書的纂修。康熙二十三年以後，更擴及詩文、音韻、性理、天文、曆法、數學、地理及名物彙編等。一大批具有較高學術價值的官修圖書，諸如《佩文韻府》、《淵鑒類函》、《分類字錦》、《古今圖書集成》、《全唐詩》、《律曆淵源》、《周易折中》、《性理精義》及《朱子全書》等，若雨後春筍，紛然湧出。清廷終於以圖書編纂的豐碩成果，迎來了足以比美唐代的貞觀、宋代的太平興國、明代的仁宣之治的繁榮時期。

第六，由尊孔到尊朱。

推尊孔子，作為崇儒的象徵，歷代皆然。如果說聖祖親政之初在太學釋奠孔子，尚屬不自覺地虛應故事，那麼康熙二十三年以後，他的尊孔，便是一種崇尚儒術的有力表示。

由孔子開創的儒學，在我國歷史發展的不同時期，具有外在表現形式各異的時代特徵。自北宋以後，儒學進入理學時代，因而元、明諸朝，尊孔崇儒與表彰理學，兩位一體，不可分割。明清更迭，社會動盪。這一客觀現實反映於意識形態領域，理學營壘分化，朱熹、王守仁學術之爭愈演愈烈。清初統治者要表彰理學，就面臨一個究竟是尊朱還是尊王的問題。

順治一朝，國內戰爭頻繁，無暇顧及這一抉擇。聖祖親政，尤其是三藩亂平、臺灣回歸之後，這樣的抉擇愈益不可迴避。從形式上看，科舉取士制度固然可以作為爭取知識界合作的一個有效手段。然而，要形成並維持整個知識界和全社會的向心力，實現封建國家的長

治久安，僅僅依靠這樣的手段又顯然是不夠的。因此，對清初封建統治者來說，尋求較之科舉取士制度深刻得多的文化凝聚力，便成為必須完成的歷史選擇。順應這樣一個客觀的歷史需要，經歷較長時間的鑒別、比較，清廷最終摒棄王守仁心學，選擇了獨尊朱熹學說的道路。

康熙四十年以後，清廷以「御纂」的名義，下令彙編朱熹論學精義為《朱子全書》，並委託理學名臣熊賜履、李光地先後主持纂修事宜。五十一年正月，聖祖明確指出：「朱子注釋群經，闡發道理，凡所著作及編纂之書，皆明白精確，歸於大中至正。經今五百餘年，學者無敢疵議。朕以為孔孟之後，有裨斯文者，朱子之功最為弘巨。」[12]隨即頒諭，將朱熹從祀孔廟的地位升格，由東廡先賢之列升至大成殿十哲之次。至此，清廷以對朱熹及其學說的尊崇，基本確立了一代封建王朝「崇儒重道」的文化格局。

二　清廷文化決策的思想依據

作為維護統治者根本利益的手段，一定時期的文化政策總是那一時期統治者思想的集中反映。就中國古代社會而言，它在很大程度上便是有作為的封建帝王治國思想的反映。清聖祖是一個傑出的政治家，清初封建國家的文化政策，正是以其儒學思想為依據制定的。因此，剖析聖祖的儒學觀，對於把握清初文化政策的實質及其對學術發展的影響，就是很有必要的事情。

清聖祖名玄燁，公元一六六二年到一七二二年在位。他生於順治十一年（1654年），卒於康熙六十一年（1722年），終年六十九歲。逝世後，諡仁皇帝，廟號聖祖。

---

12 《清聖祖實錄》，卷249，「康熙五十一年正月丁巳」條。

　　玄燁八歲即位，十四歲親政，這一特定的條件，促成了他在政治和文化諸方面的早熟。在其儒學觀形成的早期，對他影響最深的是儒臣熊賜履。自康熙十年二月至十四年三月間，熊賜履一直充任日講官。玄燁親政後的日講，雖自九年十一月二十一日即宣告舉行，但實際上正式開始則是此後一年多的十一年四月。也正是從此時起，熊賜履把年輕的玄燁引入了儒學之門。熊篤信朱熹學說。當時，他省親回京，在玄燁召見時即明確表示：「臣讀孔孟之書，學程朱之道。」[13]半月後，他以朱熹注《論語》〈學而篇〉的講解，揭開了康熙一朝日講的第一頁。在其後的三年間，熊賜履始而隔日進講，繼之每日入宮，向康熙帝講「讀書切要之法」，講「天理人欲之分」，講「俯仰上下，只是一理」，講「本然之性與氣質之性」，講「辟異端，崇正學」，講朱熹的知行觀，斥王守仁的「知行合一」說。總之，既博及致治之理，又廣涉用人之道，為年輕的康熙帝奠定了堅實的儒學基礎。

　　在熊賜履等人的循循善誘之下，還在康熙十一年六月，玄燁就已經表露出對理學的濃厚興趣。他向翰林院學士傅達禮詢問道：「爾與熊賜履共事，他與爾講理學否？爾記得試說一二語來。」熊賜履的理學主張，諸如「理學不過正心誠意，日用倫常之事，原無奇特」，「惟務躬行，不在口講」等，都為玄燁所接受。同年八月，他又召熊至懋勤殿，鄭重詢問朝臣中講理學的情況。十二年十一月，為了研究周敦頤的《太極圖說》，他還特別讓熊賜履等儒臣各撰〈太極圖論〉一篇，加以討論。熊賜履以講理學而深得康熙帝寵信，於康熙十四年三月擢升武英殿大學士。這以後，熊雖然離開了日講官職務，隨之又在滿漢朝臣的黨爭中失勢而被黜回鄉，但是他的理學主張對於玄燁儒學觀的形成，卻產生了潛移默化的無形影響。「明理最是緊要，朕平日

13　《康熙起居注》，「十一年四月初一日」條。

讀書窮理，總是要講求治道，見諸措施。故明理之後，又須實行。不行，徒空說耳」。[14]玄燁的這一段自述，正清晰地道出在熊賜履的影響下，他早年儒學觀的基本傾向。

玄燁的儒學觀，核心是一個辨別理學真假的問題。康熙二十二年十月，他就此作了首次表述，指出：「日用常行，無非此理。自有理學名目，彼此辯論，朕見言行不相符者甚多。終日講理學，而所行之事全與其言悖謬，豈可謂之理學？若口雖不講，而行事皆與道理吻合，此即真理學也。」[15]這段話包含三層意思，第一層是說理學有真假之分；第二層是說理並非玄虛的精神實體，無非就是規範人們言行的道理；第三層是說言行如一與否，是檢驗理學真偽的試金石。康熙帝之所以會形成這樣的認識，究其根源，則始於與翰林院學士崔蔚林就理學基本範疇的辯論。

崔蔚林是當時朝臣中王守仁學說的信奉者，他撰有〈大學格物誠意辨〉講章一篇。玄燁聞訊，於十八年十月十六日將他召至宮內，讀罷講章，君臣間就格物、誠意諸範疇進行了罕見的直率問答。在對「格物」範疇的闡釋中，崔蔚林依據王守仁學說立論，主張「格物是格『物』之本，乃窮吾心之理也」。並且對朱學提出質疑，認為：「朱子解作天下之事物，未免太泛，於聖學不切。」當玄燁轉而論「誠意」，指出「朱子解『意』字亦不差」時，崔仍然由王學出發，提出異議，聲稱：「朱子以意為心之所發，有善有惡。臣以意為心之大神明，大主宰，至善無惡。」這場短兵相接，是對玄燁形成伊始的儒學觀的挑戰。當時他雖未進行駁議，但顯然並不以崔說為然，而是以「性理深微，俟再細看」[16]暫時中斷了這場問答。經過周密準備，十

---

14 《康熙起居注》，「十二年八月二十六日」條。

15 《清聖祖實錄》，卷112，「康熙二十二年十月辛酉」條。

16 《康熙起居注》，「十八年十月十六日」條。

天之後，玄燁依據程朱之說對崔蔚林的講章進行反駁。他說：「天命謂性，性即是理。人性本善，但意是心之所發，有善有惡，若不用存誠工夫，豈能一蹴而至？行遠自邇，登高自卑，學問原無躐等，蔚林所言太易。」同時，他還就理學分野判定崔蔚林屬於王學系統，指出：「蔚林所見，與守仁相近。」[17]

在帝王面前，崔蔚林闡述其理學主張是那樣的慷慨陳詞，無所顧忌，這本來就為聖祖所不悅。加以崔言不顧行，居鄉頗招物議，因之更激起玄燁反感。於是二十一年六月，在與內閣近臣議及崔蔚林官職的陞遷時，玄燁的反感開始流露。他說：「朕觀其為人不甚優。伊以道學自居，然所謂道學未必是實。聞其居鄉亦不甚好。」[18]一年之後，他便提出前述辨理學真偽的那段講話。從此，「假道學」、「冒名道學」等，也就成為聖祖指斥言行不一的理學諸臣的習慣用語。然而事情並未就此了結。二十三年二月，崔蔚林自知在朝中已無立足之地，疏請告病還鄉。聖祖決意藉此機會，對假道學作一次懲治。於是他示意內閣近臣：「崔蔚林乃直隸極惡之人，在地方好生事端，干預詞訟，近聞以草場地土，縱其家人肆行控告。又動輒以道學自居，焉有道學之人而妄行興訟者乎？此皆虛名耳。又詆先賢所釋經傳為差訛，自撰講章甚屬謬戾。彼之引疾乃是託詞，此等人不行懲治，則漢官孰知畏懼！」[19]崔蔚林就此聲名狼藉。

無獨有偶，繼崔蔚林之後，康熙三十三年，當時任順天學政的理學名臣李光地成為假道學的又一典型。這年四月，李光地母病故，由於他未堅持疏請離任回鄉奔喪，因而以「貪位忘親」[20]招致言官彈

17　《康熙起居注》，「十月二十六日」條。
18　《康熙起居注》，「二十一年六月初二日」條。
19　《康熙起居注》，「二十三年二月初三日」條。
20　蔣良騏：《東華錄》，卷16，「康熙三十三年四月」條。

劾。一時之間，朝議譁然，迫使康熙帝出面干預。風波雖然迅速平息，但是玄燁對假道學的憎惡已經不可壓抑，他決心進行一次總的清算。閏五月初四，他集合翰林院全體官員於瀛臺，以《理學真偽論》命題考試。試畢，又就熊賜履弟賜瓚在考試中暴露出的問題借題發揮，對理學諸臣「挾仇懷恨」，「務虛名而事干瀆」，「在人主之前作一等語，退後又別作一等語」等醜惡行徑加以痛斥。其鞭撻所至，不僅李光地、熊賜瓚首當其衝，而且業已故世的魏象樞、湯斌等也未能幸免。就連對他有教誨之誼的熊賜履，同樣被指名羞辱。在歷數假道學言行不一的諸多劣跡之後，玄燁為理學諸臣明確規定了立身處世的準則，這就是：「果係道學之人，惟當以忠誠為本。」[21]

綜上所述，足見康熙儒學觀的形成過程，是一個從瞭解理學，熟悉理學，直到將理學歸結為倫理道德學說的過程。關於這一點，玄燁晚年有一段系統的表述，他說：「理學之書，為立身根本，不可不學，不可不行。朕嘗潛玩性理諸書，若以理學自任，則必至於執滯己見，所累者多。反之於心，能實無愧於屋漏乎？宋、明季代之人，好講理學，有流入於刑名者，有流入於佛老者。昔熊賜履在時，自謂得道統之傳，其歿未久，即有人從而議其後矣。今又有自謂得道統之傳者，彼此紛爭，與市井之人何異！凡人讀書，宜身體力行，空言無益也。」[22]這是聖祖對其儒學觀的重要自白，其立足點就在於理學是立身根本之學。由此出發，他鄙棄空講理學，不主張以理學自任，更反對去爭所謂「道統之傳」。歸根結底，就是要以封建倫理道德為規範，切實地去身體力行。

玄燁儒學觀的形成過程，也是一個提倡經學，融理學於傳統儒學的過程。還在康熙二十一年八月，他在與日講官牛鈕、陳廷敬的問對

---

21 《清聖祖實錄》，卷163，「康熙三十三年閏五月癸酉」條。
22 《康熙起居注》，「五十四年十一月十七日」條。

中，就接受了「道學即在經學中」的觀點。當時，牛、陳二人認為：「自漢、唐儒者專用力於經學，以為立身致用之本，而道學即在其中。」[23]玄燁對此表示完全贊同。一年後，《日講易經解義》纂成，在為該書撰寫的序言中，他重申：「帝王立政之要，必本經學」，還提出了「以經學為治法」[24]的主張。聖祖論學始終提倡把「明理」同「通經」相結合，他指出：「凡聖賢經書，一言一事，俱有至理，讀書時便宜留心體會。此可以為我法，此可以為我戒。」[25]因此他認為：「不通《五經》、《四書》，如何能講性理？」[26]聖祖又進而斷言：「治天下以人心風俗為本，欲正人心、厚風俗，必崇尚經學。」[27]

玄燁儒學觀的形成過程，還是一個尊崇朱熹，將朱學確認為官方哲學的過程。他一生講求儒學，對朱熹、王守仁的著述都曾經用心做過研究，他主張「寬舒」、「無私」，不贊成無謂的門戶紛爭。他說：「朕常讀朱子、王陽明等書，道理亦為深微。乃門人各是其師說，互為攻擊。夫道體本虛，顧力行何如耳。攻擊者私也，私豈道乎？」[28]但是，在確認以什麼樣的學說來統一思想的關鍵問題上，他卻毫不調和，愈益明顯地趨向於朱學。事實上，他早年的懲治崔蔚林，就無異於對王學的貶抑。後來，當他提倡熟讀儒家經典時，又強調：「自漢以來，儒者世出，將聖人經書多般講解，愈解而愈難解矣。至宋時，朱子輩注《四書》、《五經》，發出一定不易之理，故便於後人。朱子輩有功於聖人經書者，可謂大矣。」[29]到聖祖晚年，更是無以復加地推尊

23　《康熙起居注》，「二十一年八月初八日」條。

24　《清聖祖實錄》，卷113，「康熙二十二年十二月乙卯」條。

25　〈庭訓格言〉，《康熙御製文集》。

26　《康熙起居注》，「五十四年十二月初一日」條。

27　《清聖祖實錄》，卷258，「康熙五十三年四月乙亥」條。

28　《康熙起居注》，「二十六年六月初九日」條

29　〈庭訓格言〉，《康熙御製文集》。

朱熹，表彰朱學。他指出：「朱子洵稱大儒，非泛言道學者可比擬。」[30]
又說：「先儒中，惟朱子之言最為確當。其它書冊所載，有不可盡信
者。」[31]在其所撰《理學論》中，他再度重申：「自宋儒起而有理學之
名，至於朱子能擴而充之，方為理明道備。後人雖雜出議論，總不能
破萬古之正理。所以學者當於致知格物中循序漸進，不可躐等。」[32]
對他一生以儒學治國的經驗，聖祖依據朱熹「居敬窮理」之教，歸納
為一個敬字。他說：「朕自幼喜讀《性理》，《性理》一書，千言萬
語，不外一敬字。人君治天下，但能居敬，終身行之足矣。」[33]

　　總之，一個視理學為倫理道德學說，一個融理學於傳統儒學之
中，一個確認朱熹學說為官方哲學，這就是構成清聖祖儒學觀的基本
內容。它在康熙一朝，為文化政策的制定提供了根本的理論依據。

三　清初文化政策的歷史作用

　　就全部清代歷史而言，清初的順治、康熙二朝，是一個奠定國基
的重要發展時期。清王朝建立之初，經歷明末數十年的戰亂，經濟凋
敝，瘡痍滿目。隨後，滿洲貴族自身錯誤的民族高壓政策，南明殘餘
勢力的掙扎，以及農民起義軍餘部的對抗，又釀成長達近四十年之久
的國內戰爭。在長期的社會動盪中，國計民生遭到了空前的破壞。然
而就是在這樣極度艱難的局勢之下，清初統治者不僅消除了敵對勢
力，實現了國家的統一，而且贏得了經濟的從復蘇而趨向繁榮。促成
這一歷史轉折的原因是多方面的，其間，封建國家的文化政策就發揮
了積極的歷史作用。

30　《清聖祖實錄》，卷216，「康熙四十三年六月丁酉」條。
31　《清聖祖實錄》，卷291，「康熙六十年三月乙丑」條。
32　〈理學論〉，《康熙御製文集》。
33　《康熙起居注》，「五十六年十一月二十六日」條。

「帝王敷治，文教是先」。[34]從順治到康熙，近八十年間，清廷始終以此為制定文化政策的立足點。由於把文化教育作為治國根本大計，因而戰略決策的正確，就保證了學術文化事業的健康發展。知識界是社會的中堅。中國歷代封建統治者，無不把爭取知識界的合作作為施政的基本方針。因此，清朝入主中原之初，雖然軍事征服是壓倒一切的任務，但是它依然如同先前的統治者一樣，把開科取士視為掄材大典，向知識界敞開了合作的大門。以康熙十七年（1678年）的詔舉「博學鴻儒」為標誌，清廷為爭取知識界的全面合作，取得了巨大成功。

清初文化政策的歷史作用，還表現為清初統治者完成了對社會凝聚力的選擇。任何一個社會要尋求自身的發展，都必須具有凝聚全體社會成員的力量。不同的歷史時期，不同的國家和民族，這一力量的選擇會因時因地而各異。然而樹立共同的社會理想，明確應當遵循的公共道德規範，則是一個具有共性的基本方面。清初，無論是世祖也好，還是聖祖也好，他們最初都選擇了尊崇孔子的方式，謀求以孔子為代表的儒家思想去統一知識界的認識，確立維繫封建統治的基本準則。爾後，隨著封建統治者儒學素養的提高，清廷選擇了將尊孔具體化而趨向朱學獨尊的歷史道路。確認朱熹學說為官方哲學，使清初統治者為一代封建王朝找到了維繫人心的有效工具。在經歷長期的動亂之後，這對於穩定社會，促進封建國家經濟、文化諸方面的恢復和發展，具有十分重要的意義。它的成功表明，如果忽視去進行這樣的選擇，一旦社會失去凝聚力量的時候，後果是不堪設想的。

當然也應該看到，清初統治者對社會凝聚力的選擇，並沒有把朱熹學說作為一個博大的思想體系去進行系統的研究。相反，卻出於維

34　《清世祖實錄》，卷91，「順治十二年三月壬子」條。

護自身統治的狹隘需要而加以曲解。他們抹殺了理學的哲學思辨，將
其歸結為僵死的封建倫理道德學說。同時，把經朱熹闡發的豐富思
想，也僅僅視為約束人們行為的封建道德教條。正是這種文化上的短
視，導致清初統治者否定了王守仁思想中的理性思維光輝。其惡劣後
果，經雍正、乾隆兩朝的封建文化專制引向極端，終於鑄成思想界萬
馬齊暗的歷史悲劇。其間的歷史教訓，又是值得我們認真記取的。

　　評判某一時期文化政策的得失，考察其對當時學術文化演進的導
向作用是一個重要依據。成功的文化政策，既是產生這一政策的歷史
時期學術文化水準的客觀反映，同時它又能夠順應潮流，推動學術文
化事業的發展。在這方面，清初的文化政策同樣顯示了它的歷史作用。

　　明清更迭，經世思潮空前高漲。「天崩地解，落然無與吾事」[35]的
惡劣學風遭到猛烈抨擊，「嚴夷夏之防」以「匡扶社稷」[36]的吶喊南北
並起，「天下興亡，匹夫有責」[37]成為時代最強音。清廷出於維護自身
權益的需要，在武力征討的同時，輔以文化高壓政策，毫不含糊地遏
制了這一思潮的發展。除野蠻的剃髮易服之外，諸如順治間的焚書，
禁止士子結社，借科場舞弊和士紳拖欠國賦而動興大獄，乃至康熙初
製造慘絕人寰的莊氏史案，無一不是對經世思想的沉重打擊。因此迄
於康熙初葉，通過論究明清之際的史事來「引古籌今」[38]已經成為不
可能，借助闡發「夷夏之防」來宣揚反清思想更是非法。至於眼前的
國計民生利弊，也無人再敢於問津。

　　然而，對於清初諸儒倡經學以濟理學之窮的努力，清廷則予以及
時的肯定。作為封建王朝最高統治者的清聖祖，既接受儒臣關於「道

---

35 黃宗羲：〈留別海昌同學序〉，《南雷文定》，卷1。
36 王夫之：〈成帝四〉，《讀通鑑論》，卷5。
37 顧炎武：〈正始〉，《日知錄》，卷13。原作：「保天下者，匹夫之賤與有責焉耳
　 矣。」後經梁啟超概括為：「天下興亡，匹夫有責。」
38 顧炎武：〈與人書八〉，《亭林文集》，卷4。

學即在經學中」的主張，又明確昭示天下，「帝王立政之要，必本經學」[39]，決意為正人心、厚風俗而「崇尚經學」。[40]於是清廷以御纂諸經日講解義及眾多圖書官修的形式，與學術界的經學宣導合流，從而把知識界導向了對傳統學術進行全面整理和總結的新階段。

---

39 《清聖祖實錄》，卷113，「康熙二十二年十二月乙卯」條。
40 《清聖祖實錄》，卷258，「康熙五十三年四月乙亥」條。

第三章

蕺山南學與夏峰北學之交涉

　　明清之際的學術界，有兩個很重要的學術群體，一個是江南以劉宗周為宗師的蕺山南學，另一個是河北以孫奇逢為宗師的夏峰北學。這兩個學派與稍後的二曲關學鼎足而立，同主順治及康熙初葉學術壇坫風會。因而雍正、乾隆間史家全祖望論清初學術，遂將蕺山學傳人黃宗羲與孫奇逢、李顒並舉，而有「三大儒」之目。至於晚近學術界以黃宗羲、王夫之、顧炎武為清初三大儒，則時移勢易，視角各別，未可同日而語。以下，擬就蕺山南學與夏峰北學之間的關係，試作一些梳理，旨在據以從一個側面窺見明清間學術演進的脈絡。

一　孫夏峰筆下的劉蕺山

　　明末清初的近一百年間，是中國古史中一個激劇動盪的時代。這是一個天翻地覆的時代，也是一個孕育卓越歷史人物的時代。劉蕺山和孫夏峰就是生活在這樣一個時代的傑出學術大師。他們以各自的學術實踐，不惟開一方風氣先路，而且影響所及，終清一代而不絕。

　　劉蕺山名宗周，字起東，號念臺，學者以其居於蕺山麓而尊為蕺山先生。浙江山陰（今紹興）人。生於明萬曆六年（1578年），卒於清順治二年（1645年），得年六十八歲。孫夏峰名奇逢，字啟泰，號鍾元，晚號歲寒老人，學者以其晚年所居而尊為夏峰先生。河北容城人。生於明萬曆十二年（1584年），卒於清康熙十四年（1675年），得

年九十二歲。劉蕺山長孫夏峰六歲，兩位是同一輩人。唯蕺山於明亡後絕食而逝，夏峰則離鄉背井，依然在世三十餘年。儘管蕺山生前，夏峰未得一睹風采，但正是在蕺山故世後的三十餘年間，隨著夏峰與南北學者的過從日久，尤其是同蕺山學諸傳人的數度往還，於是在他的筆下，高山仰止，追隨恐後，則多見蕺山學行蹤影。謹掇其大要，分述如後。

孫夏峰筆下的劉蕺山，首先是一個志節耿然的烈士。明亡，東宮講官劉理順、兵部主事金鉉身殉社稷，金鉉且名在蕺山弟子之列。孫夏峰為文紀念劉、金二烈士，皆論及劉蕺山。所撰〈劉文烈遺集序〉云，天啟間，劉理順「與劉公宗周、金公鉉、吳公甘來，總總為斯道斯民憂」[1]。而《金忠節公傳》亦稱：「劉宗周為少司空，嘗就鉉論學，與陳龍正、史可法、朱之馮道德經濟，互相勸勉。」[2]對於劉蕺山的以身殉國，孫夏峰備極推崇。順治十二年六月，他將劉宗周與方孝孺、高攀龍、鹿善繼、黃道周等五人學行匯為一編，題為《五人傳忠錄》。夏峰於卷首有云：「劉念臺敘明理學，引方正學為首，非謂其為讀書種子乎？倪獻汝敘歷代理學，以黃幼玄為終，亦謂其忠孝至性，百折不回，真偉男子也。」[3]同樣的話，還見於夏峰為黃道周的《麟書鈔》所撰序，他說：「劉念臺先生序明理學，以正學為首。倪獻汝序《理學宗傳》，以石齋為終。……劉、倪二公，正謂其節之奇，死之烈。忠到足色，方於理學無憾耳。」[4]

根據以上所引述的材料可見，在孫夏峰看來，劉蕺山不惟以忠烈名垂史冊，而且也是卓然成家的理學大師。於是在孫夏峰歷時三十年

1　孫奇逢：〈劉文烈遺集序〉，《夏峰先生集》，卷2。

2　孫奇逢：〈金忠節公傳〉，《夏峰先生集》，卷8。

3　孫奇逢：〈五忠錄引〉，《孫徵君文稿三種》之2。

4　孫奇逢：〈黃石齋麟書鈔序〉，《夏峰先生集》，卷4

精心結撰的《理學宗傳》中，劉蕺山便以「理學而以節死」的大家著錄。當《理學宗傳》尚在結撰之時，順治十六年十月，孫夏峰曾將書中評諸家學術語輯為《諸儒評》存之篋中。其中之《劉念臺》一目有云：「子曰：『已矣乎，吾未見能見其過而內自訟者也。』公譜微過、隱過、顯過、大過、叢過、成過，條列分明，隨事隨念，默默省察。有犯此六科者，凜然上帝臨汝，誅鋤不貸。久久過自消除，而本心不改。此方是存之之君子，而免為去之之庶民。微乎！危乎！可不慎諸！」[5]據考，蕺山之論立身，有《人譜》之作，時在明崇禎七年甲戌秋八月。《人譜》之《續編三》為《紀過格》，所記諸過，依次為微過、隱過、顯過、大過、叢過、成過。夏峰之評語依據，顯然即由此而來。

　　由對劉蕺山志節的敬仰，進而服膺其學說，以至潛移默化，不期而然，接受蕺山學術主張，走上合會朱王學術的道路。在孫夏峰的筆下，此一線索若隱若現，依稀可辨。

　　康熙初，孫夏峰應河南內黃知縣張沐邀，前往該縣講學，撰有〈題內黃摘要後〉一文。文中寫道：「我輩今日談學，不必極深研幾，拔新領異。但求知過而改，便是孔顏真血脈。」[6]一如《諸儒評》之依劉蕺山《人譜》立論，此一書後語，亦當沿《人譜》而出。蕺山學說，初由主敬入，中年則以慎獨為宗旨，晚年合誠意、慎獨為一，卓然領袖一方。所撰《讀大學》有云：「《大學》之道，誠意而已矣，誠意之功，慎獨而已矣。」又說：「夫道一而已矣，學亦一而已矣。《大學》之道，慎獨而已矣；《中庸》之道，慎獨而已矣；《語》、《孟》、《六經》之道，慎獨而已矣。慎獨而天下之能事畢矣。」[7]孫

5　孫奇逢：〈諸儒評〉，《孫徵君文稿三種》之3。

6　孫奇逢：〈題內黃摘要後〉，《夏峰先生集》，卷5。

7　劉宗周：〈讀大學〉，《劉子全書》，卷25。

夏峰之所論，如出一轍。始而曰：「劉念臺曰，三十年胡亂走，而今始知道不遠人。」[8]繼之云：「聖學只在誠意，誠意只在慎獨。」[9]最終歸而為一，倡言：「慎獨是一統的功夫，千聖萬賢，總只是這一件事。無內外，無精粗，無大小，一以貫之。」[10]劉蕺山論陸、王學術傳衍，歸咎於楊簡、王畿，他說：「象山不差，差於慈湖；陽明不差，差於龍谿。」[11]又說：「陽明不幸而有龍谿，猶之象山不幸而有慈湖，皆斯文之厄也。」[12]孫夏峰於此亦然，據云：「慈湖正以傳象山，龍谿正以傳陽明，而無聲無臭，無善無惡，夫豈謬於師說？而虛無之教，食色之性，又未嘗不藉口焉。堂邑所謂傳象山者失象山，傳陽明者失陽明。甚矣，言之不可不慎也。」[13]惟其如此，康熙初《理學宗傳》定稿付梓，孫夏峰特於卷末闢出「補遺」一類，楊簡、王畿皆在此一類中。他於此解釋說：「補遺諸子皆賢，烏忍外！嘗思墨子固當世之賢大夫也，曾推與孔子並，何嘗無父！蓋為著〈兼愛〉一篇，其流弊必至於無父，故孟子昌言辟之。愚敢於補遺諸公效此忠告。」[14]

夏峰之學，早年由朱子起步，中年受同鄉學長鹿善繼影響，朝夕潛心《傳習錄》，成為陽明學篤信者。晚而欽仰劉蕺山學行，遂以修正王學、合朱王於一堂為歸宿。他為蕺山弟子金鉉所寫的小傳稱：「吾鄉理學而忠節者，公與鹿伯順也。鹿之學近陸王，公之學守程朱。」[15]以追隨鹿伯順而篤信陽明學者，竟去表彰學守程朱的蕺山弟

---

8 孫奇逢：〈與友人論道書〉，《孫徵君文稿三種》之1。

9 孫奇逢：〈答陳子石〉，夏峰先生集》，卷7。

10 孫奇逢：〈語錄〉，《夏峰先生集》，卷2。

11 劉宗周：〈會錄〉，《劉子全書》，卷13。

12 劉宗周：〈答韓參夫〉，《劉子全書》，卷19。

13 孫奇逢：〈答問〉，《夏峰先生集補遺》，卷上。

14 孫奇逢：〈義例〉，《理學宗傳》，卷首。

15 孫奇逢：〈金忠節公傳〉，《夏峰先生集》，卷8。

子，一則可見孫夏峰非拘守門戶之人，再則亦不啻表明他對劉蕺山師弟修正王學的認同。所以孫夏峰超然於門戶之上，指出：「文成之良知，紫陽之格物，原非有異。」[16]又說：「兩賢之大旨固未嘗不合也。」他認為：「陸、王乃紫陽之益友忠臣，有相成而無相悖。」進而主張合朱、王於一堂，倡言：「我輩今日要真實為紫陽，為陽明，非求之紫陽、陽明也。各從自心、自性上打起全副精神，隨各人之時勢身份，做得滿足無遺憾，方無愧紫陽與陽明。」[17]這與劉蕺山所云「後之君子有志於道者，盍為之先去其勝心浮氣，而一一取衷於聖人之言，久之必有自得其在我者。又何朱、陸、楊、王之足云」[18]，實是同調共鳴，後先呼應。

如果說在孫夏峰結撰《理學宗傳》的過程中，他對劉蕺山的學說瞭解尚未深入，那麼當康熙六年該書刊刻蕆事之後，迄於十四年逝世，引為同志，傾心推許，蕺山學說對孫夏峰的影響則非同一般。有關這方面的情況，在孫夏峰的《日譜》中，多所反映，彌足珍貴。

康熙七年（1668年）九月初九日，孫夏峰讀劉蕺山《學言》，有札記一則，他說：

> 讀劉子《學言》，有示韓參夫云：「力鏟浮誇之習，深培真一之心。」又曰：「從聞見上體驗，即從不聞不見消歸；從思慮中研審，即向何思何慮究竟。庶幾慎獨之學。」參夫，宛平布衣也。嚴守程朱，予從弱冠後即與之友，甲戌年（明崇禎七年——引者），同在武城署中，住三月餘。遊學江南，渠曾與高忠憲遊，歸而向予言之甚詳。此在乙丙之前。後從念臺遊，

---

16 孫奇逢：〈大學之道章〉，《四書近指》，卷1。

17 孫奇逢：〈復魏蓮陸〉，《夏峰先生集》，卷7。

18 劉宗周：〈張含宇先生遺稿序〉，《劉子全書》，卷21。

則未及聞也。音問久絕,定作古人矣。讀劉子語,怳見謍故人於字裏行間。

一周之後,夏峰又記下了讀蕺山《聖學宗要》的無限欣喜。他寫道:

> 予之刻《宗傳》也,妄臆以濂溪為孔子之聞知,以姚江為濂溪之聞知。此一時之偶見如此。忽友人寄劉子《聖學宗傳》(傳字誤,當作要——引者),其言曰:「周子其再生之仲尼乎?明道不讓顏子,橫渠、紫陽亦曾、思之亞,而陽明見力直追孟子。自有天地以來,前有五子,後有五子,斯道可為不孤。」讀之一快。公先得我耶?我先得公耶?抑南北海此心此理有同然耳。

翌年二月初六日,夏峰就讀蕺山文致信弟子湯斌,再度稱道蕺山「先得我心」。信中有云:

> 劉念臺之言曰:「三十年胡亂走,而今始知道不遠人。」念臺集中多快語。至周子其再生之仲尼乎?陽明見力直追孟子,自有天地以來,前有五子,後有五子,斯道可為不孤。《宗傳》一編,妄意以濂溪為孔子之聞知,以姚江為濂溪之聞知,不謂念臺先得我心之同然耳。近讀楊虞城集,皆真實做工夫人,不可少也。

事隔十日,同樣的心境見於《復梁以道》中。夏峰說:「劉念臺之言曰:『三十年胡亂走,而今始知道不遠人。』」劉、楊兩先生,其

宗旨正與我輩相符，恨不即握手一詳言之。」

康熙十二年（1673年），孫夏峰已屆九十高齡。是年八月廿六日，他就理氣、心性的關係，在《日譜》中留下札記一則。據云：

> 理氣之說紛紜不一，有謂理生氣，有謂理為氣之理者，有謂有是氣方有是理者。邇劉念臺云，理即是氣之理，斷然不在氣先，不在氣外。知此則知道心即人心之本心，義理之性亦即氣質之本性，一切紛紜之說可以盡掃矣。

以蕺山主張而盡掃諸家聚訟，傾心推許，不啻夏峰晚年定論。

二　蕺山學北傳的重要途徑

一如前述，在劉蕺山生前，孫夏峰並未能有機會當面請益。用夏峰自己的話來說，只是「余從弱冠時，知嚮慕公，後王念兒從公遊，公亦知有餘也」[19]而已。加以時值明末，兵荒馬亂，已非從容論學之時，因此這便大大地妨礙了蕺山學術的北傳。而據蕺山弟子惲日初云：「先師為明季二大儒之一，顧自《人譜》外，海內竟不知先生有何著述。」[20]這就是說，迄於康熙初葉，劉蕺山著述刊行於世者不過《人譜》一種而已。惟其如此，康熙二十年前後，蕺山弟子始接踵而起，表彰師說。先是惲日初輯《劉子節要》，繼之為黃宗羲撰《蕺山學案》，最後則是董瑒重訂《蕺山先生年譜》，編纂《劉子全書》。然而蕺山後學的所有這些努力，多在孫夏峰身後。既然如此，那麼蕺山

---

19 孫奇逢：〈劉宗周〉，《理學宗傳》，卷25。

20 惲日初：〈致董無休書〉，轉引自董瑒〈劉子全書抄述〉，見《劉子全書》，卷首。

學術又是何時，通過何種管道北傳而影響孫夏峰的呢？就目前所能讀到的文獻來看，順治七年，孫夏峰弟子高鑣的南遊會稽，當是一次開鑿管道的重要舉措。

高鑣，字薦馨，河北清苑人。明季諸生，善書法，喜為詩。順治二年師從孫夏峰。三年，夏峰家園被滿洲貴族圈佔，含恨南徙新安（今河北安新）。六年冬，復因新安時局不靖，再度舉家南遷。夏峰本擬渡黃河，越長江，直去浙東，以完先前同故友所訂兒女婚事。一則年事已高，不堪旅途勞頓，再則十數口千里跋涉，亦非易事，於是抵達河南輝縣蘇門山後，被迫改變初衷，僑居下來。夏峰南徙，高鑣始終相伴而行，所以孫夏峰九十歲時撰《懷友詩》於高鑣有云：「垂老輕去鄉，薦馨共旅食。」此應是孫、高師弟間此一段經歷的真實寫照。

據孫夏峰《日譜》記，高鑣南游會稽，始於順治七年春夏間，至十二年春北返，歷時近五年之久。高鑣何以要遠遊會稽，且一去就是五年之久？筆者孤陋寡聞，為學不勤，個中詳情迄未得明。但是有一點則是可以肯定的，那就是受老師之命，攜結撰中的《理學宗傳》初稿前往浙東請益。關於這一點，孫夏峰在《理學宗傳》卷首〈自敘〉中，說得很清楚。他說：「此編已三易，坐臥其中，出入與偕者，逾三十年矣。……初訂於渥城，自董江都而後五十餘人，以世次為序。後至蘇門，益廿餘人。後高子攜之會稽，倪、余二君復增所未備者，今亦十五年矣。」渥城即新安，據湯斌輯《孫徵君年譜》載，《理學宗傳》在渥城初訂，時當順治四年，參與其事者為夏峰弟子高鑣、王之征、陳鉉及譜主第三子博雅。順治七年夏初，夏峰師弟一行抵達蘇門山，再理舊稿，旋即由高鑣攜往會稽。

順治十二年春，高鑣北歸。此次遠遊，無論帶著何種目的，亦無論其目的是否悉數實現，然而僅就南北學術交流而言，高鑣此行足以稱作滿載而歸。

　　首先，高鐈圓滿地完成了其師託付的使命。在同浙東學者的數年交往中，他不僅宣傳了夏峰學說，為《理學宗傳》初稿覓得了知音，而且通過頻繁的書信，亦使孫夏峰得以暸解蕺山學術及其傳人的大致狀況。其次，沿著高鐈的足跡，夏峰弟子瑪律楹偕夏峰次子孫奏雅，於順治八年夏秋間亦抵達浙東，從而拓寬了南北學術交流的通道。再次，通過高鐈、孫奏雅、瑪律楹等人的努力，蕺山諸後學及時而準確地把蕺山學說及其代表著述直接傳遞給了孫夏峰。在清初南北學術的此次重要往還中，如果說高鐈創闢榛蕪，建樹了開拓之功，那麼在這條通道上孜孜以求，最終完成蕺山學北傳歷史使命的，則無疑應是蕺山諸後學。其中功績最為卓著者，當首推倪元瓚。

　　倪元瓚，字獻汝，浙江上虞人。其兄元璐，字玉汝，號鴻寶，崇禎間官至戶部尚書，明亡，以身殉國，志節耿然。倪元瓚少劉宗周十五歲，於蕺山學術備極推崇。據蕺山子劉汋輯《劉子年譜錄遺》記：

> 先生當黨禍杜門，倪鴻寶以翰編歸里，三謁先生，不見。復致書曰：「先生至清絕塵，大剛制物，動以孔孟之至貴，而為貴諸荊下之所難。璐心服之，誠如七十子之於夫子也。」每於士大夫推尊不啻口，言及必曰劉先生云何。先是越之衿士無不信先生為真儒，而縉紳未嘗不訕笑之。獨鴻寶號於眾曰：「劉念臺今之朱元晦也。」於是始有信之而願學者。自此，祁公彪佳、施公邦曜、章公正宸、熊公汝霖、何公弘仁，爭以著蔡奉先生。

　　元瓚為元璐弟，受其兄影響，亦當在服膺蕺山學術諸後學之列。

　　高鐈南游，結識倪元瓚，將《理學宗傳》初稿送請審訂，實是託付得人。順治十二年春高鐈、孫奏雅北歸，帶回元瓚書劄及其對《理

學宗傳》的評箋。孫夏峰喜得志同道合良友，於當年三月廿一日欣然
復書倪獻汝。信中寫道：

> 僕燕右腐儒，衰遲漂泊，自鼎革以來，家於山岑水湄者若而
> 年。自謂喘息餘年，不填壑溝，尚欲策勵耄耋，圖報稱穹蒼於
> 萬一。年來求友於四方，而真實斯道者寥寥。薦馨南游，得良
> 友為快。奏兒歸，持手教，殊慰數年仰企。令兄先生以忠魂領
> 袖一代，先生復以鏞鐸振教東南，真所謂鳳翔天外，鶴唳云
> 中。尚剝床蔑貞，獨存碩果，嚮往實甚。暨讀序箋《宗傳》，
> 儒釋防維，佩教良多。此書原甲申寓水鄉時成之，未及訂正。
> 邇復有《七子》一編，其中有欲請益者，路遙不能就正。念臺
> 先生所選，未得一卒業，想自有定見。若水竂寀有年，此心此
> 理應不以南北海隔耳。[21]

　　雖然今日我們已無從讀到倪元瓚的來書，但是從孫夏峰的回信中
可見，正是元瓚來信把劉蕺山留有董理宋明理學遺著的消息告訴了孫
夏峰，所以夏峰聞訊才會說「念臺先生所選，未得一卒業」。
　　據《劉蕺山先生年譜》記，蕺山生前董理宋明理學，留有著述凡
四種。一是《方遜志先生正學錄》，成於天啟四年；二是《皇明道統
錄》，成於天啟七年；三是《聖學宗要》，成於崇禎七年；四是《陽明
先生傳信錄》，成於崇禎十一年。劉蕺山認為，方孝孺「蚤師宋潛
溪，接考亭正傳，國朝理學當以公為稱首」[22]，故而於方氏學行多所
表彰。結合稍後孫夏峰輯《五人傳忠錄》及所撰諸文考察，則此處之

---

21 孫奇逢：〈寄倪獻汝〉，《日譜》，卷6。
22 劉汋等：《蕺山先生年譜》，卷上，「天啟四年四十七歲」條。

言「念臺先生所選」，當指表彰方氏學行著述。惟其如此，我們在先前所引述的夏峰撰〈五忠錄引〉和〈黃石齋麟書抄序〉，才會一再重申：「劉念臺敘明理學，引方正學為首。」

之後，孫夏峰與倪獻汝書劄往復，歷有年所。順治十二年十一月，獻汝遣族子前來隨夏峰問學。翌年，夏峰再度致書獻汝，據云：

> 《宗傳》一書，邇在訂正，於評箋中服足下大中至正之教，燈焰來茲。其波瀾一柱（下缺——引者）。留附姜二濱轉至，未審達否？近讀黃石齋先生《大滌函書》，學不依經，語屬開山，方正學之後一人。詩文中皈依君家昆仲，讀至此段應求，不可向他人道也。[23]

信中，取黃石齋與方正學後先輝映，實足見蕺山學術北傳之初對孫夏峰的深刻影響。在這裏值得指出的是，夏峰信中提到的姜二濱，如同倪元瓚一樣，也是此時將蕺山學術北傳的重要功臣。

姜二濱，名希轍，號定庵，浙江餘姚人。希轍為蕺山弟子，在蕺山諸後學中，若論同孫夏峰的交往，他應是開啟先路的人。順治九年，姜二濱由浙江溫州教諭改任直隸元城知縣。抵任之後，即拜謁過孫夏峰。十二年，二濱又修書請益，於是夏峰答書云：

> 前接光霽，極蒙延款。最是人所棘手時，獨能脫然行所無事，該是元公、明道一流人。恨相隔遠，山中筒寄未便，不謂學道君子，虛懷益甚，於悲天憫人之際，益切事賢友仁之思。僕即衰朽，何敢負此下問。

---

23 孫奇逢：〈寄倪獻汝〉，《日譜》，卷8。

就是在這封信中，孫夏峰向姜二濱通報了倪獻汝評箋《理學宗傳》的消息，也談到了新近輯錄《七子》的情況，還隨信過錄有關資料請教。夏峰說：

> 僕生長北方，見囿一隅，少而有志，老無所成。年來與二三同人輯有《諸儒語錄》一編，偶同人攜之會稽，得倪獻汝評定闡發，匡我不逮。繼而念「宗傳」二字，寧嚴勿濫，顏淵死而孔子之道不傳，曾子外餘不得與。又於眾多人中，標《七子》另為一選。俱無刻本，路遠不便寄去，各家之書俱在，謹錄其姓名暨所評請教。[24]

由於劉蕺山遺著的遲遲不得結集刊行，因而清初蕺山學術的北傳進展甚緩。迄於順治十六年，傳至孫夏峰手上的，僅是《人譜》一種而已。所以，一如前述，他在當年所撰《諸儒評》中，評蕺山學術只及《人譜》改過諸節。這樣一個局面延續十餘年，直到康熙六年，《理學宗傳》定稿刊行，始得局部改善。這便是《學言》、《聖學宗要》、《古易抄義》諸書，繼《人譜》之後，為孫夏峰列入劉蕺山主要著述目錄。同時，《學言》、《古易抄義》中精要語，夏峰亦摘出十三條，錄入《理學宗傳》中。其後數年，孫夏峰不斷消化蕺山學術，進而融為我有，在弟子後學間傾心表彰。蕺山學術的北傳進入了一個健實的發展階段。康熙十二年五月，姜二濱遣其子堯千里問學，師從孫夏峰，並寄來劉蕺山遺著數種暨《易說》。至此，就對夏峰北學的影響而言，蕺山南學的北傳遂告完成。

---

24 孫奇逢：〈答姜二濱〉，《夏峰先生集》，卷7。

三　從《理學宗傳》到《明儒學案》

　　學術交流，總是互為影響，相得益彰。清初，通過南北學者間的往還，在蕺山南學北傳的過程中，夏峰北學亦同時南傳。前述倪元瓚、姜希轍之引孫奇逢為同調而共鳴，相繼分遣族子和親子遠道跋涉，追隨夏峰，即是一有力證明。此外，孫夏峰代表著述《理學宗傳》的南傳，則是另一個富有說服力的佐證。考察此一著述的南傳過程，對於把握夏峰北學予蕺山後學的影響，抑或更有意義。

　　一如前述，《理學宗傳》尚在結撰過程中，其初稿即已陸續南傳。順治七年，高鐈攜師稿南下，送請倪元瓚、余增遠評箋，應為夏峰北學南傳之發軔。順治十二年，孫夏峰修訂《宗傳》舊稿，從中輯出《七子》，將目錄、評語分別錄送倪元瓚、姜希轍審正，則屬北學南傳所邁出的堅實一步。康熙六年，《理學宗傳》定稿刊行，隨後遠播浙東，成為黃宗羲《明儒學案》的先導。此一階段當可視為夏峰北學南傳的完成時期。

　　從《理學宗傳》到《明儒學案》，其間究竟是一個什麼樣的關係？前哲時賢於此罕見董理。一九八三年，筆者曾以〈孫夏峰與黃梨洲〉為題，在《清史研究通訊》撰短文一篇提出討論。之後，又相繼在拙作《清初學術思辨錄》和《中國學案史》中加以重申。藉此機會，謹再略作一些梳理。

　　《理學宗傳》刊刻蕆事，是否及時寄送倪元瓚、姜希轍，由於文獻無徵，已難知曉。然而時隔六年之後，該書即已送達劉宗周高第弟子黃宗羲之手，則是有文獻依據的。據黃炳垕輯《遺獻梨洲公年譜》卷下康熙十二年六十四歲條記：「太夫人八十壽辰，孫徵君夏峰先生（原注：奇逢，時年九十矣）寄到《理學宗傳》一部，並壽詩一章。」

這就是說，《理學宗傳》至遲於康熙十二年已傳至浙東。又據黃宗羲著《明儒學案》卷五十七《孫奇逢學案》記：「所著大者有《理學宗傳》，特表周元公、程純公、程正公、張明公、邵康節、朱文公、陸文安、薛文清、王文成、羅文恭、顧端文十一子為宗，以嗣孟子。之後諸儒，別為考以次之。可謂別出手眼者矣。歲癸丑，作詩寄羲，勉以戢山薪傳，讀而愧之。時年九十矣，又二年卒。」該書於案主小傳後，且輯有《歲寒集》中論學語錄十八條。可見此時不惟《理學宗傳》南傳，而且孫夏峰詩文集亦已為黃梨洲讀到。

康熙十二年，《理學宗傳》和《歲寒集》的得以南傳，功臣當為孫夏峰弟子許三禮。三禮字典三，號酉山，河南安陽人。順治十八年進士。後候選在家，歷有年所，直到康熙十二年，始赴京謁選，得授浙江海寧知縣。行文至此，請允許筆者就《清史稿》卷二五六「許三禮本傳」的疏失作兩點必要說明。據徐文駒撰〈安陽許公三禮墓誌銘〉載，三禮赴京謁選，時當康熙癸丑，即十二年。而《史稿》本傳不載謁選之年，於「順治十八年進士」之後，即接以「授浙江海寧知縣」。由此，遂釀成傳主始任海寧知縣為順治十八的失實，此其一。其二，據《康熙起居注》載，許三禮以海寧知縣行取入京，授福建道御史，時當康熙二十年七月。而《史稿》本傳由於漏載傳主始任海寧知縣時間，故於「在縣八年，聲譽甚美」之後，為彌縫缺失，自圓其說，竟將三禮行取入京，授福建道御史的年份誤植為康熙八年。如此修史，豈能取信後人！

據孫夏峰《日譜》記載，康熙十二年，許三禮赴海寧任前，曾於是年十月二十四日拜謁夏峰，多所請益。《理學宗傳》、《歲寒集》及賀黃氏母壽詩等，當係此時交三禮攜往浙東。三禮抵海寧任，建書院以振興學術，作育人才。自康熙十五年起，聘黃宗羲主持書院講席，迄於二十年離任，歷時達五年之久。正是在此期間，黃梨洲呼應孫夏

峰，結撰《明儒學案》以作同調之鳴。

學如積薪，後來居上，取《明儒學案》與《理學宗傳》並觀，無論是史料的翔實，體例的嚴整，還是對不同學派淵源傳承的梳理，《學案》皆勝過《宗傳》。然而，始為者難，繼之者易，這亦是情理中事。惟其如此，儘管黃梨洲《明儒學案》卷首〈發凡〉中，對《理學宗傳》頗有微詞，評為：「鍾元雜收，不復甄別，其批註所及，未必得其要領，而其聞見亦猶之海門也。」但是，他亦在書中闢出專節，表彰孫夏峰學行，贊許《理學宗傳》「別出手眼」。以往，論者每每取梨洲〈發凡〉語，而棄其夏峰一按語，故而忽略了從《理學宗傳》到《明儒學案》間先後相承的關係。

其實《明儒學案》之與《理學宗傳》，不惟因同屬學案體史籍而體例略同，而且由於著者學術宗尚的相近而立意亦類似，皆旨在為陽明學爭正統。所以，孫夏峰視周敦頤、朱熹到王陽明為宋明理學的必然發展過程，斷言：「接周子之統者，非姚江其誰與歸？」[25]黃梨洲亦以陽明學為明代理學大宗，宣稱：「無姚江則古來之學脈絕矣。」[26]所不同者，只是二書所記時間範圍各異。《理學宗傳》通古為史，《明儒學案》則斷代成書，通古為史而僅二十六卷，斷代成書竟達六十兩卷，詳略懸殊，不言而喻。

康熙二十年七月，孫夏峰高足湯斌以翰林院侍講出任浙江鄉試主考官。黃宗羲聞訊，遣子百家專程趕往杭州，以所輯《蕺山學案》和《蕺山先生文錄》邀請撰序。鄉試結束，湯潛庵於返京途中，致書黃梨洲。信中寫道：「承命作《蕺山學案》序，自顧疏陋，何能為役？然私淑之久，不敢固辭。目下匆匆起行，不敢率爾命筆。舟中無事，

---

25 孫奇逢：〈自敍〉，《理學宗傳》，卷首。
26 黃宗羲：〈姚江學案〉，《明儒學案》，卷10。

勉擬一稿請教，得附名簡末，遂數十年景仰之私，為幸多矣。」[27]翌年，潛庵再由京中致書梨洲，據云：「去歲承乏貴鄉，未得一瞻光霽。幸與長公晤對，沉思靜氣，具見家學有本，為之一慰。《蕺山先生文錄》承命作序，某學識疏陋，何能仰測高深？……某生也晚，私淑之誠，積有歲年，但識既污下，筆復庸俗，不能稱述萬一。惟望芟其蕪穢，正其訛謬，不至大有乖誤，受賜多矣。……《文錄》、《學案》何時可公海內？早惠後學，幸甚幸甚。」[28]康熙二十四年，黃梨洲北遊蘇州，湯潛庵時在江蘇巡撫任上，神交有年，終得握手。據梨洲事後追記，潛庵曾同他議及《明儒學案》，認為：「《學案》宗旨雜越，苟善讀之，未始非一貫也。」[29]

至此，清初南北學派間的兩世交流，終以湯斌為《蕺山學案》和《蕺山先生文錄》撰序，以及湯斌、黃宗羲二人在蘇州的會晤，寫下了令人擊節歎賞的一頁。

---

27 湯斌：〈答黃太沖〉，《湯子遺書》，卷5。
28 湯斌：〈與黃太沖書〉，《湯子遺書》，卷5。
29 黃宗羲：〈明儒學案序〉，《南雷文定四集》，卷1。

第四章
《明儒學案》的里程碑價值

　　在中國學術史上，黃宗羲的《明儒學案》，是一部影響久遠的名著，它在歷史學、哲學和文獻學等方面，都具有重要的研究價值。該書寓求新於繼承之中，既彙集先前《伊洛淵源錄》、《諸儒學案》、《聖學宗傳》和《理學宗傳》諸書之所長，又匠心獨運，別闢蹊徑，使學案體史籍臻於完善和定型。我們完全可以這麼說，倘若沒有《明儒學案》，在中國的傳統歷史編纂學中，也就無從形成學案體史籍的新軍了。

一　從黨爭健將到學術巨擘

　　明清之際，由於諸多社會矛盾的交織，滄桑巨變，天翻地覆，使之成為中國古史中又一個急劇動盪的時代。綿亙半個多世紀的社會大動盪，孕育了眾多傑出的歷史人物。黃宗羲便是其間的佼佼者之一，他生當明清鼎革，其坎坷生涯與社會動盪相終始，不啻一面時代的鏡子。

（一）東浙三黃

　　黃宗羲，字太沖，號南雷，一號梨洲，學者尊為梨洲先生，浙江餘姚人。生於明萬曆三十八年（1610年），卒於清康熙三十四年（1695年），享年八十六歲。

　　宗羲生在仕宦之家，父尊素為明末東林黨名士，天啟間官至監察御史，以疏劾閹黨獲咎，削職回鄉，後復逮至京，冤死圄圄。宗羲八歲起，即隨父宦居宣城、京師等處。天啟六年，父死獄中，家道中落。思宗即位，懲治閹黨。崇禎元年（1628年）春，黃宗羲千里跋涉，赴京鳴冤，時年十九歲。抵京後，得知閹黨首領魏忠賢已死，便籲請嚴懲魏氏餘孽曹欽程、李實。五月，刑部會審魏忠賢黨羽許顯純、崔應元。在公堂上，宗羲持鐵錐直刺許顯純，並拔崔應元鬍鬚以祭奠父靈。會審結束，他又同周延祚、夏承擊殺獄卒葉諮、顏文仲。六月，李實以重金賄賂宗羲，他拒不受賄，當即揭露其劣跡，並在刑部會審堂上，以鐵錐刺殺李實。冤獄昭雪，正氣得伸，他遂於當年秋護送其父靈柩南歸。

　　崇禎二年，黃宗羲遵父遺命，從學於浙江著名學者劉宗周。紹興素為文物之邦，人文淵藪，明中葉以後，王陽明之學在這裏盛極一時。及至明末，王學末流援儒入釋，禪風大盛。周汝登首倡於前，陶奭齡繼起，與劉宗周各立講壇，分庭抗禮。黃宗羲年少氣盛，邀集遠近文士六十餘人，力闢陶氏之說，以壯大劉宗周講壇聲勢。意氣之爭，依然黨派角逐遺風。

　　當時，江南文士結社之風甚盛，黃宗羲為一時風氣習染，未能潛心力學。在以後的幾年間，他離開了劉宗周的講堂，頻繁往來於南京、蘇州、常熟、安慶、杭州、紹興等地。在上述各地，他與幾社、復社、讀書社的成員多有往還，結識了若干著名文士，如張溥、周鑣、楊廷樞、陳子龍、萬壽祺、錢謙益、吳偉業、林古度、汪渢等。在這一期間，經沈壽民鼓動，宗羲於崇禎三年開始參加科舉考試。從四年起，又秉承其父遺訓，歷覽明十三朝實錄和二十一史。崇禎十一年，閹黨企圖死灰復燃，復社成員一百四十人，在南京聯名公佈〈南都防亂公揭〉，攻擊閹黨餘孽阮大鋮。黃宗羲與顧憲成從孫顧杲同列

揭首。翌年，赴南京應試。時值南都有國門廣業社之結集，四方文
士，如約而至。宗羲與梅朗中、顧杲、陳貞慧、冒襄、侯方域、方以
智等南北俊彥，詩文唱和，形影不離。

　　崇禎十五年，黃宗羲與周延祚同往北京，應禮部會試，敗績而
歸。大學士周延儒有意薦宗羲為中書舍人。他見時勢艱危，朝局混
亂，力辭不就。南歸之後，無意舉業，與其弟宗炎、宗會同遊四明
山。黃氏三兄弟在明清之際都以能文善學著名，一時儒林有「東浙三
黃」之稱。

（二）抗清生涯

　　明亡，崇禎十七年四月，黃宗羲隨劉宗周至杭州，與故明官員章
正宸、朱大典、熊汝霖商議招募義旅事。五月，弘光政權在南京建
立，詔起劉、章、熊諸人，此議作罷。黃宗羲隨至南京，擬為其父請
求追諡。弘光政權為馬士英把持，阮大鋮藉以東山再起，馬、阮重修
舊怨，於當年八月逮捕昔日《南都防亂公揭》主事者周鑣。翌年四
月，周鑣被害，黃宗羲、顧杲皆被指名抓捕。幸而刑部掌院鄒虎臣蓄
意拖延，讓黃、顧二人得以脫逃。順治二年四月，宗羲由南京倉皇而
出，取道嘉興，潛往四明山。

　　弘光政權滅亡後，清廷於當年六月再頒剃髮令，明令「京城內
外，限旬日，直隸各省地方，自部文到日，亦限旬日，盡令剃髮」。[1]
自剃髮令下，大江南北，義師紛起，挺而抗爭。閏六月，熊汝霖、孫
嘉績以錢塘為屏障，劃江而守。黃宗羲昆仲在餘姚黃竹浦招募義勇，
聲援孫、熊部，時人稱為「世忠營」。魯王政權繼起紹興，頒行宗羲
所撰《監國魯元年大統曆》。順治三年二月，魯王政權任命宗羲為兵

1　《清世祖實錄》，卷18，「順治二年六月丙寅」條。

部職方司主事，繼任監察御史。這時，在東南沿海號召一方的南明魯、唐二王政權，為爭正統而成水火。魯王所部，株守錢塘，不思北進。宗羲深為憂慮，力主北渡錢塘，抗禦清軍。五月，他率孫嘉績部與王正中部合師渡江，進駐潭山，作攻取海寧態勢。同時，暗中遣員前往崇德，約請當地義士為內應，以北聯太湖義師。六月，清軍衝破錢塘屏障，挺進浙東，魯王君臣敗潰入海。宗羲收拾所部五百餘人，逃入四明山，結寨固守。直至順治六年，為躲避清軍通緝，宗羲皆變姓易名，在四明山內外轉徙。

順治六年六月，渡海追隨魯王政權，官至左副都御史。此時，魯王政權武將跋扈，文官受屈，已是搖搖欲墜。宗羲故友熊汝霖、錢肅樂，即先後死於悍將鄭彩之手。他志不得伸，便於當年八月，潛歸故里。返鄉以後，黃宗羲與四明山及海上抗清武裝時有往來。這件事被告發。清地方當局將宗羲與四明山首領王翊、馮京第畫像張貼通衢，懸賞抓捕。順治七年九月，馮京第兵敗被害，黃宗炎被捕。宗羲聞訊，秘密趕往鄞縣，與高斗魁等合謀，於行刑當日將宗炎救出。八年七月，清軍掃蕩四明山，俘獲王翊，然後出兵舟山。事前，宗羲偵知敵情，曾派人潛往舟山告警，還一度奉使東渡，乞師日本。順治十一年，魯王所屬定西侯張名振派人登陸，與宗羲聯絡。來人在天台被捕，宗羲再被官府通緝。

以後數年，為逃避官府緝拿，黃宗羲隱姓埋名，東徙西遷，在紹興、杭州間輾轉躲藏。順治十六年夏，鄭成功、張煌言率水師攻入長江，直逼南京城下。此時，黃宗羲正在杭州。鄭、張兵敗，黃宗羲舉家避居化安山龍虎山堂。他在這裏「殘年留得事耕耘，不遣聲光使外聞」，過著「數間茅屋盡從容，一半書齋一半農」[2]的避世生活。直到

---

2 黃宗羲：〈山居雜詠〉，《南雷詩曆》，卷1。

南明永曆政權覆滅，鄭成功東渡臺灣以後，眼見復明大勢已去，他才於順治十八年冬奉母返回故居。

（三）著述經世

經歷近二十年的顛沛流離，不覺老冉冉其已至。以順治十八年至康熙二年間所陸續撰成的《易學象數論》、《明夷待訪錄》為標誌，年過半百的黃宗羲滿懷家國之痛，開始了晚年的著述和講學生涯。

康熙二年四月，宗羲北渡錢塘，抵達崇德，應友人呂留良的邀請，執教於呂氏梅花閣。呂留良早年曾在浙西參加過抗清鬥爭，是崇德的著名學者。他們於順治十七年在杭州相識，即一見如故。此後，直到康熙五年初，黃宗羲於每年春夏間都在梅花閣課徒授業。講學之餘，他與呂留良、吳之振、吳爾堯等人賦詩吟詠，共同編選《宋詩抄》，相處很融洽。康熙三年，他們曾結伴到常熟，拜訪著名學者錢謙益。當時，錢氏已經輾轉病榻，不久人世，便把喪葬事託付給宗羲，並請代撰《莊子注序》等三篇文章。康熙五年以後，黃、呂二人因學術主張及立身旨趣都存在無法彌合的鴻溝，便逐漸分道揚鑣，以致終身不再往來。

康熙六年，黃宗羲辭去呂氏家館，前往紹興講學。在紹興，他與同門友人姜希轍商議，恢復了劉宗周創辦的證人書院講會。第二年，又在寧波興立證人講會。從此，黃宗羲致力於劉宗周遺書的整理，大張旗鼓地宣講劉宗周的學術主張。在他的宣導和影響之下，陳赤衷等人聞風而起，在寧波創建講經會。浙東各地，一時才人輩出，經史之學蔚為大盛。

康熙七年起，黃宗羲開始編選《明文案》。為了編選這部書，他四出訪求遺籍，日以繼夜，辛勤奔忙，歷時八年之久，直到康熙十四年始告完成。後來，宗羲將該書增訂為四百八十兩卷，於逝世前夕脫

稿，正式定名為《明文海》。康熙十二年，宗羲母八十壽辰，移居河南輝縣的著名學者孫奇逢，寄來所著《理學宗傳》一部，以作慶賀。黃宗羲頗受鼓舞，只是當時正纂輯卷帙浩繁的《明文案》，還沒有時間與孫奇逢南北呼應。

三藩之亂起，福建告急，波及浙江，四明山內外，一片混亂，於是黃宗羲便奉母避居浙東海濱。康熙十四年夏，四明山恢復平靜，始返故居。《明文案》於當年脫稿後，從康熙十五年起，黃宗羲開始撰寫《明儒學案》，以與孫奇逢作同調之鳴。同年二月，他再渡錢塘，北抵海寧，應知縣許三禮之請，公開講學。此後，宗羲一直往返於餘姚、海寧間，主持海寧講席達五年之久。

（四）大節無虧

黃宗羲的晚年，弟子林立，聲名遠播。康熙十六年一月，其弟子董允□由北京南返。臨行，侍講學士葉方藹賦五古一首，交董允□轉贈宗羲。該詩結句云：「勿著羊裘去，蒼茫煙水濱。」試圖規勸宗羲結束隱逸生涯，出來為清廷效力。黃宗羲接詩，當即次其韻奉答，以表明不仕清廷的志向。詩的結句，一反葉氏原意，明確寫道：「勿令吾鄉校，竊議東海濱。」[3] 康熙十七年，清廷議修《明史》，特開博學鴻儒科，以延攬天下名儒。葉方藹又利用身為經筵講官之便，舉薦黃宗羲。宗羲在京弟子陳錫嘏代為推辭，此事才算了結。葉氏見宗羲執意不出，便在康熙十八年與徐元文一道，以《明史》館總裁的身份，聘宗羲弟子萬斯同、萬言入京修書。黃宗羲在送萬斯同等北上時，特地賦詩相贈，告誡道：「太平有策莫輕題。」[4] 康熙十九年，徐元文繼

3　黃宗羲：〈次葉訒庵太史韻〉，《南雷詩曆》，卷2。
4　黃宗羲：〈送萬季野貞一北上〉，《南雷詩曆》，卷2。

葉方藹之後，給黃宗羲發出預修《明史》之請。結果，他依然以老病堅辭。萬般無奈，最後則被迫同意徐氏請求，讓其子百家北上修史。宗羲就此致書徐元文，不無牢騷地寫道：「今吾遣子從公，可以置我矣。」

從葉方藹、徐元文的連年糾纏中擺脫出來之後，黃宗羲在康熙十九年將舊有文稿加以整理，選取其中一部分付刻，名為《南雷文案》。以後幾年中，他雖已年逾古稀，但仍然往來於蘇州、崑山、杭州、紹興、寧波之間，探望故舊，訪求古籍。宗羲一生，最喜收藏書籍。早年，他曾遍遊江南，凡藏書名家，如鈕氏世學樓、祁氏澹生堂、黃氏千頃齋、錢氏絳雲樓，無不登臨。康熙四年，又在故里自建續抄堂，以藏弃古今書籍。晚年，他更頻繁出入於范氏天一閣、鄭氏叢桂堂、曹氏倦圃以及徐氏傳是樓，校訂書目，辛勤抄撮。宗羲告誡一時學人：「當以書明心，不可玩物喪志。」[5]

康熙二十四年，黃宗羲為已故明遺民謝泰階撰寫墓誌銘。文中，宗羲稱許謝氏不仕清廷的節操，他寫道：「遺民者，天地之元氣也。然士各有分，朝不坐，宴不與，士之分亦止於不仕而已。」[6]正是秉持這樣的立身旨趣，黃宗羲終其一生，實踐了「止於不仕」的諾言。就其入清以後的全部學行而論，主流可取，大節無虧，無疑應是蓋棺論定。

（五）成就斐然

康熙二十七年，黃宗羲將舊刻文稿再加刪削改訂，以《南雷文定》為名重行刊刻。當時，他已是七十九歲高齡，自知來日無多。於

5　全祖望：〈二老閣藏書記〉，《鮚埼亭集外編》，卷17。
6　黃宗羲：〈謝時符先生墓誌銘〉，《南雷文定後集》，卷2。

是就在這一年預築生壙，內設石床，不用棺槨。翌年元旦，黃宗羲興致勃勃，再登姚江書院講壇。三十年，他又以八十二歲高齡，登臨黃山，畢竟年事已高，哪堪長途勞頓。後重病臥床，幾乎不起。病中，從京中傳來《明儒學案》將在北方刊行的喜訊，宗羲抱病口授，由其子百家記為〈明儒學案序〉。

入清以後，黃宗羲勤於著述，講學不輟。他以其辛勤的勞作，不僅給當時知識界培養了像萬斯大、萬斯同這樣的一些著名經史學家，而且為後世寫下了五十餘種、近千卷的著述。《明夷待訪錄》和《明儒學案》，是他一生的代表作品。黃宗羲在《明夷待訪錄》中，猛烈地鞭撻了明代的君主專制政治及其所產生的一系列社會弊端，提出了積極大膽的變革主張。這部書在當時不脛而走，曾引起有識之士的共鳴。與黃宗羲齊名的學者顧炎武，曾於康熙十五年有書致宗羲，稱道有了此書：「百王之敝可以復起，而三代之盛可以徐還。」[7]後來，該書雖在乾隆間遭到禁燬，但是到清末，仍然對維新思潮的興起產生過積極推動作用。《明儒學案》依學派為類，對明代兩百七十多年中儒學各流派的傳衍，尤其是陽明學的演變源流，作了提綱挈領的敘述。自南宋朱熹著《伊洛淵源錄》以來，學案體史籍至此臻於完善、定型。《明儒學案》書成，黃宗羲又著手編纂《宋元學案》，可惜未及完成，他就離開了人世。

黃宗羲之學，近承劉宗周，遠宗王守仁。隨著時代的變遷，他將王、劉之學廓而大之，逾越心性之學的樊籬，而立足於天崩地解的社會現實。宗羲對明末「天崩地解，落然無與吾事」[8]的空疏學風，深惡痛絕，認為：「儒者之學，經天緯地。」[9]主張合學問與事功為一，

7　張穆：《顧亭林先生年譜》，「六十四歲」條。

8　黃宗羲：〈留別海昌同學序〉，《南雷文案》，卷2。

9　黃宗羲：〈弁玉吳君墓誌銘〉，《南雷文定後集》，卷3。

以期「救國家之急難」。[10]黃宗羲雖為陽明學後勁，但是他並沒有為一時朱、王學術紛爭所拘囿。他認為，王守仁的「致良知」說，與朱熹的「格物致知」說，足以「並存天壤」。[11]康熙二十七年，他應邀到崑山徐幹學家中，談話間議及道學異同，宗羲說：「為盜賊，有對證人不敢為。若道學，任人可講，誰為的證。」[12]當時，《明史》館中一度有立〈道學傳〉之議，試圖藉以貶抑王守仁及其後學。宗羲聞訊，致書駁詰，力主不可沿《宋史》之陋，此議遂告廢止。

黃宗羲為學領域博大，凡史學、經學、天文曆法、數學、律呂、輿地、詩文以及版本目錄諸學，他皆究心其間，尤以史學造詣最稱湛深。他諳熟明史，深曉歷代史事，認為：「二十一史所載，凡經世之業，亦無不備矣。」[13]宗羲宣導讀史，身歷明清易代，抱定「國可滅，史不可滅」[14]的宗旨，極意搜求明代，尤其是南明歷朝史事。所著《行朝錄》、《思舊錄》、《海外慟哭記》等書，得之親歷，言而有據，可謂南明實錄。他所撰寫的碑誌傳狀，大都關涉一時史事。宗羲雖不入《明史》館，但史局大案，多所商榷，舉足輕重。宗羲一生，以其歷史編纂學和史料學上的成就，努力轉變明末的空疏學風，為清代史學，尤其是浙東史學的發展，開啟了健實的發展道路。

二　《明儒學案》成書時間商榷

關於《明儒學案》成書時間的考訂，從文獻學的角度來說，是一個不可忽視的問題。然而自清末黃炳垕輯《遺獻梨洲公年譜》，明確

---

10 黃宗羲：〈姜定庵小傳〉，《南雷文定五集》，卷3。
11 黃宗羲：〈先師蕺山先生文集序〉，《南雷文定後集》，卷1。
12 黃炳垕：《遺獻梨洲公年譜》，「七十九歲」條。
13 黃宗羲：〈補歷代史表序〉，《南雷文定四集》，卷1。
14 黃宗羲：〈次公董公墓誌銘〉，《南雷文定》，卷6。

判定成書於康熙十五年以來，世代相承，儼若定論。其實細緻地檢核
《明儒學案》以及相關故實，即可發現康熙十五年成書說的若干可酌
之處。以下，謹就此談一些不成熟的商榷意見。

（一）如何理解黃宗羲說的「書成於丙辰之後」

　　黃炳垕之所以判定《明儒學案》成於康熙十五年，其立說依據雖
未提出來，但從他當時所能見到的材料而言，由於黃宗羲的自編年譜
早已毀於水火，因而無非就是《明儒學案》歷次刻本卷首的序言，以
及錄入黃宗羲文集的〈明儒學案序〉。在〈明儒學案序〉中，黃宗羲
的確說過：「書成於丙辰之後。」[15]丙辰，即康熙十五年。問題在於如
何理解這句話。我們認為，「書成於丙辰之後」，並不能等同於「書成
於丙辰」。按照我國的語言文字習慣，作為一個時間概念，「某某之
後」這樣一種表達方式，既包括某某本身，也包括其後的一段鄰近時
間。關於這一點，日常用語中事例甚多，不難理解。譬如我們今天常
常說的「開工之後」、「開學之後」、「開業之後」等，人們當然不會把
它僅僅理解為開工、開學、開業的那一個時刻，或者是那一天。同樣
的道理，「書成於丙辰之後」，既有可能是指丙辰這一年，也有可能是
指其後的一段時間，而且後一種可能性也許還要更大一些。否則黃宗
羲當年為什麼不直接說「書成於丙辰」呢？因此，黃炳垕提出的康熙
十五年成書說，沒有把「丙辰之後」作為一個語言整體來考慮，就是
欠妥當的。

（二）關於《明儒學案》的幾篇序

　　以黃宗羲署名的〈明儒學案序〉，今天所能看到的，一共是文字

---

15 黃宗羲：〈明儒學案序〉，《南雷文定四集》，卷1。

略有異同的四篇,即《南雷文定四集》卷一的〈明儒學案序〉、《南雷文定五集》卷一的改本〈明儒學案序〉,以及康熙間賈潤父子刻本和雍正間賈氏後人刻本的〈明儒學案序〉和《黃梨洲先生原序》。兩次賈刻本於宗羲序皆以己意作了文字上的增刪,雍正本的妄加改竄,尤為大乖原意。黃宗羲原序云:「書成於丙辰之後,中州許西山及萬貞一各刻數卷,而未竣其事。然抄本流傳,陳介眉以謹守之學,讀之而轉手。湯潛庵謂余曰,《學案》宗旨雜越,苟善讀之,未始非一貫也。」而雍正賈氏刻本則改作:「書成於丙辰之後,中州許西山及萬貞一各刻數卷,而未竣其事。然抄本流傳,頗為好學者所識。往時湯公潛庵有云,《學案》宗旨雜越,苟善讀之,未始非一貫。此陳介眉所傳述語也。」在「抄本流傳」之前的改動,屬於文字上的歸納,尚無大謬。可是之後的改動,則把基本故實也弄亂了。「陳介眉以謹守之學,讀之而轉手」被全文刪去,湯斌關於《學案》的評語,分明是對黃宗羲親口所述,也變成了為陳錫嘏「所傳述」。這一刪一增,把判定《明儒學案》成書時間的重要節目弄得面目全非。每當讀至此處,不禁令人生發出「盡信書不如無書」之歎。

(三)黃宗羲與湯斌

黃宗羲與湯斌,這是一個大題目,非三言兩語所能談清楚。在這裏,僅就他們之間同《明儒學案》成書有關的往還作一些梳理。一如前述,根據黃宗羲寫的〈明儒學案序〉,湯斌關於《學案》的評價,乃親口對他所說。而並非由他人轉告。據考,黃、湯之間會晤,平生只有一次,地點在江蘇蘇州。黃炳垕輯《遺獻梨洲公年譜》,記此次會晤於康熙二十七年五月。實際上,之前的康熙二十六年十月,湯斌即已故世,因此二十七年會晤之說自屬誤記。據晚清學者蕭穆考訂,此次晤面應為康熙二十四年。從湯斌的仕歷看,康熙二十三年九月至

二十五年三月間，他正在江蘇巡撫任上，之前和爾後則均在北京。因
而蕭穆的考訂當是可信的。湯斌對黃宗羲評論《學案》，顯然就只可
能在這一次會晤中。這也就是說，《明儒學案》至遲在康熙二十四年
已經完稿，不然湯斌就無從對全書進行評價了。換言之，黃宗羲所說
的「書成於丙辰之後」，這個「之後」的下限，至遲可以斷在康熙二
十四年。

　　《明儒學案》的成書時間是否還可以再往上推？從康熙二十四年
以前黃宗羲與湯斌的書劄往復中，這個問題是很難得到解答的。現存
黃、湯二人間的書劄一共僅三篇，而且全是湯斌寫給黃宗羲的，兩通
載於《湯子遺書》，一通則附錄於《南雷文定》。康熙二十年，湯斌奉
命主持浙江鄉試，黃宗羲遣子百家專程到杭州拜望，並帶去書劄一
通，請湯斌為其所輯《蕺山學案》撰寫序言。公務結束，行期迫促，
湯斌未及把這篇序寫好，便匆匆起程。後來，還是在返京途中，於船
上把文稿擬就，寄給黃宗羲的。湯斌在寄送序稿的信中寫道：「承命
作《蕺山學案》序，自顧疏陋，何能為役？然私淑之久，不敢固辭。
目下匆匆起行，不敢率爾命筆。舟中無事，勉擬一稿請教，得附名簡
末，遂數十年景仰之私，為幸多矣。」[16]這一封信說明，迄於康熙二
十年，在黃宗羲與湯斌的交往中，並無《明儒學案》這個議題，當時
他們之間所討論的，只是《蕺山學案》。第二年，湯斌又從京中致書
黃宗羲，據云：「去歲承乏貴鄉，未得一瞻光霽，幸與長公晤對，沉
思靜氣，具見家學有本，為之一慰。《蕺山先生文錄》承命作序，某
學識疏陋，何能仰測高深？……某生也晚，私淑之誠，積有歲年，但
識既污下，筆復庸俗，不能稱述萬一。惟望芟其蕪穢，正其訛謬，不
至大有乖誤，受賜多矣。……《文錄》、《學案》何時可公海內？早惠

---

16 湯斌：〈答黃太沖〉，《湯子遺書》，卷5。

後學，幸甚幸甚。」[17]這就是說，湯斌不僅給《蕺山學案》寫了序，而且還給《蕺山先生文錄》寫了序。由這封信又可以說明，直到康熙二十一年，湯斌只知道有《蕺山學案》，卻並不知道有《明儒學案》。

那麼，在康熙二十一年至二十四年間，湯斌又是否有可能從陳錫嘏那裏見到《明儒學案》抄本，並通過陳氏把對該書的意見轉告黃宗羲呢？這是我們接下去要弄清楚的又一個關鍵問題。

（四）「陳介眉傳述」說純屬臆斷

陳介眉，即黃宗羲弟子陳錫嘏，字介眉，號怡庭，浙江寧波人，康熙十五年進士，生於明崇禎七年，卒於清康熙二十六年，終年五十四歲。錫嘏故世後，黃宗羲曾為他撰寫了一篇墓誌銘，文中說得很明白，陳氏於康熙十八年即已告假送親返鄉，從此「里居五年，遂膺末疾，不能出戶，又三年而卒」。[18]可見，在康熙二十一年至二十四年間，陳錫嘏既沒有，也不可能離甬北上，去同湯斌晤面。而且據黃宗羲所撰〈怡庭陳君墓誌銘〉記，《明儒學案》的抄本，陳錫嘏是在病逝前不久才見到的。因此，賈氏改竄〈明儒學案序〉，所謂湯斌對《學案》的評論，是由「陳介眉所傳述」云云，就純屬臆斷。

為什麼會出現這樣的錯誤？平心而論，或許並不是賈氏祖孫有意杜撰，很有可能是誤會了黃宗羲在〈明儒學案序〉中的如下一句話：「抄本流傳，陳介眉以謹守之學，讀之而轉手。湯潛庵謂余曰……」此處所謂「轉手」，指的是陳錫嘏所「謹守」的為學路徑的轉變，而絲毫沒有將《明儒學案》抄本轉交他人的意思。這可以黃宗羲為陳錫嘏所撰墓誌銘為證。黃宗羲說：「君從事於格物致知之學，於人情事勢、物理上功夫，不敢放過，而氣稟羸弱。……凡君之所以病，病之

---

17 湯斌：〈與黃太沖書〉，《湯子遺書》，卷5。
18 黃宗羲：〈怡庭陳君墓誌銘〉，《南雷文定後集》，卷3。

所以不起者，雖其天性，亦其為學有以致之也。……故陽明學之而致
病，君學之而致死，皆為格物之說所誤也。」這就是說，陳錫嘏早年
雖從學於黃宗羲，但他的為學路徑卻與師門宗尚不一致，既沒有師法
王陽明的「致良知」，也沒有繼承劉蕺山的「慎獨」說，走的是程朱
所提倡的由「格物」而「致知」一路。所以，黃宗羲才說他是為「格
物」說所誤而「致死」。就在這篇墓誌銘中，黃宗羲接著又指出：
「《明儒學案》成，君讀之，以為鏞笙磬管，合併發奏，五聲十二
律，截然不亂者，考之中聲也。君從此殆將轉手，天不假之以年，惜
哉！」這段話清楚地表明，陳錫嘏生前的最後歲月，確曾讀到《明儒
學案》抄本，而且決意轉變早先的為學趨向，可惜天不遂人願，齎志
而歿。足見，把〈明儒學案序〉同〈怡庭陳君墓誌銘〉校讀，「轉
手」之所指，昭然若揭。

　　〈怡庭陳君墓誌銘〉，是判斷《明儒學案》成書時間的一篇關鍵
文字，文成於康熙二十六年三月，時當陳錫嘏病逝不久。翌年十月
《南雷文定後集》刊行，即著錄於該集卷三之中。在黃宗羲的現存著
述中，除〈明儒學案序〉之外，直接談到《明儒學案》成書的文字，
就是這一篇。而且這篇文章還先成於〈明儒學案序〉一年左右的時
間。從行文次第看，「天不假之以年，惜哉」之後，緊接著就是「乙
丑歲暮，余過甬問病，君以千秋相託」。乙丑，即康熙二十四年，為
陳錫嘏逝世前兩年。看來，很可能就是此次甬上之行，黃宗羲帶去了
《明儒學案》抄本，陳氏讀後，雖決意轉變為學趨向，但無奈病勢已
深，不得不「以千秋相託」於黃宗羲。翌年，錫嘏病情略有起色，曾
經致書宗羲。大概就是在此一信中，表達了轉變為學趨向的願望，所
以黃宗羲才會「為之狂喜」，錫嘏病逝，他也才會發出「天不假之以
年，惜哉」的喟歎。如果這一揣測能夠成立，那麼又印證了我們在前
面所作的完稿時間至遲在康熙二十四年的判斷。

（五）《明儒學案》不可能在康熙十五年成書

以上，通過對同《明儒學案》成書相關故實的考訂，我們認為，它的完稿不應該早於康熙二十三、二十四年間。接下去，準備討論一下該書能否在康熙十五年成書的問題。

首先，康熙十四年七月，黃宗羲才把《明文案》編成，這部長達兩百〇七卷的書，耗去了他八年的時間。既無三頭六臂，要在此後短短一年的時間裏，又接著去完成一部六十兩卷的《明儒學案》，恐怕是不大可能的。何況當時又正值三藩為禍，烽煙四起，動亂的時局，也沒有允許他有安寧的境遇去潛心著述。事實上，從康熙十五年至十九年間，黃宗羲為生計所迫，就一直在浙西同海寧知縣許三禮周旋。寄人籬下，豈能隨心所欲？

其次，《明儒學案》卷六十一《東林學案四》〈吳鍾巒〉條有云：「某別先生，行三十里，先生復棹三板追送，其語痛絕。……今抄先生學案，去之三十年，嚴毅之氣，尚浮動目中也。」據考，吳鍾巒為黃宗羲早年在南明魯王政權中的同僚，二人在舟山作別，時當順治六年（1649年）秋，「去之三十年」，則已是康熙十八年（1679年）。由此至少可以說明，迄於康熙十八年，《明儒學案》中的《東林學案》並未完稿。

再次，《明儒學案》卷六十二《蕺山學案》卷首，黃宗羲解釋了他早先之所以不為同門友人惲日初所輯《劉子節要》撰序的道理，末了他說：「惜當時不及細論，負此良友。」黃宗羲在這裏所用的「負此良友」四字，一如他在《思舊錄》中所慣用的那樣，是對已故友人負疚心理的一種抒發。這就說明，黃宗羲纂輯《蕺山學案》時，惲日初已經故世。據考，惲日初，字仲升，號遜庵，江蘇常州人，康熙十七年病逝，終年七十八歲。噩耗傳至浙東，時間當更在其後。可見，

《明儒學案》中的《蕺山學案》，也並非康熙十五年竣稿，至少此後兩年，它還在編纂之中。

最後，《明儒學案》的不可能成書於康熙十五年，還可以黃宗羲同時學者陸隴其《三魚堂日記》為證。據稱，康熙二十年「五月初一，仇滄柱（名兆鰲，黃宗羲弟子——引者）以黃太沖《學案》首六卷見贈。其書序述有明一代之儒者，可謂有功，而議論不無偏僻。蓋執蕺山一家之言而斷諸儒之同異，自然如此」。[19]參以前引湯斌書劄，此處所稱《學案》，當即《蕺山學案》無疑。可見，迄於康熙二十年五月，《蕺山學案》並未完稿，只是以前六卷在學者中流傳。至於陸隴其故世後，其弟子吳光酉輯《陸稼書先生年譜定本》所記，康熙十七年十月，譜主曾在京中聽翰林院學士葉方藹「言黃太沖《學案》，嫌其論吳康齋附石亨事，不辨其誣，而以為妙用，不可訓」。[20]當亦係就此六卷未完本加以評論。

綜上所述，《明儒學案》成於康熙十五年一說，顯然是不能作為定論的。我們羅列諸多依據，所提出的完稿於康熙二十三、二十四年間的看法，嚴格地說來，也還包含若干推測成分。不過，有一點則可以明確，《明儒學案》初名《蕺山學案》，直到康熙二十年亦未竣稿，僅以前六卷流傳。至於改題今名，已經是康熙二十四年至二十六年間的事情了。關於《蕺山學案》的編纂，由於代遠年湮，當年湯斌所撰序今天已無從覓得。所幸劉宗周弟子董瑒繼湯斌之後，亦撰有序言一篇，且完整地保存於《劉子全書》卷首〈劉子全書抄述〉之中。謹將董序全文過錄如後，或許於此一問題的深入考察會有所裨益。

董瑒所撰〈劉子全書抄述〉云：

---

19 陸隴其：《三魚堂日記》，卷7，「康熙二十年五月初一」條。
20 吳光酉：《陸稼書先生年譜定本》，卷上，「四十九歲」條。

梨洲黃氏有《劉子學案》之刻，屬瑞生（董瑒原名——引者）
序。序曰：先師劉子，自崇禎丙子在京日，始訂誠意之旨以示
人，謂意者心之所存。戊寅，瑞生侍師，親承音旨。時聞者謂
與朱子、王子不符，起而爭之。其問答之語，往復之書，備載
《全書》。瑞生心識是說，未敢有所可否，一時門人後學，亦
未有會之者。先師沒後，梨洲黃子特闡其義，見於序牘，餘亦
不敢出一詞以應。逮先師辭世三十八年，得一庵王氏棟遺集，
內有〈會語〉及《誠意問答》，云自身之主宰言謂之心，自心
之主宰言謂之意。謂自心虛靈之中確然有主者，若以為心之發
動，便屬流行。與先師之旨吻合。蓋先師以心為所存，意為所
發，是所發先於所存，豈《大學》知本之旨？又格致者，誠意
之功，功夫結在主意中，方為真功夫。（原注：海忠介公瑞嘗
曰，功在格致，道在誠正）一庵屬泰州門人，夙稟良知之教
者，而特揭意旨以示。惜聞者之徒守舊說，而不能深求其在
我，博考於諸儒，漫然疑先師之說，而不知前此已有不謀而同
焉。而先師為特悉是即周子主靜立人極、程子體用一原、顯微
無間之旨，標尼山秘旨於二千一百餘年之後。自先儒以來，未
有盛於劉子也。

　　按：劉宗周卒於順治二年（1645年），董序稱「先師辭世三十八
年」，則此文撰寫，時在康熙二十一年（1682年）。可見，迄於是年，
黃宗羲所輯，乃《劉子學案》，亦即湯斌所云之《蕺山學案》。
　　董序又云：

　　　　先師之學，備在《全書》，而其規程形於《人譜》，採輯備於
　　　　《道統錄》，綱宗見於《宗要》。諸若《學言》、論學諸書、《原

旨》、《證學雜解》、《論語學案》、《讀易圖說》、《大學參疑》、《古易抄》、《儀禮經傳》種種，莫非此旨。而學者顧無真詣，援而他附。黃子於生平所得，合之《全書》，精討而約收之，總以標揭斯旨。此真先師不絕之微言也。先師序《宗要》語曰，讀其言，如草蛇灰線，一脈相引，不可得而亂。敢謂千古宗傳在是，即數子之書不盡於是，而數子之學已盡於是。黃子纂先師學案成，謂瑞生曰，讀其言，如金聲玉振，八音迭奏，未嘗少有間。敢謂先師親傳在是，即先師之書不盡於是，而先師之學已盡於是。蓋學無二致，故言無二致也。

再云：

勉齋狀朱子有言，由孔子而後，曾子、子思繼其微，至孟子而始著。由孟子而後，周、程、張子繼其絕，至先生而始著。所謂得統之正，能使斯道章章者，止一二人。而周、程、張子起孔孟後千有餘年，朱子起周、程、張子後未及百年，先師起朱子後四百餘年。蓋自唐虞執中之統，馴至成周以來，聖賢相傳之道，一旦豁然昭晰呈露，已屬先師。黃子既嘗取其世系爵里、出處言論，與夫學問道德、行業道統之著者述之，而又撮其遺編，會於一旨。以此守先，以此待後。黃子之有功於師門也，蓋不在勉齋下矣。世有願學先師者，其於此考衷焉。

三　主要內容及編纂體例

在中國學案體史籍的形成過程中，黃宗羲著《明儒學案》，是一部具有里程碑意義的重要著述。梳理這部學案的主要內容，剖析其編纂體例，對於明瞭學案體史籍的基本特徵，無疑具有典型意義。

（一）《明儒學案》舉要

《明儒學案》凡六十兩卷，上起明初方孝孺、曹端，下迄明亡劉宗周、孫奇逢，有明一代理學中人，大體網羅其中，實為一部明代理學史。全書由五個部分組成，即：一、師說；二、學有授受傳承的各學派；三、自成一家的諸多學者；四、東林學派；五、蕺山學派。茲分述如後。

第一部分師說，係輯錄著者業師劉宗周論一代諸儒學術語而成，以明全書師承所自。劉宗周論一代儒學，首推方孝孺、曹端。他推許方孝孺之節義，深為其學不彰而鳴不平，認為：「考先生在當時已稱程、朱復出，後之人反以一死抹過先生一生苦心，謂節義與理學是兩事，出此者入彼，至不得與揚雄、吳草廬論次並稱。於是成仁取義之訓為世大禁，而亂臣賊子將接踵於天下矣。悲夫！」對曹端，劉宗周評價亦甚高，既比之於北宋大儒周敦頤，推作「今之濂溪」，又指出：「方正學而後，斯道之絕而復續者，實賴有先生一人。薛文清亦聞先生之風而起者。」方、曹二家之後，繼以薛瑄，不過，劉宗周於薛瑄評價並不高。一方面他既指出薛氏聞曹端之風而起，所著《讀書錄》確有「學貴踐履」之意。另一方面，對其身為朝廷重臣而不能伸張正義，又頗有貶詞。吳與弼與薛瑄同時，生前，因替權臣石亨族譜作跋而稱門下士，石亨瘐死，遂招致非毀。劉宗周力為辨誣，盛稱其學「刻苦奮勵，多從五更枕上、汗流淚下得來」，為同時諸家所不可及。一如評薛瑄出處，劉宗周之論陳獻章學，亦多微詞。陳獻章學宗自然，力倡「靜中養出端倪」之說。劉宗周於此頗不以為然，他說：「靜中養出端倪，不知果是何物？端倪云者，心可得而擬，口不可得而言，畢竟不離精魂者近是。今考先生證學諸語，大都說一段自然工夫，高妙處不容湊泊，終是精魂作弄處。蓋先生識趣近濂溪而窮理不

逮，學術類康節而受用太早，質之聖門，難免欲速見小之病者也。似禪非禪，不必論矣。」

劉宗周之學，遠宗王守仁，卻又能不為師門成說拘囿，而獨闡誠意，以「慎獨」標宗。所以《師說》中論王守仁學，既最能明其精要，亦深識其弊短之所在。劉氏所評之深刻影響於黃宗羲及諸戴山後學者，主要有如下幾點。

其一，陽明學之與朱子學，牴牾集中於釋《大學》一書。朱熹主張先格致而後誠意，王守仁則釋以即格致為誠意。兩家之教雖殊途同歸，而《大學》八條目，實無先後之可言，因而又隱然推陽明說為正解。其二，王守仁倡「致良知」說而承亡繼絕，其來源雖似在陸九淵本心說，但陸、王之學實有毫釐之分，不可不辨。劉宗周指出，「致良知」說「求本心於良知，指點更為親切。合致知於格物，工夫確有循持。較之象山混人道一心，即本心而求悟者，不猶有毫釐之辨乎」！其三，王守仁之學，實遠接北宋大儒程顥，程顥之後，無人可以與之相比。所以劉宗周評陽明學為：「震霆啟寐，烈耀破迷，自孔孟以來，未有若此之深切著明者也。」其四，王守仁過早病逝，未能得享高年，因而他的高明卓絕之見並未盡落實地。其學之弊病在於：「急於明道，往往將向上一幾輕於指點，啟後學躐等之弊。」因此，劉宗周認為，「範圍朱、陸而進退之」，應是王門諸後學的共同職志。

王守仁生前，門人遍天下，而劉宗周認為，王門之眾多傳人中，以鄒守益最稱得師門真傳。所以他評王門諸弟子，獨先之以鄒守益，指出：「東廓以獨知為良知，以戒懼慎獨為致良知之功。此是師門本旨，而學焉者失之，浸流入倡狂一路。惟東廓斤斤以身體之，便將此意做實落工夫，卓然守聖矩，無少畔援。諸所論著，皆不落他人訓詁良知窠臼。先生之教，率賴以不敝，可謂有功師門矣。」王門弟子中，劉宗周於王畿最為不滿，不惟評作「孤負一生，無處根基」，而

且徑斥「操戈入室」。他說:「至龍溪,直把良知作佛性看,懸空期個悟,終成玩弄光景,雖謂之操戈入室可也。」究其根源,則在於對王畿所津津樂道的王門四句教的懷疑。劉宗周認為:「四句教法,考之陽明集中,並不經見。」在他看來,所謂「四句教法」,乃「陽明未定之見,平日間嘗有是言,而未敢筆之於書,以滋學者之惑」。因此他斷言:「其說乃出於龍溪。」

在王守仁講學的過程中,羅欽順多有書劄商榷,對「致良知」說提出了直言不諱的批評。孰是孰非,成為明代中葉學術史上的一樁公案。劉宗周於此詳加評說:一方面,他肯定羅欽順以本天、本心來區分儒釋,評為「大有功於聖門」;另一方面,指出羅氏將心性截然剖斷,寧舍置其心以言性,實是因噎廢食。在劉宗周看來,王守仁固然高明卓絕有餘而質實不足,但羅欽順為格物一段工夫所困,終身不能自拔,則更其可悲。由此正可窺見,迄於明代中葉,程、朱之學確已衰微。劉宗周就此指出:「以先生之質,早尋向上而進之,宜其憂入聖域,而惜也僅止於是。……蓋至是而程、朱之學亦弊矣。由其說,將使學者終其身無入道之日。困之以二三十年功夫而後得,而得已無幾,視聖學幾為絕德。此陽明氏所以作也。」[21]

繼羅欽順之後,《師說》於呂柟、孟化鯉、孟秋、張元忭、羅洪先、趙貞吉、王時槐、鄧以讚、羅汝芳、李材諸家之學,皆有評述。最終則結以許孚遠,以明其師門篤實之學。

《明儒學案》的第二部分,是學有傳承的各學派,上起吳與弼《崇仁學案》,下迄湛若水《甘泉學案》,凡四十兩卷,占至全書大半篇幅。卷一至卷四為《崇仁學案》,所錄為吳與弼、胡居仁等十人。黃宗羲以陽明學為明代理學大宗,而溯其淵源,吳與弼倡道江西,傳

---

21 黃宗羲:〈師說〉〈羅整庵欽順〉,《明儒學案》,卷首。

學婁諒，而王守仁早年即曾問學於婁諒，吳氏自是開風氣大師。因此，在《崇仁學案》卷首總論中，黃宗羲斷言，無吳與弼，則無爾後陽明學的大盛。他說：「康齋倡道小陂，一稟宋人成說。言心則以知覺，而與理為二，言工夫則靜時存養，動時省察。故必敬義夾持，明誠兩進，而後為學問之全功。其相傳一派，雖一齋、莊渠稍為轉手，終不敢離此矩矱也。白沙出其門，然自敘所得，不關聘君，當為別派。於戲！椎輪為大輅之始，增冰為積水所成，微康齋，焉得有後時之盛哉！」卷五、卷六為陳獻章《白沙學案》，所錄為陳獻章、李承箕、林光等十二人。黃宗羲認為，陳獻章早年師從吳與弼，融師說為己有而創為別派，於陽明學興起多所啟發，所以述《崇仁學案》之後，即繼以《白沙學案》。他指出：「有明之學，至白沙始入精微，其吃緊工夫，全在涵養。喜怒未發而非空，萬感交集而不動，至陽明而後大。兩先生之學，最為相近，不知陽明後來從不說起，其何故也。薛中離，陽明之高第弟子也，於正德十四年上疏，請白沙從祀孔廟，是必有以知師門之學同矣。」明代理學，當陽明學崛起之前，朱子學在北方得薛瑄恪守，流播秦晉，濡染一方，而有河東之學與關學之謂。黃宗羲認為，其開派宗師當推薛瑄，所以《明儒學案》卷七、卷八，以《河東學案》述薛瑄及周蕙、呂柟等十五人學說之傳承。隨後則於卷九辟為《三原學案》，以述王恕、韓邦奇、楊爵等六位關學大師之學。

　　陽明學為明代理學中堅，故《明儒學案》第二部分中，述陽明學派最詳。從卷十《姚江學案》，至卷三十六《泰州學案》，篇幅達二十六卷之多，所錄陽明學派中人則亦至九十八位。黃宗羲認為，有明一代學術，在陽明學興起之前，大體上是一個「此亦一述朱，彼亦一述朱」的格局。自王陽明指點出「良知」以立教，始開出一條嶄新路徑。所以他說：「無姚江則古來之學脈絕矣。」一如其師劉宗周，在

《姚江學案》卷首總論中，黃宗羲亦議及王門四句教。只是他並未拘泥師門之說，而是認為四句教本無病痛。在黃宗羲看來，問題在於學者誤會，一味依己意發揮，以致乖違師門本旨，引向荒謬。他就此評論道：「其實，無善無惡者，無善念惡念耳，非謂性無善無惡也。下句意之有善有惡，亦是有善念、有惡念耳。兩句只完得動靜二字。他日語薛侃曰，無善無惡者理之靜，有善有惡者氣之動。即此兩句也。所謂知善知惡者，非意動於善惡，從而分別之為知。知亦只是誠意中之好惡，好必於善，惡必於惡，孰是孰非而不容已者，虛靈不昧之性體也。為善去惡，只是率性而行，自然無善惡之夾雜，先生所謂致吾心之良知於事事物物也。」[22]以此，黃宗羲認為，王畿倡心、意、知、物俱是無善無惡的四無說，篡改了王門四句教法，有違儒者矩矱，確嫌近於釋老之學。但他同時又予王畿之學以公允評價，指出：「先生親承陽明末命，其微言往往而在。象山之後不能無慈湖，文成之後不能無龍溪，以為學術之盛衰。……先生疏河導源，於文成之學固多所發明也。」[23]

王守仁故世之後，越中諸王門弟子，因對四句教法解說分歧，流弊叢生。黃宗羲認為，獨有江西諸陽明門人，最能得師門真傳，從而使陽明學賴以傳衍。因之《明儒學案》第二部分中的《江右王門學案》，竟多至九卷。黃宗羲於此解釋說：「姚江之學，惟江右為得其傳，東廓、念庵、兩峰、雙江其選也。再傳而為塘南、思默，皆能推原陽明未盡之旨。是時越中流弊錯出，挾師說以杜學者之口，而江右獨能破之，陽明之道賴以不墜。蓋陽明一生精神，俱在江右，亦其感應之理宜也。」[24]陽明及門弟子中，汝中、汝止，二王齊名。汝中謂

22 黃宗羲：〈姚江學案〉，《明儒學案》，卷10。
23 黃宗羲：〈浙中王門學案二〉，《明儒學案》，卷12。
24 黃宗羲：〈江右王門學案一〉，《明儒學案》，卷16。

浙東王畿，汝止謂泰州王艮。王艮倡學泰州，以「淮南格物」和「百姓日用即道」之說而立異師門，數傳之後，遂掀翻天地，非名教之所能羈絡了。黃宗羲於此痛心疾首，為揭露其弊害，列為《泰州學案》四卷，他說：「陽明先生之學，有泰州、龍溪而風行天下，亦因泰州、龍溪而漸失其傳。泰州、龍溪，時時不滿其師說，益啟瞿曇之秘而歸之師，蓋躋陽明而為禪矣。然龍溪之後，力量無過於龍溪者，又得江右為之救正，故不至十分決裂。泰州之後，其人多能以赤手搏龍蛇，傳至顏山農、何心隱一派，遂復非名教之所能羈絡矣。」[25]至此，陽明學遂告盛極而衰，處於非變不可的關頭了。

《泰州學案》之後，為《甘泉學案》六卷，所錄為湛若水、許孚遠、馮從吾等十一人。《明儒學案》何以要立《甘泉學案》？黃宗羲有如下解釋：「王、湛兩家，各立宗旨。湛氏門人雖不及王氏之盛，然當時學於湛者或卒業於王，學於王者或卒業於湛，亦猶朱、陸之門下，遞相出入也。」[26]也就是說，王、湛兩家雖宗旨各異，但為師者既多往還，其弟子又遞相出入，殊途而同歸。說到底，記甘泉學，無異於表彰陽明學。爾後道光年間，莫晉重刊《明儒學案》，正是由此出發，謂黃宗羲實以大宗歸陽明，可謂信然不誣。

《明儒學案》卷四十三至卷五十七，為《諸儒學案》上、中、下，以此構成全書第三部分。自卷上方孝孺、曹端諸儒，經卷中羅欽順、王廷相等，迄於卷下霍韜、呂坤、黃道周、孫奇逢輩，入案學者貫穿有明一代，凡四十二人。對於《諸儒學案》的設置，黃宗羲解釋得很清楚，他說：「諸儒學案者，或無所師承，得之於遺經者；或朋友夾持之力，不令放倒，而又不可係之朋友之下者；或當時有所興

---

25 黃宗羲：〈泰州學案一〉，《明儒學案》，卷31。
26 黃宗羲：〈甘泉學案一〉，《明儒學案》，卷37。

起，而後之學者無傳者，俱列於此。」至於各卷的劃分，他亦有解釋：「上卷則國初為多，宋人規範猶在。中卷則皆驟聞陽明之學而駁之，有此辨難，愈足以發明陽明之學，所謂他山之石，可以攻玉也。下卷多同時之人，半歸忠義，所以證明此學也，否則為偽而已。」[27]

　　《明儒學案》的第四部分為《東林學案》四卷，所錄為顧憲成、高攀龍等十七人。當明末季，宦官禍國，黨派角逐，國運文運皆江河日下。率先起而振頹救弊者，為東林諸君子。黃宗羲於東林諸公的忠烈節義，贊為「一堂師友，冷風熱血，洗滌乾坤」，可謂推崇備至。顧、高諸公，鑒於王學末流的汪洋恣肆，以王門四句教為把柄，矛頭所向，不惟以王畿為的，而且直指其師王守仁的「致良知」說。黃宗羲於此深不以為然，故在《東林學案》中多所駁詰。他始而再辯四句教，重申：「其所謂無善無惡者，無善念惡念耳，非謂性無善無惡也。」至於王畿的四無說，則「與陽明絕無干涉」，他就此喟歎：「嗚呼！天泉證道，龍溪之累陽明多矣。」[28]繼之針對高攀龍對「致良知」說的批評，黃宗羲指出，不惟高氏格物說與朱子異趣，且因欲自別於王陽明而進退失據。他的結論是：「先生之格物，本無可議，特欲自別於陽明，反覺多所扦格耳。」[29]最後則借其師劉宗周之言，對高氏學說作了「半雜禪門」，「大醇而小疵」[30]的總評。

　　在黃宗羲看來，晚明學術界，以修正王學而足稱陽明學干城者，則是其師劉宗周。於是《明儒學案》便以《蕺山學案》一卷殿後，既以之總結全書，亦以之對一代理學，乃至整個宋明理學作出總結。黃宗羲認為：「今日知學者，大概以高、劉二先生，並稱為大儒，可以

---

27 黃宗羲：〈諸儒學案一上〉，《明儒學案》，卷43。
28 黃宗羲：〈東林學案一〉〈顧憲成傳〉，《明儒學案》，卷58。
29 黃宗羲：〈東林學案一〉〈高攀龍傳〉，《明儒學案》，卷58。
30 黃宗羲：〈蕺山學案〉〈總論〉，《明儒學案》，卷62。

無疑矣。」然而若論為學之純粹、正大，則獨推其師。所以他說：
「若吾先師，則醇乎其醇矣。」一卷《蕺山學案》，既於案主傳略中
極意推尊，以劉宗周而直接濂、洛、關、閩和王陽明，又精心選取案
主學術精粹，輯錄成篇。所錄依次為〈語錄〉、〈會語〉、〈易簀語〉、
〈來學問答〉、〈原〉、〈證學雜解〉、〈說〉、〈讀易圖說〉、〈聖學吃緊三
關〉、〈大學雜繹〉、〈論語學案〉等凡十一類。宗周學術，精要實在
「慎獨」，所以黃宗羲總評其師學術云：「先生之學，以慎獨為宗，儒
者人人言慎獨，惟先生始得其真。」[31*] 全案以「慎獨」說為中心，既
有對理學諸基本範疇的闡釋，又有對諸學術大師學說的評論。其所涉
內容之廣泛，輯錄資料之翔實，不惟為全書其它學案所不可比擬，而
且即使是《姚江學案》，亦難免相形而遜色。所以我們說，《蕺山學
案》既是對《明儒學案》全書的總結，也是對明代理學和整個宋明理
學的總結。

（二）編纂體例及其評價

以上，摘述《明儒學案》的主要內容，實際上已就全書佈局反映
了著者的編纂原則。接下去擬進一步對這方面的問題再做一些討論，
並從局部具體地來看一看全書的編纂體例。

關於《明儒學案》的編纂原則，卷首所列〈發凡〉八條，大致皆
在其中。第一條評周汝登《聖學宗傳》、孫奇逢《理學宗傳》，既肯定
二書之述理學史，「諸儒之說頗備」，又以「疏略」二字說明兩家著述
之不能盡如人意。黃宗羲指出，周書「主張禪學，攙金銀銅鐵為一
器，是海門一人之宗旨，非各家之宗旨」。而孫書「雜收，不復甄

---

31 黃宗羲：〈蕺山學案〉〈劉宗周傳〉，《明儒學案》，卷62。

別，其批註所及，未必得其要領，而其聞見亦猶之海門也」。因此，在黃宗羲看來，二書皆非總結理學史的佳構，於是《明儒學案》不可不作。第二、第三條，皆論明代理學的基本特徵，即一是宗旨鮮明，二是剖析入微，超邁前代。同樣是講理學，宋明風格，各有千秋。宋儒重淵源，明儒則重宗旨。黃宗羲身為理學營壘中人，卻能入乎其裏而出乎其外，故深得個中三昧。他說：「大凡學有宗旨，是其人之得力處，亦是學者之入門處。天下之義理無窮，苟非定以一二字，如何約之使其在我？故講學而無宗旨，即有嘉言，是無頭緒之亂絲也。學者而不能得其人之宗旨，即讀其書，亦猶張騫初至大夏，不能得月氏要領也。」由此出發，《明儒學案》著意於各家宗旨的歸納紹介，確有「如燈取影」之效。第四條談全書所輯諸家學術資料的來源。對之前流行的理學諸儒語錄，黃宗羲皆不滿意，他認為共同的弊病在於「薈撮數條，不知去取之意謂何」，因而不足以反映各家風貌精神。所以《明儒學案》一反其道，「皆從全集纂要勾玄，未嘗襲前人之舊本」。第五條談全書卷帙分合。黃宗羲指出，《明儒學案》之述學術源流，斷不如禪家之牽強附會，所遵循的原則是：「以有所授受者，分為各案。其特起者，後之學者，不甚著者，總列諸儒之案。」第六條介紹全書的一條重要編纂原則，即「一偏之見」、「相反之論」，皆相容並蓄，以明儒者之學的同源異流，殊途同歸。黃宗羲說得很好：「以水濟水，豈是學問！」第七、第八條則是一些必要的解釋，希望得到讀者的諒解。前者說明學貴自得，不輕傳授，這是中國古代教學的傳統。而《明儒學案》把各家學術宗旨講得過於明白，擔心讀者「徒增見解，不作切實工夫」。後者則因囿於聞見，難免缺略，希望得到讀者的指教。

　　遵循上述原則，《明儒學案》在具體的編纂體例上，雖各卷編次未盡全然一致，但大體說來，除個別學案之外，各學案皆是一個三段

式的結構。即卷首冠以總論，繼之則是案主傳略，隨後再接以案主學術資料選編。三段分行，渾然一體，各家學術風貌洞若觀火。

卷首總論，文字或短或長，短者數十、百餘字，長者不過數百、近千字，或述學術承傳，或談論學宗旨，意在說明案主學術在一代理學史上的地位。譬如卷一《崇仁學案》，總論不過百餘字，吳與弼及其學派的基本面貌，朗然描繪出來。先之以「康齋倡道小陂，一稟宋人成說。言心則以知覺，而與理為二，言工夫則靜時存養，動時省察。故必敬義夾持，明誠兩進，而後為學問之全功」。這段話講的是吳氏的宋學特徵。繼之述「其相傳一派，雖一齋、莊渠稍為轉手，終不敢離此矩矱也」，則說明吳氏之學傳至婁諒、魏校，它雖略有變化，但終未出其宋學範圍。接著再論「白沙出其門，然自敘所得，不關聘君，當為別派」，是在說陳獻章雖學出吳門，但融師說為我有而再加發揮，已然別闢蹊徑，另創學派。最終結以「於戲！椎輪為大輅之始，增冰為積水所成，微康齋，焉得有後時之盛哉」，則道出了吳氏學術的歷史地位。吳與弼為婁諒師，婁諒又為王守仁師，這就是說，倘若沒有吳與弼，又豈能有日後陽明學的大盛局面呢！又如卷九《三原學案》，總論最短，僅寥寥數十字：「關學大概宗薛氏，三原又其別派也。其門下多以氣節著，風土之厚，而又加之學問者也。」然而明代關學之淵源河東薛瑄，由王恕而創為別派，一方學者又受傳統地域文化影響，合學問與氣節為一諸基本特徵，則皆在其中。再如卷十之《姚江學案》、卷六十二之《蕺山學案》，其總論皆全書之最長，幾近千字。尺短寸長，異曲同工，也無非是要說明：「無姚江，則古來之學脈絕矣」；「若吾先師，則醇乎其醇矣」。

案主傳略，文字亦多寡不一，短者數百言，長者則上千言。就傳文內容言，先述傳主生平行履，後論學術風貌，行履之與論學，一般各占一半篇幅。如果說案主行履的結撰，有歷朝實錄及碑誌傳狀一類

文字可據，尚屬並不十分困難的話，那麼討論學術的篇幅，則多無現成文字參考，因之最費斟酌，而亦最能顯示著者功力。譬如卷五《白沙學案》之陳獻章傳，文凡一千四百餘字，而討論傳主學術占至全篇二分之一。七百餘字間，既論陳白沙學術宗旨，又評其在一代學術史中的地位，且兼辯其學近禪的指責。其中，尤以辯陳獻章學術之非禪學，文字最多。黃宗羲首先考察了這一指責的由來，將其歸結為兩個方面，一是人云亦云的庸俗之輩，二是羅欽順的誤會。對於前者，他說：「聖學久湮，共趨事為之末，有動察而無靜存，一及人生而靜以上，便鄰於外氏。此庸人之論，不足辨也。」而對於後者，黃宗羲先是引述羅欽順的訾議，隨後對羅氏議論批評道：「緣文莊終身認心性為二，遂謂先生明心而不見性。此文莊之失，不關先生也。」傳末，再引白沙弟子張詡論其師學術語為據，斷言：「先生之學，自博而約，由粗入細，其於禪學不同如此。」

又如卷十《姚江學案》之王守仁傳，討論傳主學術的內容近千言。其中，對於王氏為學的演變過程，傳文歸納為：「先生之學，始泛濫於詞章，繼而遍讀考亭之書，循序格物，顧物理吾心終判為二，無所得入。於是出入於佛、老者久之。及至居夷處困，動心忍性，因念聖人處此，更有何道？忽悟格物致知之旨，聖人之道，吾性自足，不假外求。其學凡三變而始得其門。自此以後，盡去枝葉，一意本原，以默坐澄心為學的。……江右以後，專提『致良知』三字，默不假坐，心不待澄，不習不慮，出之自有天則。……居越以後，所操益熟，所得益化，時時知是知非，時時無是無非，開口即得本心，更無假借湊泊，如赤日當空而萬象畢照。是學成之後，又有此三變也。」關於王守仁學說演化過程的這一敘述，雖然並非黃宗羲的發明，但是經他如此歸納而載入《明儒學案》，遂成為爾後討論陽明學說形成問題的不刊之論。

　　學術資料選編，在各學案中，所佔比重皆最大，一部《明儒學案》，此類資料已占至全書三分之二以上篇幅。所輯資料，以反映案主學術風貌為準繩，依類編次，大體以語錄為主，兼及論說、書劄與其它雜著。凡所輯錄，皆注明書名、篇名，以示徵信。其間，亦略加按語，以作評論或提示。就全書而論，卷十《姚江學案》、卷五十八至卷六十一《東林學案》以及卷六十二《蕺山學案》，所輯資料最為系統、翔實，亦最具典型意義。關於《蕺山學案》所錄資料，前面已經談過，恕不贅述。在此，僅就《姚江》、《東林》二學案，來作一些討論。

　　《姚江學案》所輯錄資料，源出劉宗周崇禎十二年所輯《陽明傳信錄》。原錄凡作《語錄》、《文錄》、《傳習錄》三個部分，卷首且有宗周跋語一篇。黃宗羲撰《明儒學案》，取以入《姚江學案》，合《語錄》、《文錄》為一，統以《語錄》標題。所錄凡作《語錄》、《傳習錄》兩部分，案主「致良知」說精要，囊括無遺。治陽明學而以此為依據，即可得其梗概。尤有可述者，輯錄資料中多載劉宗周按語，或提示，或評論，於瞭解和把握陽明學實質，多所裨益。譬如《語錄》部分，首條所錄〈與辰中諸生〉語，劉宗周按云：「刊落聲華，是學人第一義。」〈與王純甫〉條，亦有如下按語：「先生恢復心體，一齊俱了，真是大有功於聖門，與孟子性善之說同。」〈答顧東橋〉條，以按語歸納云：「良知之說，只說得個即心即理，即知即行，更無別法。」類似的評論，還見於〈答聶文蔚〉條按語，即：「致良知，只是存天理之本然。」關於陽明學的淵源，劉宗周於〈與馬子莘〉條中，重申了遠宗程顥的見解，他說：「此是先生的派明道處。」凡此，皆屬對陽明學的闡釋表彰。而在若干按語中，亦有對陽明學的具體商榷。譬如《語錄》所輯〈答周道通〉條，劉宗周按語即稱：「先生之見，已到八九分。但云性即是氣，氣即是性，則合更有商量

在。」又如《傳習錄》部分，於〈格物無間動靜〉條後，即載有劉宗周大段商榷語。按語云：「此是先生定論。先生它日每言，意在於事親，即事親為一物云云。餘竊轉一語曰，不在於事親時是恁物？先生又曰，工夫難處全在格物致知上，此即誠意之事。意既誠，大段心亦自正，身亦自修。但正心、修身工夫亦各有用力處，修身是已發邊，正心是未發邊，心正則中，身修則和云云。先生既以良知二字冒天下之道，安得又另有正修工夫？只因將意字看作已發，故工夫不盡，又要正心，又要修身。意是已發，心是未發，身又是已發。先生每譏宋學支離而躬自蹈之，千載而下，每欲起先生於九原質之而無從也。」

由於劉宗周不贊成王門四句教，認為它是王畿的杜撰，因而不惟通篇不錄「天泉證道」語，而且還於資料選輯終篇時，詳加按語云：「先生每言，至善是心之本體。又曰，至善只是盡乎天理之極，而無一毫人欲之私。又曰，良知即天理。錄中言天理二字，不一而足。有時說無善無惡者理之靜，亦未嘗徑說無善無惡是心之體。若心體果是無善無惡，則有善有惡之意又從何處來？知善知惡之知又從何處來？為善去惡之功又從何處起？無乃語語斷流絕港乎！」因此，劉宗周反其道而行之，指出：「蒙因為龍溪易一字，曰：心是有善無惡之心，則意亦是有善無惡之意，知亦是有善無惡之知，物亦是有善無惡之物。」足見，《明儒學案》中的學術資料選編，並非漫無別擇、不慎去取，著者的學術傾向，即在資料編選之中。

《東林學案》是黃宗羲用力最勤的學案之一，其父尊素亦在該學案中。案內所輯資料甚富，皆經宗羲精心排比。即以卷五十八之高攀龍學術資料為例，所選已達八類之多，依次為〈語〉、〈札記〉、〈說〉、〈辨〉、〈論學書〉、〈雜著〉、〈講義〉、〈會語〉。這些資料輯自案主卷帙浩繁的《高子遺書》中，有一個十分鮮明的特點，即並不避諱案主對陽明學的尖銳批評。譬如〈論學書〉一類，所載〈答方本

庵〉有云：「陽明先生於朱子格物，若未嘗涉其藩者。其致良知，乃明明德也，然而不本於格物，遂認明德為無善無惡。故明德一也，由格物而入者其學實，其明也即心即性。不由格物而入者其學虛，其明也是心非性。心性豈有二哉？則所從入者有毫釐之辨也。」《雜著》一類，類似指斥陽明學弊病者更多。所載〈崇文會語序〉云：「姚江之弊，始也掃聞見以明心耳，究而任心而廢學，於是乎《詩》、《書》、《禮》、《樂》輕而士鮮實悟。始也掃善惡以空念耳，究且任空而廢行，於是乎名、節、忠、義輕而士鮮實修。」〈尊聞錄序〉同樣斥陽明學流弊云：「《論語》二十篇，不言心。第兩言之，曰其心三月不違仁，曰從心所欲不逾矩。是則因有違仁、逾矩之心矣。自致良知之宗揭，學者遂認知為性，一切隨知流轉，張惶恍惚。其以恣情任欲，亦附於作用變化之妙，而迷復久矣。」關於陽明學說的形成和演化過程，高攀龍的描述，與王門中人多有異同。學案輯其〈三時記〉語云：「余觀文成之學，蓋有所從得。其初從鐵柱宮道士得養生之說，又聞地藏洞異人言周濂溪、程明道是儒家兩個好秀才。及婁一齋與言格物之學，求之不得其說，乃因一草一木之說，格及官舍之竹而致病，旋即棄去。則其格致之旨，未嘗求之，而於先儒之言，亦未嘗得其言之意也。後歸陽明洞習靜導引，自謂有前知之異，其心已靜而明。後謫龍場，萬里孤游，深山夷境，靜專澄默，功倍尋常，故胸中益灑灑，而一旦恍然有悟。是其舊學之益精，非於致知之有悟也。特以文成不甘自處於二氏，必欲篡位於儒宗，故據其所得，拍合致知，又裝上格物，極費功力。所以左籠右罩，顛倒重複，定眼一覷，破綻百出也。」

詆王守仁「欲篡位於儒宗」，這樣的批評不可謂不嚴厲。而學案中〈會語〉一類，則同樣將陽明學排斥於「聖學」正統之外。始而謂：「聖學正脈，只以窮理為先，不窮理便有破綻。」繼之則明言：

「一向不知象山、陽明學問來歷，前在舟中，似窺見其一斑。二先生學問，俱是從致知入。聖學須從格物入，致知不在格物，虛靈知覺雖妙，不察於天理之精微矣。豈知有二哉？有不致之知也。毫釐之差在此。」所有這些資料的輯錄，皆說明《明儒學案》的結撰，確實貫徹了黃宗羲於卷首〈發凡〉所云：「此編所列，有一偏之見，有相反之論。學者於其不同處，正宜著眼理會，所謂一本而萬殊也。」這樣的編纂原則，無疑是很可貴的。

四　《明儒學案》與《皇明道統錄》

黃宗羲之以總論、傳略、學術資料選編三位一體，去編纂《明儒學案》，並非文思驟起，奇想突發。就歷史編纂學的角度而言，《明儒學案》的出現，正是當時歷史學自身的發展狀況所使然。明清之際，理學既已進入批判和總結階段，於是歷史學自然要作出反應，這就是《陸楊學案》、《諸儒學案》、《聖學宗傳》、《理學宗傳》一類著述的接踵而出。而這些著述，黃宗羲皆經寓目，從而給他發願結撰《明儒學案》提供了有益的啟示。關於這方面的情況，就《明儒學案》本身論，確有轍跡可尋。譬如卷首〈發凡〉的評《聖學宗傳》、《理學宗傳》語，卷二十一《江右王門學案》之取劉元卿以入案，卷三十五《泰州學案》之列耿定向，卷五十七《諸儒學案》之錄孫奇逢，卷六十二《蕺山學案》之輯《論語學案》語等，皆是依據。耿定向及劉元卿、劉宗周之以「學案」題名著述，周汝登、孫奇逢二家兩部《宗傳》日趨明朗的三段式編纂結構，都成為黃宗羲《明儒學案》的先導。尤其應當特別說明者，作為《明儒學案》的取法對象，不僅有上述諸家著述以及更早的朱熹著《伊洛淵源錄》，而且於黃宗羲影響最大的，恐怕應是其師劉宗周的《皇明道統錄》。

　　關於《皇明道統錄》的情況，由於該書在劉宗周生前未及刊行，後來亦未輯入《劉子全書》之中，因此其具體內容今天已無從得其詳。所幸劉宗周高足董瑒輯《蕺山先生年譜》中，於其梗概有所敘述。據云：「天啟七年丁卯，五十歲。《皇明道統錄》成。先生輯《道統錄》七卷，仿朱子《名臣言行錄》，首紀平生行履，次語錄，末附斷論。大儒特書，餘各以類見。去取一準孔孟，有假途異端以逞邪說，托宿鄉愿以取世資者，擯弗錄。即所錄者，褒貶俱出獨見。如薛敬軒、陳白沙、羅整庵、王龍溪，世推為大儒，而先生皆有貶詞。方遜志以節義著，吳康齋人競非毀之，而先生推許不置。（原注略——引者）通錄中無間辭者，自遜志、康齋外，又有曹月川、胡敬齋、陳克庵、蔡虛齋、王陽明、呂涇野六先生。」[32*]

　　這就是說，《皇明道統錄》完稿於明天啟七年（1627年），稿凡七卷。其編纂體例仿照朱熹《名臣言行錄》，作三段式結構，即第一段平生行履，第二段語錄，第三段斷論。錄中所載一代儒學中人，凡大儒皆自成一家，其餘諸儒則以類相從。而編纂原則亦甚明確，取捨標準為孔孟學說，凡異端邪說，鄉愿媚世者，皆擯而不錄。諸如薛瑄、陳獻章、羅欽順、王畿等，錄中皆有貶責。而於世人競相非毀的方孝孺、吳與弼，錄中則極意推尊。其它如曹端、胡居仁、陳選、蔡清、王守仁、呂楠等，錄中亦加以肯定。

　　倘若取《明儒學案》與董瑒所述之《皇明道統錄》相比照，即可發現其間的若干重要相通之處。首先，《道統錄》的三段式編纂結構，亦為《明儒學案》所沿襲，無非將斷論移置各案卷首，成為該案之總論罷了。其次，學有承傳之諸大家，《明儒學案》亦獨自成案，

---

32 劉汋輯、董瑒修訂：《蕺山先生年譜》，卷上，「五十歲」條。

如崇仁、白沙、河東、三原、姚江、甘泉、蕺山等。而其它儒林中人，一如《道統錄》之以類相從，編為《諸儒學案》、《浙中王門》、《江右王門》等等。至於以倡「異端邪說」獲咎的李贄，以及著《學蔀通辨》，詆王守仁《朱子晚年定論》為杜撰的陳建等人，《明儒學案》亦摒棄不錄。再次，《明儒學案》評一代儒林中人，多以其師劉宗周之說為據，各案皆然，不勝枚舉。譬如卷首之冠以《師說》，推方孝孺為一代儒宗；卷一《崇仁學案》，以吳與弼領袖群儒；卷十《姚江學案》，全文引錄《陽明傳信錄》；卷五十八《東林學案》，輯顧憲成《小心齋札記》，所加按語云：「秦、儀一段，係記者之誤，故劉先生將此刪去」；同卷輯高攀龍〈論學書〉，亦加按語云：「蕺山先師曰，辛復元，儒而偽者也；馬君謨，禪而偽者也。」凡此等等，無不透露出《明儒學案》承襲《皇明道統錄》的重要消息。所以，倘若我們說《明儒學案》係脫胎於《皇明道統錄》，進而加以充實、完善，恐怕不會是無稽之談。

在中國學術史上，自南宋間朱熹著《伊洛淵源錄》，而學案體史籍雛形始具。中經數百年蹣跚演進，迄於明末，理學步入批判和總結階段，於是耿定向以《陸楊學案》為題撰文而開啟先路，劉元卿《諸儒學案》、周汝登《聖學宗傳》、劉宗周《皇明道統錄》諸書接踵而出，學案體史籍有了一個長足發展。入清以後，孫奇逢《理學宗傳》於康熙初葉問世，承前啟後，沿波而進，學案體史籍的別創一軍，已是指日可待。至黃宗羲《明儒學案》出而集其大成，以其鮮明的編纂原則，嚴整的編纂體例和豐富翔實的史料輯錄，最終統攝以著者的卓然睿識，從而使學案體史籍臻於完善和定型。至此，在中國傳統歷史編纂學中，便挺生出學案體史籍的新軍。

五 《明儒學案》發微

黃宗羲著《明儒學案》自康熙三十二年（1693年）刊行以來，三百餘年過去，一直是相關研究者關注和研究的一部重要歷史文獻。近三十年來，隨著學術史研究的復興和推進，這方面的研究日漸深入，尤為喜人。就所涉及論題而言，諸如《明儒學案》的編纂緣起、成書經過、思想史和文獻學淵源以及學術價值評判等等，皆吸引了越來越多研究者的興趣。以下，謹將近期重讀〈明儒學案序〉之所得連綴成篇，就該書的編纂緣起再做一些討論，敬請方家大雅指教。

（一）問題的提出

黃宗羲晚年，曾經就《明儒學案》的結撰留下兩篇重要文字，一篇是〈明儒學案序〉，另一篇是〈改本明儒學案序〉。前文於宗羲生前錄入所輯《南雷文定四集》，後文則在宗羲故世之後，由其子百家輯入《南雷文定五集》。康熙三十二年孟春，《明儒學案》在河北故城刊刻藏事，兩文皆冠諸卷首，撰文時間均署為康熙三十二年。唯宗羲原文已為賈氏父子增刪、改動，難以信據。倘若論究《明儒學案》結撰故實，自然當以錄入宗羲文集者為準。

《明儒學案》的這兩篇序文，有同有異。大致相同者，是都談到了如下三層意思。第一，學問之道乃一致百慮，殊途同歸，不可強求一律。然而時風眾勢，必欲出於一道，稍有異同，即詆之為離經叛道，以致釀成「杏壇塊土，為一哄之市」。[33]第二，全書梳理有明一代儒學源流，旨在分源別派，使其宗旨歷然。因而，《明儒學案》乃

---

33 黃宗羲：〈明儒學案序〉，《南雷文定四集》，卷1。

「明室數百歲之書也，可聽之埋沒乎」？[34]第三，《明儒學案》的問世，多歷年所，非三年五載之功。具體而言，「書成於丙辰（康熙十五年——引者）之後，許西山（名三禮——引者）刻數卷而止，萬貞一（名言——引者）又刻之而未畢」，直至壬申（康熙三十一年——引者）七月，始聞河北賈若水、醇庵父子慨然刻書之舉。[35]

　　兩篇文字之不同處，主要在於改本將原序的如下大段文字盡行刪除。原序有云：「某幼遭家難，先師蕺山先生視某猶子，扶危定傾，日聞緒言，小子蹻蹻，夢奠之後，始從遺書得其宗旨，而同門之友，多歸忠節。歲己酉，毗陵惲仲昇來越，著《劉子節要》。仲昇，先師之高第弟子也。書成，某送之江干，仲昇執手丁寧曰：『今日知先師之學者，惟吾與子兩人，議論不容不歸一，惟於先師言意所在，宜稍為通融。』某曰：『先師所以異於諸儒者，正在於意，寧可不為發明？』仲昇欲某敘其《節要》，某終不敢。是則仲昇於殊途百慮之學，尚有成局之未化也，況於他人乎？某為《明儒學案》，上下諸先生，淺深各得，醇疵互見，要皆功力所至，竭其心之萬殊者而後成家，未嘗以懵懂精神，冒人糟粕。於是為之分源別派，使其宗旨歷然，由是而之焉，固聖人之耳目也。間有發明，一本之先師，非敢有所增損其間。」[36]

　　兩篇〈明儒學案序〉為什麼會存在上述異同？從中反映了該書結撰緣起的哪些故實？這是我們接下去要展開討論的問題。

（二）為師門傳學術

　　黃宗羲為什麼要結撰《明儒學案》？要弄清楚這個問題，不妨就

---

34 黃宗羲：〈改本明儒學案序〉，《南雷文定五集》，卷1。

35 黃宗羲：〈改本明儒學案序〉，《南雷文定五集》，卷1。

36 黃宗羲：〈明儒學案序〉，《南雷文定四集》，卷1。

從改本〈明儒學案序〉對原序上述大段文字的刪除入手。

前引〈明儒學案序〉中的大段文字，黃宗羲憶及二十餘年前未能為同門友人惲日初著《劉子節要》撰序一事。至於事情的起因，乃在於二人對其師劉宗周學術宗旨的把握意見不一。一個認為「於先師言意所在，宜稍為通融」，一個則力主「先師所以異於諸儒者，正在於意，寧可不為發明」。結果分歧無法彌合，用黃宗羲事後二十餘年的話來講，就叫做「仲昇欲某敘其《節要》，某終不敢」。黃宗羲、惲日初二人間的此次往還，並非尋常同門昆弟之論學談藝，實則直接關係《明儒學案》前身《蕺山學案》之發願結撰。

據考，惲日初字仲昇，號遜庵，江蘇武進（今常州）人，生於明萬曆二十九年（1601年），卒於清康熙十七年（1678年），終年七十八歲。[37]康熙七年（1668年），日初由常州南遊紹興，憑弔劉宗周子劉汋。此時宗羲亦在紹興，與同門友人姜希轍、張應鰲等復興師門證人書院講會，故而惲、黃二人得以闊別聚首，朝夕論學達半年之久。[38]惲日初長黃宗羲九歲，在劉宗周門下，當屬長者。此次南來，不惟帶來了為其師所撰〈行狀〉一篇，而且攜有《惲仲昇文集》一部，學已成家，儼然劉門高第弟子。是年，黃宗羲欣然為《惲仲昇文集》撰序，贊許日初為「固知蕺山之學者未之或先也」。正是在這篇序中，宗羲對自己早先問學師門的用力不專痛自反省，他就此寫道：「余學於子劉子，其時志在舉業，不能有得，聊備蕺山門人之一數耳。天移地轉，僵餓深山，盡發藏書而讀之。近二十年，胸中窒礙解剝，始知曩日之辜負為不可贖也。」[39]

惲日初在越半年，將劉宗周遺著區分類聚，粗成《劉子節要》書

---

37 惲珠：〈惲遜庵先生家傳〉，見《惲遜庵先生文集》，卷首。

38 黃宗羲：〈蕺山學案〉，《明儒學案》，卷62。

39 黃宗羲：〈惲仲昇文集序〉，《南雷文案》，卷1。

稿。臨別，黃宗羲河滸相送，日初以增刪《劉子節要》相託。惲氏返鄉，《劉子節要》刻成，康熙十一年（1672年），日初復致書宗羲，並寄《節要》一部，囑為撰序或書後。宗羲接信，對於《劉子節要》一書的曲解師門學術宗旨極為不滿，幾至忍無可忍。於是一改先前對惲日初為學的傾心贊許，撰為〈答惲仲昇論劉子節要書〉一通，詳加辯駁。

　　黃宗羲所撰〈答惲仲昇論劉子節要書〉，開宗明義，即昌言：「夫先師宗旨，在於慎獨，其慎獨之功，全在『意為心之主宰』一語。此先師一生辛苦體驗而得之者。」宗羲指出，恰恰正是在關乎師門學術宗旨的這樣一個根本問題上，《劉子節要》出現了不可原諒的重大失誤。「於先師之言意者，一概節去」，結果是「去其根柢而留其枝葉，使學者觀之，茫然不得其歸著之處」。此其一。其二，《劉子節要》既立「改過」一門，但於劉宗周專論改過的代表作《人譜》卻置若罔聞，「無一語及之」。故惲氏書雖名《節要》，實則「亦未見所節之要」。其三，則是以己言而代師語，張冠李戴，體裁乖誤。宗羲於此指斥道：「節要之為言，與文粹、語粹同一體式，其所節者，但當以先師著撰為首，所記語次之，碑銘、行狀皆歸附錄。今老兄以所作之狀，分門節入，以劉子之節要，而節惲子之文，寧有是體乎？」

　　有鑒於上述各種原因，信末，黃宗羲提出了否定性的尖銳質疑：「先師夢奠以來，未及三十年，知其學者不過一二人，則所藉以為存亡者，惟此遺書耳。使此書而復失其宗旨，則老兄所謂明季大儒惟有高、劉二先生者，將何所是寄乎！」[40]

　　不知是何種緣故，黃宗羲此一答書當時並未發出，而是存諸書篋，直到康熙三十四年（1695年）故世之後，始由其子百家輯入《南

---

40 黃宗羲：〈答惲仲昇論劉子節要書〉，《南雷文定五集》，卷1。

雷文定五集》之中。[41]儘管如此,《劉子節要》一書對黃宗羲的刺激畢
竟太大,從而激起宗羲整理劉宗周遺書,結撰《蕺山學案》,表彰其
師為學宗旨,為師門傳學術的強烈責任。至遲到康熙二十年(1681
年)秋,《蕺山學案》(一稱《劉子學案》)的結撰業已完成。是年
秋,湯斌主持浙江鄉試行將結束,黃宗羲遣子百家攜手書並《蕺山學
案》稿趕往杭州拜謁,敦請湯氏為《學案》撰序。返京途中,湯斌有
答書一通奉覆,據稱:「承命作《蕺山學案》序,自顧疏漏,何能為
役?然私淑之久,不敢固辭。目下匆匆起行,不敢率爾命筆。舟中無
事,勉擬一稿請教,得附名簡末,遂數十年景仰之私,為幸多矣。」
[42]翌年,湯斌又從京中來書,有云:「去歲承乏貴鄉,未得一瞻光霽,
幸與長公晤對,沉思靜氣,具見家學有本,為之一慰。《蕺山先生文
錄》承命作序,某學識疏漏,何能仰測高深……《文錄》、《學案》何
時可公海內,早惠後學,幸甚幸甚。」[43]同年,黃宗羲同門友人董瑒
亦應請為《劉子學案》撰序,據云:「梨洲黃氏有《劉子學案》之
刻,屬瑞生序……黃子既嘗取其世系、爵里、出處、言論,與夫學
問、道德、行業、道統之著者述之,而又撮其遺編,會於一旨。以此
守先,以此待後,黃子之有功於師門也,蓋不在勉齋下矣。世有願學
先師者,其於此考衷焉。」[44]

　　就今天尚能讀到的歷史文獻而論,黃宗羲當年所輯《蕺山學
案》,雖然已經完成,且請湯斌、董瑒二人分別撰序,但是該書並未
刊行,宗羲即把精力轉到《明儒學案》的結撰中去。從《蕺山學案》
到《明儒學案》,其間的歷史故實,若明若暗,有待梳理。

---

41 黃宗羲著、陳乃乾編:〈黃梨洲文集舊本考〉,《黃梨洲文集》(北京市:中華書局,
　　1959年),卷末,頁534。

42 湯斌:〈答黃太沖〉,《湯子遺書》,卷5。

43 湯斌:〈與黃太沖書〉,《湯子遺書》,卷5。

44 董瑒:〈劉子全書抄述〉,見劉宗周《劉子全書》,卷首。

（三）為故國存信史

誠如上節所言，黃宗羲著《蕺山學案》，其實是要解決劉宗周學術宗旨的準確把握和蕺山學派的傳衍問題。至遲到康熙二十年秋，這一願望應當說大致已經實現。然而，就在《蕺山學案》臨近完成之際，一個較之更為突出，且關乎有明一代歷史和學術評價的問題，被歷史進程尖銳地推到了黃宗羲面前。這就是官修《明史》的再度開館和王陽明、劉蕺山學術的歷史地位問題。

入清之初，清廷沿歷代為前朝修史成例，於順治二年（1645年）三月始議編纂《明史》。五月，設置總裁、副總裁及纂修諸官數十員，是為《明史》館初開[45]。之後，迄於康熙十七年（1678年），資料短缺，人員不齊，館臣顧忌重重，無從著手，史館形同虛設。康熙十七年正月，詔開「博學鴻儒」特科。翌年三月，經體仁閣集中考試，所錄取之一等二十人，二等三十人，俱入翰林院供職，預修《明史》。五月，任命徐元文為《明史》監修，葉方藹、張玉書為總裁，是為《明史》館再開。[46]十九年（1680年）二月，徐元文疏請徵召黃宗羲入館修史，「如果老疾不能就道，令該有司就家錄所著書送館」。[47]疏上，獲清聖祖認可，責成浙江地方當局辦理。之後，黃宗羲雖然並未應詔入京，但是他晚年的著述生涯，卻從此同《明史》纂修緊緊地聯繫起來。

康熙二十、二十一年冬春間，由史館傳來關於擬議中的《明史》纂修凡例，館臣專就其間爭議最大的理學四款，徵詢黃宗羲的意見。第一款以程朱理學派為明代學術正統，主張《明史》纂修「宜如《宋

45　《清世祖實錄》，卷16，「順治二年五月癸未」條。

46　《清聖祖實錄》，卷81，「康熙十八年五月己未」條。

47　《清聖祖實錄》，卷88，「康熙十九年二月乙亥」條。

史》例，以程朱一派另立〈理學傳〉」，入傳者依次為薛瑄、曹端、吳
與弼、陳真晟、胡居仁、周蕙、章懋、呂柟、羅欽順、魏校、顧憲
成、高攀龍、馮從吾等十餘人。第二款以「未合於程朱」為由，將陳
獻章、王守仁、湛若水、劉宗周等統統排除於〈理學傳〉，於王、劉
二家，則假「功名既盛，宜入〈名卿列傳〉」之名，行黜為異端之
實。第三款矛頭直指王守仁及浙東學派，目為「最多流弊」，因之
「不必立傳，附見於江西諸儒之後可也」。第四款重申程朱理學派的
正統地位，昌言「學術源流宜歸一是」，唯有程朱之學「切實平正，
不至流弊」。[48]

出自史館重臣徐幹學、元文兄弟的這四款主張，不惟否定了王守
仁、劉宗周在明代學術發展中舉足輕重的地位，而且以門戶之見而強
求一是，黨同伐異，曲解了一代學術的演進歷史。如此一來，有明一
代之國史，勢必失去信史地位。有鑑於此，康熙二十一年二月，黃宗
羲致書史館中人，辨章學術，考鏡源流，對上述四款條例逐一駁詰，
使徐氏兄弟的似是而非之議頓然體無完膚。針對徐氏修史條例對王陽
明、劉蕺山二家學術重要歷史地位的否定，黃宗羲在信中縱論一代學
術云：「有明學術，白沙開其端，至姚江而始大明。蓋從前習熟先儒
之成說，未嘗返身理會，推見至隱，此亦一述朱，彼亦一述朱。高景
逸云，薛文清、呂涇野語錄中皆無甚透悟，亦為是也。逮及先師蕺
山，學術流弊，救正殆盡。」他的結論是：「向無姚江，則學脈中
絕，向無蕺山，則流弊充塞。凡海內之知學者，要皆東浙之所衣被
也。」黃宗羲認為，《宋史》立〈道學傳〉，乃「元人之陋」，纂修
《明史》，斷不可師法。他的主張是：「道學一門所當去也，一切總歸
儒林，則學術之異同皆可無論，以待後之學者擇而取之。」[49]

---

48 劉承幹：〈徐健庵修史條議〉，《明史例案》，卷2。
49 黃宗羲：〈移史館論不宜立理學傳書〉，《南雷文定》，卷4。

　　「國可滅，史不可滅」[50]，此乃黃宗羲素來秉持之治史宗旨。康熙初，以《明夷待訪錄》的結撰肇始，他「閉門著述，從事國史」[51]，《行朝錄》、《海外慟哭記》、《思舊錄》、《明文案》、《蕺山學案》以及諸多碑誌傳狀，皆是其史家職責之展示。面臨史館修史條例如此尖銳的挑戰，迫使黃宗羲不僅要起而駁詰，而且要在治史實踐中作出強烈反應。於是他未待《蕺山學案》刊行，便將其擴而大之，由梳理劉宗周一家一派之學術史，充實為論究一代學術源流，為故國存信史的大著作《明儒學案》。

　　《明儒學案》的結撰，既有之前一年完稿的《蕺山學案》為基礎，又有康熙十四年（1675年）成書的《明文案》為文獻依據，還有劉宗周生前梳理一代學術所成之諸多著述為藍本，所以該書能在其後的三四年間得以脫稿，也就是順理成章的事情。據黃宗羲撰《子劉子行狀》記，其師生前董理一代學術，先後留下三部書稿，一是記方孝孺學術的《遜志正學錄》，一是記王陽明學術的《陽明傳信錄》，一是記有明一代學術的《皇明道統錄》。[52]三書之中，於《明儒學案》影響最大者，當推《皇明道統錄》。

　　關於《皇明道統錄》的情況，由於該書在劉宗周生前未及刊行，後來亦未輯入《劉子全書》之中，因此其具體內容今天已經無從得其詳。所幸劉宗周門人董瑒修訂《蕺山年譜》，於其梗概有所敘述。據云：「天啟七年丁卯，五十歲，《皇明道統錄》成。先生輯《道統錄》七卷，仿朱子《名臣言行錄》，首紀平生行履，次語錄，末附斷論。大儒特書，餘各以類見。去取一準孔孟，有假途異端以逞邪說，托宿鄉愿以取世資者，擯弗錄。即所錄者，褒貶俱出獨見。如薛敬軒、陳

---

50 黃宗羲：〈次公董公墓誌銘〉，《南雷文定》，卷4。

51 李鄴之：〈致黃梨洲書〉，見黃宗羲著、陳乃乾編：《黃梨洲文集》，附錄11，頁517。

52 黃宗羲：〈子劉子行狀〉，見黃宗羲著、陳乃乾編：《黃梨洲文集》，傳狀類，頁42。

白沙、羅整庵、王龍溪，世推為大儒，而先生皆有貶詞。方遜志以節義著，吳康齋人競非毀之，而先生推許不置（原注略——引者）。通錄中無間辭者，自遜志、康齋外，又有曹月川、胡敬齋、陳克庵、蔡虛齋、王陽明、呂涇野六先生。」[53]

這就是說，《皇明道統錄》定稿於明天啟七年（1627年），稿凡七卷。其編纂體例仿照朱熹《名臣言行錄》，作三段式結構，即第一段平生行履，第二段語錄，第三段斷論。錄中所載一代儒學中人，凡大儒皆自成一家，其餘諸儒則以類相從。而編纂原則亦甚明確，取捨標準為孔孟學說，凡異端邪說，鄉愿媚世者，皆擯而不錄。諸如薛瑄、陳獻章、羅欽順、王畿等，錄中皆有貶責。而於世人競相非毀的方孝孺、吳與弼，錄中則極意推尊。其它如曹端、胡居仁、陳選、蔡清、王守仁、呂柟等，錄中亦加以肯定。

倘若取《明儒學案》與董瑒所述之《皇明道統錄》相比照，即可發現其間的若干重要相通之處。首先，《道統錄》的三段式編纂結構，亦為《明儒學案》所沿襲，無非將斷論移置各案卷首，成為該案之總論罷了。其次，學有承傳之諸大家，《明儒學案》亦獨自成案，如崇仁、白沙、河東、三原、姚江、甘泉、蕺山等。而其它儒林中人，一如《道統錄》之以類相從，編為《諸儒學案》、《浙中王門》、《江右王門》等。至於以倡「異端邪說」獲咎的李贄，以及著《學蔀通辨》，詆王陽明《朱子晚年定論》為杜撰的陳建等人，《明儒學案》亦擯棄不錄。最後，《明儒學案》評一代儒林中人，多以其師劉宗周之說為據，各案皆然，不勝枚舉。譬如卷首之冠以《師說》，推方孝孺為一代儒宗；卷十《崇仁學案》以吳與弼領袖群儒；卷十《姚江學案》之全文引錄《陽明傳信錄》；卷五十八《東林學案》輯顧憲成

---

53 劉汋輯、董瑒修訂：《蕺山先生年譜》，卷上，「五十歲」條。

《小心齋札記》，所加按語云：「秦、儀一段，係記者之誤，故劉先生將此刪去。」同卷輯高攀龍〈論學書〉，亦加按語云：「蕺山先師曰，辛復元，儒而偽者也；馬君謨，禪而偽者也。」凡此等等，無不透露出《明儒學案》承襲《皇明道統錄》的重要消息。

惟其如此，黃宗羲晚年為《明儒學案》撰序，才會假他人之口，稱《學案》為「明室數百歲之書」，也才會特別強調：「間有發明，一本之先師，非敢有所增損其間。」[54]也惟其如此，無論是〈明儒學案序〉，還是〈改本明儒學案序〉，開宗明義都要昭示「一致百慮、殊途同歸」的為學之道，斷不苟同於「好同惡異」，「必欲出於一途」的學術時弊。[55]

（四）為天地保元氣

一部《明儒學案》，上起《師說》，下迄《蕺山學案》。何謂師說？顧名思義，乃黃宗羲業師劉宗周對一代儒林中人的評說。《師說》所論一代學人，冠以明初方孝孺，而《蕺山學案》案主則是劉宗周。方孝孺於明初死節，劉宗周則於明亡殉國，同是儒林中人，一在明初，一在晚明，後先輝映，光照千秋。黃宗羲著《明儒學案》，選擇這樣一個佈局，恐非尋常之屬辭比事，如果聯繫到《明儒學案》所云「同門之友，多歸忠節」，那麼，宗羲在其間的寄託，抑或有其深意在。

黃宗羲之於方孝孺，評價極高，不惟取與南宋朱子並稱，目為「有明之學祖」，而且徑稱「千載一人」。據云：「先生直以聖賢自任……持守之嚴，剛大之氣，與紫陽相伯仲，固為有明之學祖也。」在黃宗羲看來，方孝孺的歷史地位遠非朱明一代興亡所能範圍，因

---

54 黃宗羲：〈明儒學案序〉，《南雷文定四集》，卷1。
55 黃宗羲：〈改本明儒學案序〉，《南雷文定五集》，卷1。

此，他引述明儒蔡清的話說：「如遜志者，蓋千載一人也。」[56] 黃宗羲
之所以要用「千載一人」來作方孝孺的歷史定論，實為其師說之發揚
光大，源頭乃在劉宗周。一如蔡清，劉宗周評價方孝孺，亦用了四個
字，那就是「千秋正學」。宗周說：「先生稟絕世之資，慨焉以斯文自
任……既而時命不偶，遂以九死成就一個是，完天下萬世之責。其扶
持世教，信乎不愧千秋正學者也。考先生在當時已稱程、朱復出，後
之人反以一死抹過先生一生苦心，謂節義與理學是兩事，出此者入
彼，至不得與揚雄、吳草廬論次並稱。於是成仁取義之訓為世大禁，
而亂臣賊子將接踵於天下矣，悲夫！」[57] 這就是說，評價方孝孺必須
將節義與理學合為一體，切不可忘掉「成仁取義」的古訓。

其實，豈止是對方孝孺，探討黃宗羲的《明儒學案》，如果我們
從節義與理學相結合的角度，用「成仁取義」四個字去觀察著錄諸
儒，那麼貫穿全書的紅線，便會躍然紙上。

先看卷六十二之《蕺山學案》，書中記案主劉宗周死節事甚詳，
從「南渡，起原官」，一直記到清兵入浙，「絕食二十日而卒」，從容
坦蕩，視死如歸。據該案記：「浙省降，先生慟哭曰：『此余正命之時
也。』門人以文山、疊山、袁閎故事言，先生曰：『北都之變，可以
死，可以無死，以身在削籍也。南都之變，主上自棄其社稷，僕在懸
車，尚曰可以死，可以無死。今吾越又降，區區老臣，尚何之乎？若
曰身不在位，不當與城為存亡，獨不當與土為存亡乎？故相江萬里所
以死也。世無逃死之宰相，亦豈有逃死之御史大夫乎？君臣之義，本
以情決，舍情而言義，非義也。父子之親，固不可解於心，君臣之
義，亦不可解於心。今謂可以不死而死，可以有待而死，死為近名，

56 黃宗羲：〈諸儒學案上一〉〈文正方正學先生孝孺〉，《明儒學案》，卷43。
57 黃宗羲：〈師說〉〈方正學孝孺〉，《明儒學案》，卷首。

則隨地出脫，終成一貪生畏死之徒而已矣。」絕食二十日而卒，閏六月八日戊子也，年六十八。」[58]劉宗周絕食殉國，正氣耿然，確乎將節義與理學合為一體，成就了實踐「成仁取義」古訓的千秋楷模。

再以《東林學案》為例，該案卷首總論，黃宗羲寫下了一段痛徹肺腑的感言。他說：「熹宗之時，龜鼎將移，其以血肉撐拒，沒虞淵而取墜日者，東林也。毅宗之變，攀龍髯而蓐螻蟻者，屬之東林乎？屬之攻東林者乎？數十年來，勇者燔妻子，弱者埋土室，忠義之盛，度越前代，猶是東林之流風餘韻也。一堂師友，冷風熱血，洗滌乾坤，無智之徒，竊竊然從而議之，可悲也夫！」[59]天啟間，案主之一高攀龍為抗議權奸魏忠賢倒行逆施，捨生取義，「夜半書遺疏，自沉止水」，且留下正命之語云：「心如太虛，本無生死。」[60]有其師必有其弟子，攀龍弟子華允誠，案中記其死節云：「改革後，杜門讀《易》。越四年，有告其不剃髮者，執至金陵，不屈而死。先生師事高忠憲，忠憲殉節，示先生以末後語云：『心如太虛，本無生死。』故其師弟子之死，止見一義，不見有生死。」[61]

無獨有偶，《東林學案》另一案主顧憲成，有弟子吳鍾巒，黃宗羲亦將其死節事記入案中。據宗羲記，鍾巒為明崇禎七年（1634年）進士，官至桂林推官。明亡，遁跡海濱，投筆從戎，抗擊南下清軍。舟山兵敗，順治八年（1651年）「八月末，於聖廟右廡設高座，積薪其下。城破，捧夫子神位，登座危坐，舉火而卒，年七十五」。鍾巒就義前，曾與黃宗羲「同處圍城，執手慟哭」。後宗羲返四明山，幸免於難。正如黃宗羲在吳氏小傳末所記：「某別先生，行三十里，先

---

58 黃宗羲：〈蕺山學案〉，《明儒學案》，卷62。
59 黃宗羲：〈東林學案〉卷首總論，《明儒學案》，卷58。
60 黃宗羲：〈東林學案一〉〈忠憲高景逸先生攀龍〉，《明儒學案》，卷58。
61 黃宗羲：〈東林學案四〉〈郎中華鳳超先生允誠〉，《明儒學案》，卷61。

生復棹三板追送，其語痛絕。薛諧孟傳先生所謂『嗚咽而赴四明山中之招者』，此也。嗚呼！先生之知某如此。今抄先生學案，去之三十年，嚴毅之氣，尚浮動目中也。」[62]

他如金鉉、黃道周、金聲，或明亡投水自盡，或抗清兵敗不屈赴死，其學行皆一一載入《明儒學案》。尤可注意者，則是《明儒學案》著錄晚明儒林中人，其下限已至入清三十餘年後方才辭世的孫奇逢。明清更迭，由明而入清的儒林中人，遍及南北，比比皆是，《明儒學案》何以獨取孫奇逢入案，與前引以身殉國的劉宗周、華允誠、吳鍾巒諸家共入一編？確乎發人深省。梳理孫奇逢學行，尤其是入清以後的經歷，抑或可以找到問題的答案。

孫奇逢，字啟泰，號鍾元，河北省容城人，生於明萬曆十二年（1584年）。二十八年（1600年）舉鄉試，迄於明亡，迭經會試而不第。天啟間，宦官禍國，朝政大壞。魏忠賢興起大獄，逮廷臣楊漣、左光斗、魏大中等，酷刑摧殘。左光斗、魏大中皆奇逢友，光斗弟光明、大中子學洢先後來容城求救。奇逢挺身而出，與鹿正、張果中竭力保護二家子弟，一面倡議醵金營救，一面促大學士孫承宗兵諫施壓。義聲震動朝野，時有「范陽三烈士」[63]之目。崇禎間，奇逢為國分憂，多次在鄉組織義勇，抗禦清軍襲擾。入清，順治元年（1644年）九月，經巡按御史柳寅東舉薦，奉旨送內院，吏部啟請擢用，令有司敦促就道。奇逢矢志不仕清廷，推病堅辭。二年三月，再經舉薦，奉旨送內院考試，依然稱病不出。國子祭酒薛所蘊謙然讓賢，薦舉奇逢代主講席，亦為奇逢婉拒。三年（1646年），家園被占，含恨南徙。九年（1652年），定居河南輝縣蘇門山之夏峰。

---

62 黃宗羲：〈東林學案四〉〈宗伯吳霞舟先生鍾巒〉，《明儒學案》，卷61。
63 湯斌、耿極：《孫夏峰先生年譜》，卷上，「天啟六年、四十三歲」條。

定居夏峰，孫奇逢已屆古稀之年。此後二十餘年間，奇逢在夏峰聚族而居，迄於康熙十四年，課徒授業，著述終老，享年九十二歲。同劉宗周、華允誠、吳鍾巒諸家相比，入清以後，孫奇逢雖未「成仁取義」，一死報國，然而他卻能將節義與理學合為一體，終身固守遺民矩矱，矢志不仕清廷。這與黃宗羲入清以後的立身大節，南北呼應，若合符契。黃宗羲認為：「亡國之戚，何代無之？使過宗周而不憫〈黍離〉，陟北山而不憂父母，感陰雨而不念故夫，聞山陽笛而不懷舊友，是無人心矣。故遺民者，天地之元氣也。然士各有分，朝不坐，宴不與，士之分亦止於不仕而已。」[64]宗羲肯定「遺民」是天地的元氣，在他看來，當明清易代之後，儒林中人只要不到清廷做官，就可以無愧於「遺民」之稱了。顯然，黃宗羲晚年著《明儒學案》，之所以宣導將節義與理學合為一體，恪守「成仁取義」古訓，以孫奇逢為著錄下限，其深義乃在於要為天地保存這樣一份可以傳之久遠的元氣。

（五）結語

《明儒學案》是黃宗羲晚年精心結撰之作，匠心獨運，洵稱不朽。康熙初葉以後，黃宗羲何以要發願結撰《明儒學案》？通過重讀〈明儒學案序〉，將該書置於著者所生活的具體歷史環境中去考察，我們似可得到如下幾點認識：

首先，《明儒學案》初題《蕺山學案》，大約始撰於康熙十五年以後，起因當在憚日初著《劉子節要》之曲解劉宗周學術宗旨。因而為正本清源以傳承師門學術，遂有《蕺山學案》的結撰。

其次，至遲到康熙二十年秋，《蕺山學案》已經脫稿，然而由於

---

64 黃宗羲：〈謝時符先生墓誌銘〉，《南雷文定後集》，卷2。

清廷重開《明史》館,沿《宋史》舊轍立〈道學傳〉,尊朱子學為正統,斥陽明學為異說,儼然主流意見,能否為故國存信史,成為史家必須正視的尖銳問題。於是秉持「國可滅,史不可滅」的責任意識,未待《蕺山學案》付梓,黃宗羲便將該書擴而大之,充實為梳理一代儒學源流,關乎「明室數百歲之書」。

再次,《明儒學案》自始至終,有一個首尾相連的宗旨貫穿其間,那就是恪守「成仁取義」古訓,宣導將節義與理學合為一體。惟其如此,從明初死節的方孝孺,到晚明沉水殉國的高攀龍,迄於明亡從容赴死的劉宗周、黃道周、金鉉、金聲、吳鍾巒、華允誠等,皆在《明儒學案》中永垂史冊。也惟其如此,該書著錄下限獨取入清三十餘年後辭世的孫奇逢,意在表彰奇逢之固守遺民矩矱,矢志不仕清廷,以為天地保存這一份可以傳之久遠的元氣。

總之,黃宗羲之結撰《明儒學案》,超然門戶,寓意深遠,乃在為師門傳學術,為故國存信史,為天地保元氣。這或許是該書傳世三百餘年後的今天,我們可以得出的歷史結論。

第五章

從《日知錄》到《日知錄集釋》

　　顧炎武一生廣泛涉足於經學、史學、方志地理、音韻文字、金石考古以及詩文等學，在眾多的學術領域，取得了宏富的學術成就，留下了近五十種寶貴著述。其中尤以《日知錄》影響最大，堪稱不朽。

一　《日知錄》纂修考

（一）關於始撰時間的判定

　　顧炎武何時開始結撰《日知錄》？這是一個迄今尚無定論的問題。最近甘肅人民出版社出版的《日知錄》認為：「是書約始撰於明崇禎十二年（1639年）。」[1]對於作出這樣一個判斷的依據，他們雖然沒有說明，但大概當是今本《日知錄》前的一篇題記。這篇題記說：「愚自少讀書，有所得輒記之。其有不合，時復改定。或古人先我而有者，則遂削之。積三十餘年，乃成一編，取子夏之言，名曰《日知錄》，以正後之君子。」[2]筆者以為，僅僅根據這篇題記來判定《日知錄》的始撰時間，還缺乏足夠的說服力。理由如下。

　　首先，這裏有一個認識問題需要解決，即能否把顧炎武早年讀書做札記，同結撰《日知錄》看成一回事情。筆者以為，應當把二者區

1　周蘇平、陳國慶：〈點注說明〉，見顧炎武《日知錄》（蘭州市：甘肅人民出版社，1997年）。

2　顧炎武：〈題記〉，《日知錄》，卷首。

別開來。的確，顧炎武從少年時代開始，就接受了讀書要做札記的良好教育。用他自己的話來說，就叫做「抄書」。關於這一點，顧炎武晚年寫過一篇〈抄書自序〉，文中說：「先祖曰：『著書不如抄書。凡今人之學，必不及古人也，今人所見之書之博，必不及古人也。小子勉之，惟讀書而已。』」[3] 至於顧炎武什麼時候做讀書札記，這篇〈抄書自序〉也有回顧：「自少為帖括之學者二十年，已而學為詩古文，以其間纂記故事。年至四十，斐然欲有所作。又十餘年，讀書日以益多，而後悔其向者立言之非也。」[4] 這就是說，顧炎武雖然早就受到「抄書」的教育，但是付諸實踐去「纂記故事」已經二十餘歲，直到四十歲才開始著書。五十餘歲以後，又因先前著述的不成熟而懊悔。顧炎武生於明萬曆四十一年（1613年），二十餘歲正當崇禎中，而四十歲則已經入清，為順治九年（1652年），五十餘歲，就是康熙初葉了。

其次，顧炎武自崇禎十二年開始纂輯的書並非《日知錄》，而是《天下郡國利病書》和《肇域志》。據顧炎武晚年所撰〈天下郡國利病書序〉說：「崇禎己卯，秋闈被擯，退而讀書。感四國之多虞，恥經生之寡術，於是歷覽二十一史以及天下郡縣志書、一代名公文集及章奏文冊之類，有得即錄，共成四十餘帙。一為輿地之記，一為利病之書。」[5] 崇禎己卯即十二年（1639年），顧炎武時年二十七歲。關於這方面的情況，〈肇域志序〉也說得很清楚：「此書自崇禎己卯起，先取《一統志》，後取各省府州縣志，後取二十一史參互書之。」[6] 可見，顧炎武〈抄書自序〉中所說的「纂記故事」，即指崇禎十二年，二十七歲起開始輯錄的《天下郡國利病書》和《肇域志》。

3　顧炎武：〈抄書自序〉，《亭林文集》，卷2。
4　顧炎武：〈抄書自序〉，《亭林文集》，卷2。
5　顧炎武：〈天下郡國利病書序〉，《亭林文集》，卷6。
6　顧炎武：〈肇域志序〉，《亭林文集》，卷6。

　　再次，《天下郡國利病書》、《肇域志》卷帙浩繁，顧炎武在完成
這兩部書稿之前，不可能再分心去結撰《日知錄》。據考，《天下郡國
利病書》初稿完成，當在順治九年。當時，由於豪紳煎迫，家難打
擊，顧炎武決意棄家北遊。為此，江南友人楊彝、萬壽祺等聯名寫了
一篇〈為顧寧人徵天下書籍啟〉，文中說：「寧人年十四為諸生，屢試
不遇。由貢士兩薦授樞曹，不就。自歎士人窮年株守一經，不復知國
典朝章、官方民隱，以至試之行事而敗績失據。於是盡棄所習帖括，
讀書山中八九年，取天下府州縣志書及一代奏疏文集遍閱之，凡一萬
兩千餘卷。復取二十一史並〈實錄〉，一一考證，擇其宜於今者，手
錄數十帙，名曰《天下郡國利病書》。遂遊覽天下山川風土，以質諸
當世之大人先生。」[7]至於《肇域志》的脫稿，則是此後十年，即康
熙元年的事情。這有顧炎武撰〈書楊彝萬壽祺等為顧寧人徵天下書籍
啟後〉為證：「右十年前友人所贈。自此絕江逾淮，東躡勞山、不
其，上岱嶽，瞻孔林，停車淄右。入京師，自漁陽、遼西出山海關，
還至昌平，謁天壽十三陵，出居庸、至土木，凡五閱歲而南歸於吳。
浮錢塘，登會稽，又出而北，度沂絕濟，入京師，遊盤山，歷白檀至
古北口。折而南謁恒岳，逾井陘，抵太原。往來曲折二三萬里，所覽
書又得萬餘卷。爰成《肇域記》，而著述亦稍稍成帙。然尚多紕漏，
無以副友人之望。又如麟士、年少、菡生、於一諸君相繼即世而不得
見，念之尤為慨然！玄黓攝提格之陽月顧炎武識。」[8]而「玄黓攝提
格」則是干支紀年「壬寅」年的別稱，即康熙元年。

　　最後，顧炎武自己及友人談及《日知錄》，都在康熙初年以後。今
本《日知錄》卷首所錄顧氏各條文字，如〈初刻日知錄自序〉、〈與人

7　沈岱瞻：〈同志贈言〉〈為顧寧人徵天下書籍啟〉，見《亭林先生遺書匯輯》附錄。

8　顧炎武：〈亭林佚文輯補〉〈書楊彝萬壽祺等為顧寧人徵天下書籍啟後〉。

書十〉、〈與人書二十五〉、〈與潘次耕書〉、〈與楊雪臣書〉、〈與友人論門人書〉等，眾所週知，恕不贅舉。謹依年次先後，再舉五例為證。

第一，康熙九年（1670年），山東德州程先貞撰〈贈顧徵君亭林序〉云：「今年結夏於此，與二三同人講《易》。復得發其《日知錄》一書觀之，多考古論世之學，而其大旨在於明經術，扶王道，為之三歎服膺，勸其出以惠學者。」[9]

第二，康熙十一年，顧炎武〈與李良年（武曾）書〉云：「弟夏五出都，仲秋復入，年來蹤跡大抵在此。將讀退谷先生之藏書，如好音見惠，亦復易達。頃者《日知錄》已刻成樣本，特寄上一部，天末萬山中冀覽此如觀面也。」[10]

第三，康熙十二年，顧炎武〈又答李武曾書〉云：「黔中數千里，所刻之書並十行之牘乃不久而達，又得手報至方山所，而寄我於樓煩、雁門之間。若頻陽至近，天生至密，而遠客三楚，此時猶未見弟之成書也，人事之不齊，有如此者，可為喟然一歎！此書中有二條，未得高明駁正，輒乃自行簡舉，容改後再呈。且續錄又得六卷，未必來者之不勝於今日也。」[11]

第四，康熙十二年，顧炎武〈又與顏修來書〉云：「弟今寓跡半在歷下，半在章丘。而修志之局，郡邑之書頗備，弟得藉以自成其《山東肇域記》。……近日又成《日知錄》八卷，韋布之士，僅能立言，惟達而在上者為之推廣其教，於人心世道，不無小補也。」[12]

第五，康熙十五年，顧炎武〈與黃太沖書〉云：「炎武以管見為《日知錄》一書，竊自幸其中所論，同於先生者十之六七，但鄙著恒

9　程先貞：〈同志贈言〉〈贈顧徵君亭林序〉，見《亭林先生遺書匯輯》附錄。

10　顧炎武：〈與李良年（武曾）書〉，《亭林佚文輯補》。

11　顧炎武：〈又答李武曾書〉，《亭林佚文輯補》。

12　顧炎武：〈又與顏修來書〉，《亭林佚文輯補》。

自改竄，未刻，其已刻八卷及〈錢糧論〉二篇，乃數年前筆也，先附呈大教。」[13]

根據以上所考，足見把《日知錄》的始撰時間定在明崇禎十二年是欠妥當的。筆者以為，應以顧炎武逝世前夕，於康熙二十年（1681年）所寫《與人書》為據。顧在這封信中說：「某自五十以後，篤志經史，其於音學深有所得。今為《五書》以續三百篇以來久絕之傳，而別著《日知錄》，上篇經術，中篇治道，下篇博聞，共三十餘卷。有王者起，將以見諸行事，以躋斯世於治古之隆，而未敢為今人道也。」[14]據此，《日知錄》的始撰時間，假如定在康熙元年他五十歲以後，或許會更合理一些。

（二）《日知錄》的撰述動機

顧炎武為什麼要著《日知錄》？他逝世後，康熙三十四年（1695年），該書在福建建陽付梓，潘耒曾就此寫了如下一段話：「先生非一世之人，此書非一世之書也。魏司馬朗復井田之議，至易代而後行，元虞集京東水利之策，至異世而見用。立言不為一時，錄中固已言之矣。異日有整頓民物之責者，讀是書而憬然覺悟，採用其說，見諸施行，於世道人心實非小補。如第以考據之精詳，文辭之博辨，歎服而稱述焉，則非先生所以著此書之意也。」[15]這就是說，《日知錄》是一部經世致用的書，顧炎武的理想雖然生前沒有實現，但是往後一定會有人使之實現的。假如僅僅以考據精詳、文辭博辨來評價這部書，那就違背顧炎武著書的本意了。

潘耒的這一擔心，不幸被言中了。乾隆年間修《四庫全書》，一

---

13 顧炎武：〈與黃太沖書〉，《亭林佚文輯補》。

14 顧炎武：〈與人書二十五〉，《亭林文集》，卷4。

15 潘耒：〈日知錄序〉，《遂初堂集》，卷6。

時儒臣為《日知錄》撰寫提要，就提出了同潘耒完全不同的評價。據他們稱：「炎武生於明末，喜談經世之務，激於時事，慨然以復古為志。其說或迂而難行，或愎而過銳。觀所作〈音學五書後序〉，至謂聖人復起，必舉今日之音而還之淳古。是豈可行之事乎？潘耒作是書序，乃盛稱其經濟，而以考據精詳為末務，殆非篤論矣。」[16]

同樣一部書，兩個時代的評價竟然如此不同。究竟誰是誰非？筆者以為，還是以顧炎武本人的論述為依據，最令人信服。

關於《日知錄》的撰述動機，顧炎武生前曾經多次談及。譬如他為《日知錄》初刻本撰序，就很清楚地指出，該書的結撰是為了「明學術，正人心，撥亂世以興太平之事」。[17]在給友人楊瑀的信中，說得就更為明白：「向者《日知錄》之刻，謬承許可，比來學業稍進，亦多刊改。意在撥亂滌污，法古用夏，啟多聞於來學，待一治於後王。」[18]至於前引顧氏逝世前夕給江南友人的信，信中所述：「《日知錄》上篇經術，中篇治道，下篇博聞，共三十餘卷。有王者起，將以見諸行事，以躋斯世於治古之隆。」[19]無疑就該是這個問題的「晚年定論」了。

正因為如此，所以顧炎武把著《思辨錄》的陸世儀和著《明夷待訪錄》的黃宗羲引為同志。在給陸世儀的信中，他說：「廿年以來，東西南北，率彼曠野，未獲一觀清光。而昨歲於薊門得讀《思辨錄》，乃知當世而有真儒如先生者，孟子所謂『窮則獨善其身，達則兼善天下』，具內聖外王之事者也。弟少年時，不過從諸文士之後，為雕蟲篆刻之技。及乎年齒漸大，聞見益增，始知後海先河，為山覆

---

16 《四庫全書總目》，卷119，《日知錄》。
17 顧炎武：〈初刻日知錄自序〉，《亭林文集》，卷2。
18 顧炎武：〈與楊雪臣〉，《亭林文集》，卷6。
19 顧炎武：〈與人書二十五〉，《亭林文集》，卷4。

簣，而炳燭之光，桑榆之效，亦已晚矣。近刻《日知錄》八卷，特付東堂郵呈，專祈指示。其有不合者，望一一為之批駁，寄至都門，以便改正。《思辨錄》刻全，仍乞見惠一部。」[20]而給黃宗羲的信也同樣說：「頃過薊門，見貴門人陳、萬兩君，具念起居無恙。因出大著《待訪錄》讀之再三，於是知天下之未嘗無人，百王之敝可以復起，而三代之盛可以徐還也。天下之事，有其識者未必遭其時，而當其時者或無其識。古之君子所以著書待後，有王者起，得而師之。然而《易》『窮則變，變則通，通則久』。聖人復起，不易吾言，可預信於今日也。炎武以管見為《日知錄》一書，竊自幸其中所論，同於先生者十之六七。」[21]

　　根據以上材料，足以說明《日知錄》確如潘耒所見，是一部講求經世致用學問的書。顧炎武是要以之去「撥亂世以興太平之事」。按理這些材料四庫館臣都能看到，他們又都是全國的一流學者，據以作出準確的判斷應無問題。然而他們卻沒有這樣做，而是否定了顧炎武的經世主張，譏之為「迂而難行」，「愎而過銳」。為什麼會形成這樣一種局面？其原因大概可以從如下兩方面去考察。第一，顧炎武明確主張「法古用夏」，「待一治於後王」，「撥亂世以興太平之事」，這不僅反映了他對清王朝的不合作態度，而且簡直是近乎否定現政權的存在。這樣一種經世學說，在文化專制十分嚴酷的乾隆時代，當然是沒有人敢於去正視和肯定它的。第二，《日知錄》的結撰和刊行，是康熙中葉以前的事情，到乾隆朝修《四庫全書》，時間已經相去七八十年。時代變了，學風也變了，經世致用思潮已經成為過去，代之而起的則是風靡朝野的考據學。在這樣的政治和學術環境之下，四庫館臣曲解《日知錄》也就不足為奇了。

20　顧炎武：〈與陸桴亭劄〉《亭林餘集》。

21　顧炎武：〈與黃太沖書〉，《亭林佚文輯補》。

然而歷史的本來面目終究是掩蓋不住的。嘉慶、道光間，清王朝盛極而衰，內憂外患交熾，經世致用思潮再度興起。道光初，嘉定青年學者黃汝成輯《日知錄集釋》，將先前眾多學者關於《日知錄》的研究成果會聚一堂。他雖然沒有對四庫館臣的提要進行批評，但是卻十分明確地表彰了顧炎武及其《日知錄》的經世學說。黃汝成認為《日知錄》「於經術文史、淵微治忽，以及兵刑、賦稅、田畝、職官、選舉、錢幣、鹽鐵、權量、河渠、漕運，與他事物繁賾者，皆具體要」[22]，是一部講求經世之學的「資治之書」。[23]晚清，文網鬆弛，《四庫提要》已成批評的對象。朱一新著《無邪堂答問》，對四庫館臣的曲解《日知錄》進行尖銳批評，譏之為「葉公之好龍」、「鄭人之買櫝」。[24]

（三）從初刻八卷到臨終絕筆

在《日知錄》的結撰過程中，初刻八卷本的問世，是一個重要環節。以往，由於這個本子流傳未廣，不易得讀，所以有的研究者遂誤認為已經亡佚。二十世紀八〇年代初，上海古籍出版社將這個本子影印，附錄於《日知錄集釋》出版，這樣不僅澄清了誤會，而且大大方便了研究者。

《日知錄》的刊刻時間，可以大致確定為康熙九年八月。根據主要是兩條，第一條為顧炎武康熙十五年所撰〈初刻日知錄自序〉。序中說：「炎武所著《日知錄》，因友人多欲抄寫，患不能給，遂於上章閹茂之歲刻此八卷。」[25]上章閹茂為干支紀年庚戌的別稱，庚戌即康

22 黃汝成：〈答李先生申耆書〉，《袖海樓文錄》，卷3。
23 黃汝成：〈日知錄集釋序〉，《袖海樓文錄》，卷2。
24 朱一新：《無邪堂答問》，卷5。
25 顧炎武：〈初刻日知錄自序〉，《亭林文集》，卷2。

熙九年。第二條即前引程先貞撰〈贈顧徵君亭林序〉。這篇序說：「亭林先生……今年結夏於此，與二三同人講《易》。復得發其《日知錄》一書觀之，多考古論世之學，而其大指在於明經術、扶王道，為之三歎服膺，勸其出以惠學者。」[26]程序題下所署年月即為康熙九年八月。

有關《日知錄》初刻時間的資料，還見於《蔣山傭殘稿》。其中，顧炎武的《與友人書》說：「《日知錄》初本乃辛亥年刻。」[27]辛亥年即康熙十年。

顧炎武談《日知錄》初刻，為什麼在時間上會出現庚戌、辛亥二說？筆者以為，是否可以做這樣的理解，即八卷本《日知錄》係康熙九年始刻，而至康熙十年完成。

至於初刻地點，據周可貞同志新著《顧炎武年譜》考證，當在德州。他說：「《日知錄》初本，實乃先生講《易》時，在程先貞等友人勸說下才決定刊刻的，刻書地點可能就在德州。」[28]

將初刻《日知錄》的有關故實考出，這無疑是周著新譜的一個貢獻。而把初刻地點大致定在山東德州，雖屬揣測，尚需進一步尋覓佐證，但就顧炎武在此數年間，頻繁往返德州的經歷來看，又不無道理。只是這樣一來，卻碰到一個不易得到圓滿回答的問題，即現存八卷本《日知錄》，刻書者自署「符山堂」，而符山堂為張弨書屋，張氏係江蘇淮安人，而非山東德州人。當時，張弨正為顧炎武刻《音學五書》，地點就在淮安。這有顧炎武康熙十九年撰〈音學五書後序〉為證，他說：「余纂輯此書三十餘年，所過山川亭鄣，無日不以自隨，

26 程先貞：〈贈顧徵君亭林序〉，載沈岱瞻〈同志贈言〉，見《亭林先生遺書匯輯》。

27 顧炎武：〈與友人書〉，《蔣山傭殘稿》，卷1。

28 周可貞：《顧炎武年譜》（南京市：蘇州大學出版社，1998年），「康熙十八年」，頁401。

凡五易稿而手書者三矣。然久客荒壤，於古人書多所未見，日西方莫，遂以付之梓人，故已登版而刊改者猶至數四。又得張君弨為之考《說文》，採《玉篇》，仿《字樣》，酌時宜而手書之；二子葉增、葉箕分書小字；鳩工淮上，不遠千里累書往復，必歸於是。而其工費則又取諸鬻產之直，而秋毫不借於人。其著書之難而成之不易如此。」[29] 因此《日知錄》八卷本的初刻，又存在淮安付梓的可能。事情真相如何，史料無徵，只好存疑。

《日知錄》初刻八卷本共收讀書札記一百四十條。其中卷一收十五條，卷二收二十五條，卷三收七條，卷四收二十五條，卷五收十六條，卷六收十七條，卷七收十八條，卷八收十七條。從內容上看，卷一的〈朱子周易本義〉、〈巳日〉、〈鴻漸於陸〉、〈妣〉、〈序卦雜卦〉、〈七八九六〉、〈卜筮〉講《周易》；〈帝王名號〉、〈武王伐紂〉、〈豐熙偽尚書〉言《尚書》；〈詩有入樂不入樂之分〉、〈孔子刪詩〉、〈國風〉、〈公姓〉、〈何彼襛矣〉言《詩經》。卷二、卷三講《春秋》、《禮》、《四書》。卷四、卷五、卷六講治道。卷七、卷八為雜考證。同後來三十兩卷本的《日知錄》相比，上篇經術、中篇治道、下篇博聞的編纂雛形，此時已經大體形成。

初刻八卷本問世之後，《日知錄》的結撰，不間寒暑，精益求精，耗盡了顧炎武畢生的心力。對於其間的甘苦，他曾經說：「嘗謂今人纂輯之書，正如今人之鑄錢。古人採銅於山，今人則買舊錢，名之曰廢銅，以充鑄而已。所鑄之錢既已粗惡，而又將古人傳世之寶，舂剉碎散，不存於後，豈不兩失之乎？承問《日知錄》又成幾卷，蓋期之以廢銅。而某自別來一載，早夜誦讀，反覆尋究，僅得十餘條，

---

29 顧炎武：〈音學五書後序〉，《亭林文集》，卷2。

然庶幾採山之銅也。」[30]顧炎武將此書的結撰喻為採銅於山，可見其勞作的艱辛和學風的嚴謹。

顧炎武嚴謹篤實，學隨日進。在他生命歷程的最後數年裏，致力於對初刻本精雕細琢，糾正訛誤。康熙十五年，顧炎武為初刻本《日知錄》補撰自序，就此書反省道：「歷今六七年，老而益進，始悔向日學之不博，見之不卓，其中疏漏往往而有，而其書已行於世，不可掩。漸次增改，得二十餘卷，欲更刻之，而猶未敢自以為定，故先以舊本質之同志。」[31]同年，他給黃宗羲的信中也說：「炎武以管見為《日知錄》一書……但鄙著恒自改竄，未刻。」[32]

晚年的顧炎武，恪遵「良工不示人以璞」的古訓，精心雕琢《日知錄》。在致其學生潘耒的信中，他說：「著述之家，最不利乎以未定之書傳之於人。昔伊川先生不出《易傳》，謂是身後之書。……今世之人速於成書，躁於求名，斯道也將亡矣。前介眉劄來索此（指《音學五書》——引者），原一亦索此書，並欲抄《日知錄》。我報以《詩》、《易》二書今夏可印，其全書再待一年，《日知錄》再待十年。如不及年，則以臨終絕筆為定。」[33]

顧炎武沒有違背自己的諾言，迄於康熙二十一年正月逝世，他始終未曾把已經完成的三十餘卷《日知錄》再度付刻。直到十三年之後，遺稿由潘耒整理刪削，才在福建建陽刻印。

---

30 顧炎武：〈與人書十〉，《亭林文集》，卷4。

31 顧炎武：〈初刻日知錄自序〉，《亭林文集》，卷2。

32 顧炎武：〈與黃太沖書〉《亭林佚文輯補》。

33 顧炎武：〈與潘次耕書〉，《亭林文集》，卷4。

二　社會政治思想

社會政治思想，這是顧炎武思想的核心。如何對其評價，正是把握顧氏思想實質的一個關鍵，也是全面評價這一歷史人物的一個重要方面。

顧炎武所生活的明清之際，是中國封建社會晚期危機重重、劇烈動盪的時代。他的社會政治思想也隨著歷史的步伐而深化，打上了鮮明的時代印記。

明末封建社會的極度腐朽，是顧炎武邁入社會門檻時所面臨的嚴峻現實。對此，他予以廣泛深刻的注視。其集中的反映，便是他自二十七歲開始纂輯的《天下郡國利病書》。書中，顧炎武以大量社會歷史資料的排比，對土地兼併、賦役不均的社會積弊進行了猛烈的鞭撻。根據他所輯錄的史料，我們可以看到，有明一代作為土地兼併直接後果的軍屯瓦解是何等嚴重，「舉數十屯而兼併於豪右，比比皆是」。[34]而與之若形影相隨的賦役不均、豪紳欺隱，更是有過之而無不及。素以重賦著稱的江南浙江嘉興縣，「一人而隱田千畝」，「其隱去田糧，不在此縣，亦不在彼縣，而置於無何之鄉」。[35]江蘇武進縣，一豪紳「隱田六百餘畝，灑派各戶，已則陰食其粗，而令一縣窮民代之總計」。[36]在東南沿海的福建，竟出現了「有田連阡陌，而戶米不滿斗石者；有貧無立錐，而戶米至數十石者」[37]的景況。

顧炎武著意地去收集這些資料，從廣闊的斷面反映明末農村的真實面貌，揭露黑暗的現狀，正是他早年經世致用思想的體現。及至明

---

34 顧炎武：〈福建一〉，《天下郡國利病書》，卷91。
35 顧炎武：〈浙江二〉，《天下郡國利病書》，卷84。
36 顧炎武：〈江南十一〉，《天下郡國利病書》，卷23。
37 顧炎武：〈福建二〉，《天下郡國利病書》，卷92。

清更迭，顧炎武的這一思想業已成熟。他在順治二年及稍後一段時間所寫的〈軍制論〉、〈形勢論〉、〈田功論〉、〈錢法論〉和〈郡縣論〉等，都是探討他要求改革社會積弊思想的極好材料。

在上述文論中，顧炎武不惟對土地兼併、賦役不均的社會問題痛下針砭，而且更試圖對造成這些社會現象的歷史根源進行探索。儘管他對於問題的真諦沒有能夠予以準確的揭示，但是其鋒芒所向，已經觸及封建社會的上層建築本身。在著名的〈郡縣論〉中，他寫道：「封建之廢，固自周衰之日，而不自於秦也。封建之廢，非一日之故也，雖聖人起亦將變而為郡縣。方今郡縣之弊已極，而無聖人出焉，尚一一仍其故事。此民生之所以日貧，中國之所以日弱而益趨於亂也。」[38]在顧炎武看來，「郡縣之弊已極」局面的形成，癥結就在於「其專在上」。他說：「封建之失，其專在下；郡縣之失，其專在上。」皇權的高度集中，釀成各級地方官員「凜凜焉救過之不及，以得代為幸，而無肯為其民興一日之利」。既然如此，顧炎武斷言：「民烏得而不窮，國烏得而不弱！」於是他直截地提出了變革郡縣制度的要求，大聲疾呼：「率此不變，雖千百年而吾知其與亂同事，日甚一日矣。」[39]顧炎武亟求變革的思想，是明清更迭的大動盪在意識形態領域的必然反映，其進步意義是顯而易見的。我們不能因為歷史的局限使他無法找到解決問題的途徑，以致提出「寓封建之意於郡縣之中」的主張，便貿然否定〈郡縣論〉以及他要求進行社會變革的思想的歷史價值。

在《日知錄》中，我們可以看到，迄於暮年，顧炎武經世致用思想日趨深化的明晰軌跡。他在這一時期，一如既往，留心時務，關注民生，不僅寫出了〈蘇松二府田賦之重〉一類優秀的學術札記，將早

---

38 顧炎武：〈郡縣論一〉，《亭林文集》，卷1。

39 顧炎武：〈郡縣論一〉，《亭林文集》，卷1。

年對社會歷史的研究引向深入，而且萌發了若干有價值的民主思想幼
芽。這首先是對君權的懷疑。顧炎武將神聖不可侵犯的君權，大膽地
列入了自己的論究對象。在《日知錄》卷二十四〈君〉條中，他廣泛
徵引載籍，以論證「君」並非封建帝王的專稱。他指出，在古代君為
「上下之通稱」，不惟天子可稱君，就是人臣、諸侯、卿大夫，乃至
府主、家主、父、舅姑等皆可稱君。這樣的論證，簡直近乎在嘲弄封
建帝王了。而且顧炎武並沒有就此卻步，他進而提出了反對「獨
治」，實行「眾治」的主張。他認為：「人君之於天下。不能以獨治
也。獨治之而刑繁矣，眾治之而刑措矣。」[40]由此出發，顧炎武發出
了「以天下之權寄之天下之人」的呼籲。他說：「所謂天子者，執天
下之大權者也。其執大權奈何？以天下之權寄之天下之人，而權乃歸
之於天子。自公卿大夫，至於百里之宰，一命之官，莫不分天子之權
以各治其事，而天子之權乃益尊。後世有不善治者出焉，盡天下一切
之權而收之在上。而萬幾之廣，固非一人之所能操也。」[41]雖然時代
的局限障蔽了顧炎武的視野，他沒有，也不可能逾越封建的藩籬去否
定君主專制，但是他對君權的大膽懷疑，進而提出「眾治」、「以天下
之權寄之天下之人」等主張，則是很可寶貴的思想。

　　《日知錄》中民主思想萌芽的另一個集中反映，就是富有探討價
值的社會風俗論。顧炎武在此處所說的「風俗」，並不是狹義的風土
人情，而是要廣泛得多的社會風氣。他在書中用了幾乎整整一卷的篇
幅，詳細地考察了歷代社會風氣的演變情況。面對明末以來社會風氣
的惡化，作為一個傑出的學者和思想家，顧炎武依據大量的歷史事實
論證：「觀哀、平之可以變而為東京，五代之可以變而為宋，則知天

---

40 顧炎武：〈愛百姓故刑罰中〉，《日知錄》，卷6。
41 顧炎武：〈守令〉，《日知錄》，卷9。

下無不可變之風俗。」[42]他憧憬著社會風氣的淳厚和國治民安。為了實現這一理想，他主張進行「教化」，指出：「目擊世趨，方知治亂之關必在人心風俗，而所以轉移人心，整頓風俗，則教化紀綱為不可闕矣。百年必世養之而不足，一朝一夕敗之而有餘。」[43]在《日知錄》卷十三〈廉恥〉條中，顧炎武引述宋人羅從彥（字仲素）的話說：「教化者，朝廷之先務；廉恥者，士人之美節；風俗者，天下之大事。朝廷有教化，則士人有廉恥；士人有廉恥，則天下有風俗。」這就是說，為了確立良好的社會風氣，知識界有著不可推卸的歷史責任，它的廉恥與否正是一個關鍵，而解決問題的根本，則在於封建國家必須把文化教育作為治國之先務。與之同時，顧炎武呼籲重視社會公正輿論的作用，他把這種輿論稱為「清議」。他說：「古之哲王所以正百辟者，既已制官刑儆於有位矣，而又為之立閭師，設鄉校，存清議於州里，以佐刑罰之窮。移之郊遂，載在《禮經》；殊厥井疆，稱於《畢命》。兩漢以來，猶循此制。鄉舉里選，必先考其生平，一玷清議，終身不齒。……降及魏晉，而九品中正之設，雖多失實，遺意未亡。凡被糾彈付清議者，即廢棄終身，同之禁錮。」[44]通過對歷史的深刻反思，顧炎武得出了這樣的結論：「天下風俗最壞之地，清議尚存，猶足以維持一二。至於清議亡，而干戈至矣。」[45]

固然，國家的興衰、社會的治亂，並不如同顧炎武所說，只是一個人心、風俗問題，但是在明清之際，當社會風氣極度敗壞的時候，致力於轉移人心、救正風俗、宣導「清議」，無疑又是切合社會需要的。顧炎武看到了這一點，並以之作為追求目標，正是其作為一個進步思想家的卓越之處。

---

42 顧炎武：〈宋世風俗〉，《日知錄》，卷13。
43 顧炎武：〈與人書九〉，《亭林文集》，卷4。
44 顧炎武：〈清議〉，《日知錄》，卷13。
45 顧炎武：〈清議〉，《日知錄》，卷13。

　　同早年相比，入清以後，尤其是到了晚年，顧炎武的經世致用思想還有一個突出的內容，即強烈的民族意識。這就是他在《日知錄》中所反覆闡述的「夷夏之防」。他說：「君臣之分，所關者在一身，夷夏之防，所繫者在天下。故夫子之於管仲，略其不死子糾之罪，而取其一匡九合之功。蓋權衡於大小之間，而以天下為心也。夫以君臣之分，而猶不敵夷夏之防，而《春秋》之志可知矣。」[46]「嚴夷夏之防」，這是儒家思想中的糟粕，我們沒有理由去肯定它。但是應當看到，在清初民族壓迫異常酷烈的情況下，顧炎武以之去反抗清廷的統治，自有其立論的依據，而且在反抗清廷民族高壓的鬥爭中，這一類主張也確實產生過積極的影響。強烈的民族意識，這並非顧炎武一人所特有，在清初其它進步思想家的思想中，也都程度不等地得到反映。這正是清初的特定歷史環境給那個時代的理論思維留下的烙印。

　　顧炎武暮年經世致用思想的深化，還可從他這一時期所寫的大量文論書劄中看得很清楚。這些文論書劄的一個共同特點在於，不僅如同先前一樣，有對社會歷史的深刻考察，而且更有對社會現實的強烈關注。

　　康熙初年，顧炎武把遊蹤擴至山陝之後，曾有〈錢糧論〉之作，論及賦稅強徵銀兩，「火耗」殊求的為虐病民。他痛斥「火耗」為虐是「窮民之根，匿財之源，啟盜之門」，認為「生民之困，未有甚於此時者」。文中寫道：「今來關中，自鄠以西至於岐下，則歲甚登，谷甚多，而民且相率賣其妻子。至徵糧之日，則村民畢出，謂之人市。問其長吏，則曰，一縣之鬻於軍營而請印者，歲近千人，其逃亡或自盡者，又不知凡幾也。何以故？則有谷無銀也。」[47]針對這樣的現

---

46 顧炎武：管仲不死子糾《日知錄》，卷7，文中「夷夏之防」原作「華裔之防」，據黃侃《日知錄校記》改。

47 顧炎武：〈錢糧論上〉，《亭林文集》，卷1。

實，顧炎武主張進行更革：「度土地之宜，權歲入之數，酌轉般之
法，而通融乎其間。凡州縣之不通商者，令盡納本色，不得已，以其
什之三徵錢。」他認為只有這樣做，才能取得「活民之實」。[48]當他客
居山西汾州時，曾經對當地米價做過調查，在致友人李因篤的書劄
中，他寫道：「汾州米價，每石二兩八錢，大同至五兩外，人多相
食。」[49]與之前後，他還致書其外甥徐元文，陳述了經歷三藩之亂的
「一方之隱憂」。他說：「關輔荒涼，非復十年以前風景。而雞肋蠶
叢，尚煩戎略，飛芻挽粟，豈顧民生。至有六旬老婦，七歲孤兒，挈
米八升，赴營千里。於是強者鹿鋌，弱者雉經，闔門而聚哭投河，並
村而張旗抗令。此一方之隱憂，而廟堂之上或未之深悉也。」[50]就在
逝世前夕的康熙二十年八月，他在病中仍念念不忘民生疾苦。十月，
病勢稍減，即致書朝中友人，提出「請舉秦民之夏麥秋米及豆草，一
切徵其本色，貯之官倉，至來年青黃不接之時而賣之」的建議。他認
為：「救民水火，莫先於此。」[51]

顧炎武一生，始終以「國家治亂之源，生民根本之計」[52]為懷，
早年奔走國事，中年圖謀匡復，暮年獨居北國，依舊念念不忘「東土
饑荒」、「江南水旱」。直到逝世前夕，病魔纏身，仍然以「救民水火」
為己任。他主張：「天生豪傑，必有所任。……今日者，拯斯人於塗
炭，為萬世開太平，此吾輩之任也。仁以為己任，死而後已。」[53]這
樣的憂國憂民襟懷，固然有其特定的階級內容，但是對一個地主階級
思想家和學者來說，實在是難能可貴的。面對明清更迭的現實，顧炎

---

48 顧炎武：〈錢糧論上〉，《亭林文集》，卷1。

49 顧炎武：〈與李子德〉，《蔣山傭殘稿》，卷1。

50 顧炎武：〈答徐甥公肅書〉，《亭林文集》，卷6。

51 顧炎武：〈病起與薊門當事書〉，《亭林文集》，卷3。

52 顧炎武：〈與黃太沖書〉《亭林佚文輯補》。

53 顧炎武：〈病起與薊門當事書〉，《亭林文集》，卷3。

武從歷史反思中得出結論:「有亡國,有亡天下,亡國與亡天下奚
辨?曰易姓改號謂之亡國;仁義充塞而至於率獸食人,人將相食,謂
之亡天下。……是故知保天下,然後知保其國。保國者,其君其臣肉
食者謀之;保天下者,匹夫之賤與有責焉耳矣。」[54]這樣的亡國與亡
天下之辨,儘管有其時代和階級的局限,其中的封建正統意識和大民
族主義觀念,無疑應予以批判。但是,一箇舊時代的學者和思想家,
能如此地關注國家和民族的前途、命運,為之奔走呼號,則是應當歷
史地予以實事求是評價的。後世學者將他的這一思想歸納為「天下興
亡,匹夫有責」,而成為我們中華民族愛國主義傳統的一個組成部
分,是頗有道理的。

三 經學思想

明末以來,王陽明心學乃至整個宋明理學的沒落,客觀地提出了
建立新的學術形態的課題。所以在明清之際日趨高漲的實學思潮中,
不僅出現了出於王學而非難王學,或由王學返歸朱學的現象,而且也
出現了對整個宋明理學進行批判的趨勢。顧炎武順應這一歷史趨勢,
在對宋明理學的批判中,建立起他的以經學濟理學之窮的思想。

顧炎武對宋明理學的批判,是以總結明亡的歷史教訓為出發點
的,因而其鋒芒所向,首先便是王陽明心學。在他看來,明末的「神
州蕩覆,宗社丘墟」,正是王學空談誤國的結果。他說:「劉石亂華,
本於清談之流禍,人人知之,孰知今日之清談有甚於前代者。昔之清
談談老莊,今之清談談孔孟,未得其精而已遺其粗,未究其本而先辭
其末。不習六藝之文,不考百王之典,不綜當代之務,舉夫子論學、

---

54 顧炎武:〈正始〉,《日知錄》,卷13。

論政之大端一切不問，而曰一貫，曰無言。以明心見性之空言，代修
己治人之實學，股肱惰而萬事荒，爪牙亡而四國亂，神州蕩覆，宗社
丘墟。」[55]固然把明朝的滅亡歸咎於王學，與歷史實際相去甚遠，但
是顧炎武在這裏對王學末流的鞭撻，以及他所闡述的「空談誤國」的
道理，卻又無疑是正確的。由於顧炎武對晚明心學的氾濫深惡痛絕，
因此為了從根本上否定心學，他不僅從學術史角度對這一學說追根尋
源，而且把心學同魏晉清談並提，認為其罪「深於桀紂」。[56]

　　既然心學之罪深於桀紂，「不學則借一貫之言以文其陋，無行則
逃之性命之鄉以使人不可詰」。[57]所以顧炎武進而著力地去剝下它的神
聖外衣，將其與禪學間的聯繫無情地揭剔出來。他指出心學是內釋外
儒之學，而「孔門未有專用心於內之說」。認為：「古之聖人所以教人
之說，其行在孝悌忠信，其職在灑掃、應對、進退，其文在《詩》、
《書》、《禮》、《易》、《春秋》，其用之身在出處、去就、交際，其施
之天下在政令、教化、刑罰。雖其和順積中而英華髮外，亦有體用之
分，然並無用心於內之說。」[58]在他看來：「今之所謂內學，則又不在
圖讖之書，而移之釋氏矣。」[59]因此顧炎武引明人唐伯元（字仁卿）
的〈答人書〉所述為同調，重申：「古有好學，不聞好心，心學二
字，《六經》、孔孟所不道。」[60]他尤其贊成宋末學者黃震對心學的指
斥：「近世喜言心學，舍全章本旨而獨論人心、道心，甚者撮道心二
字，而直謂即心是道。蓋陷於禪學而不自知，其去堯、舜、禹授受天

---

55 顧炎武：〈夫子之言性與天道〉，《日知錄》，卷7。

56 顧炎武：〈朱子晚年定論〉，《日知錄》，卷18。

57 顧炎武：〈朱子晚年定論〉，《日知錄》，卷18。

58 顧炎武：〈內典〉，《日知錄》，卷18。

59 顧炎武：〈內典〉，《日知錄》，卷18。

60 顧炎武：〈心學〉，《日知錄》，卷18。

下之本旨遠矣。」[61]這就說明，心學並非儒學正統，它不符合孔孟之論，實際上就是老莊之學，是禪學。既然如此，心學當然就應予摒棄。

顧炎武否定了心學，那麼以什麼去取而代之呢？以程朱之學嗎？不是的。在顧炎武看來，不惟心學是內向的禪學，而且以「性與天道」為論究對象的整個宋明理學，也不免流於禪釋。他指出：「竊歎夫百餘年以來之為學者，往往言心言性，而茫乎不得其解也。命與仁，夫子之所罕言也；性與天道，子貢之所未得聞也。……今之君子則不然，聚賓客門人之學者數十百人，譬諸草木，區以別矣，而一皆與之言心言性。舍多學而識，以求一貫之方，置四海之困窮不言，而終日講危微精一之說。是必其道之高於夫子，而其門弟子之賢於子貢，祧東魯而直接二帝之心傳者也，我弗敢知也。」[62]這就是說，不顧國家安危，不講出處、去就、辭受、取與之辨，而津津樂道於「性與天道」，同樣不是儒學正統。顧炎武認為，這樣的學說實際上已經墮入禪學泥淖。所以他說：「樊遲問仁，子曰：『居處恭，執事敬，與人忠。』司馬牛問仁，子曰：『仁者，其言也訒。』由是而充之，一日克己復禮有異道乎？今之君子，學未及乎樊遲、司馬牛，而欲其說之高於顏曾二子，是以終日言性與天道，而不自知其墮於禪學也。」[63]這當然不僅是對陸王心學的否定，同樣也是對程朱理學的批評。在這種批評中，儘管沒有明顯地指責朱學的傾向，而且往往還是推揚程朱以排擊陸王，但透過表面之詞，則可以看出，顧炎武所追求的學術，並不是以「性與天道」為論究對象的理學。

宇宙的本體是什麼？程朱學派認為是理，陸王心學歸結為心。程

---

61 顧炎武：〈心學〉，《日知錄》，卷18。
62 顧炎武：〈與友人論學書〉，《亭林文集》，卷3。
63 顧炎武：〈夫子之言性與天道〉，《日知錄》，卷7。

頤說：「道則自然生萬物。」[64]朱熹說得更直截：「未有天地之先，畢竟是先有此理。」[65]陸九淵主張：「宇宙便是吾心，吾心即是宇宙。」[66]王守仁承襲陸九淵的觀點，認為：「心外無物，心外無事，心外無理，心外無義，心外無善。」[67]在這個問題上，顧炎武與程朱陸王皆異其旨趣，他站在張載一邊，服膺氣本論的主張。他說：「張子《正蒙》有云，太虛不能無氣，氣不能不聚而為萬物，萬物不能不散而為太虛。循是出入，是皆不得已而然也。」[68]而且顧炎武還引述明人邵寶《簡端錄》之說，以彰明自己對宇宙本原的見解。他寫道：「邵氏《簡端錄》曰，聚而有體謂之物，散而無形謂之變。唯物也，故散必於其所聚；唯變也，故聚不必於其所散。是故氣以氣聚，散以氣散。昧於散者，其說也佛；荒於聚者，其說也仙。」從而得出了他的「盈天地之間者氣也」[69]的結論。

　　宋明數百年間，理學家把封建的仁義禮智、綱常倫理本體化為「天理」，並據以提出「存天理，滅人欲」的教條，成為束縛人們思想的桎梏。顧炎武於此，雖未進行正面駁議，但他認為：「自天下為家，各親其親，各子其子，而人之有私，固情之所不能免矣。故先王弗為之禁，非為弗禁，且從而恤之，建國親侯，胙土命氏，畫井分田。合天下之私以成天下之公，此所以為王政也。」[70]類似的主張，還見於他的〈郡縣論〉。顧炎武認為：「天下之人，各懷其家，各私其

---

64 程頤：《河南二程遺書》，卷15。

65 朱熹：《朱子語類》，卷1。

66 陸九淵：〈雜著〉〈雜說〉，《陸九淵集》，卷22。

67 王守仁：〈與王純甫書二〉，《陽明全書》，卷4。

68 顧炎武：〈遊魂為變〉，《日知錄》，卷1。

69 顧炎武：〈遊魂為變〉，《日知錄》，卷1。

70 顧炎武：〈言私其豵〉，《日知錄》，卷3。文末「天下之公」，「下」字疑誤，合〈郡縣論〉考之，似當作「子」字。

子，其常情也。」他說：「天下之私，天子之公也。」「用天下之私以成一人之公，而天下治。」[71]這裏，顧炎武雖然是在為封建統治者說法，但是他能論證人的私情存在的合理性，甚至把它作為「天子之公」的前提，這顯然是與理學傳統背道而馳的。

格物窮理，這是程朱派理學家的不二法門。顧炎武也講「格物致知」，然而他卻在舊的軀殼之中，充實進新的時代內容。他說：「以格物為多識於鳥獸草木之名，則末矣。知者無不知也，當務之為急。」[72]何謂「當務之急」？根據他的一貫主張，既不是「鳥獸草木」，也不是「性與天道」，而是「國家治亂之源，生民根本之計」，是「保天下者，匹夫之賤與有責焉」。這樣的格物觀表明，它既不同於王守仁的「致良知」，也不同於朱熹的「窮理」，顧炎武實已衝破理學藩籬，將視野擴展到廣闊的社會現實中去了。

面臨以什麼學術形態去取代心學的抉擇，顧炎武雖然沒有走向朱學復歸的老路，但是，歷史的局限，卻又使他無法找到比理學更為高級的思維形式。於是他只好回到傳統的儒家學說中去，選擇了復興經學的途徑。

作為心性空談的對立物，在晚明的學術界，已經出現了「通經學古」的經學宣導。此風由嘉靖、隆慶間學者歸有光開其端，中經焦竑、陳第諸人暢其流，至崇禎間錢謙益、張溥、張採輩張大其說，「興復古學」遂成日趨強勁的學術潮流，從而為顧炎武的復興經學開啟了先路。

顧炎武正是沿著明季先行者的足跡，去為復興經學而努力的。在致友人施閏章的書劄中，他鮮明地提出了「理學，經學也」的主張，指出：「理學之名，自宋人始有之。古之所謂理學，經學也，非數十

---

71 顧炎武：〈郡縣論〉五，《亭林文集》，卷1。
72 顧炎武：〈致知〉，《日知錄》，卷6。

年不能通也。故曰，君子之於《春秋》，沒身而已矣。今之所謂理學，禪學也。不取之《五經》，而但資之語錄，較諸帖括之文而尤易也。又曰，《論語》，聖人之語錄也。舍聖人之語錄，而從事於後儒，此之謂不知本矣。」[73]顧炎武把經學視為儒學正統，在他看來，不去鑽研儒家經典，而沉溺於理學家的語錄，就叫做學不知本。因此他呼籲「鄙俗學而求《六經》」，號召人們去「務本原之學」。[74]如同錢謙益一樣，顧炎武也主張「治經復漢」。他說：「經學自有源流，自漢而六朝，而唐而宋，必一一考究，而後及於近儒之所著，然後可以知其異同離合之指。如論字者必本於《說文》，未有據隸楷而論古文者也。」[75]

顧炎武的這些主張，其立意甚為清楚，無非是要說明，古代理學的本來面目，其實就是樸實的經學，也就是爾後雍乾間學者全祖望所歸納的「經學即理學」[76]，只是後來讓釋道諸學滲入而禪學化了。所以，顧炎武認為應當張揚經學，在經學中去談義理，這才叫「務本原之學」。於是乎心學也罷，理學也罷，統統作為「不知本」的「後儒」之學而被摒棄了。

在具體的經學研究中，顧炎武提出了「信古而闕疑」的治經原則。他說：「《五經》得於秦火之餘，其中故不能無錯誤，學者不幸而生乎二千餘載之後，信古而闕疑，乃其分也。」[77]根據這一原則，他的經學實踐不盲從，不依傍，信其所當信，疑其所當疑，體現了為學的務實風格。譬如他的《周易》研究，既肯定程頤《易傳》和朱熹

---

73 顧炎武：〈與施愚山書〉，《亭林文集》，卷3。
74 顧炎武：〈與周籀書書〉，《亭林文集》，卷4。
75 顧炎武：〈與人書四〉，《亭林文集》，卷4。
76 全祖望：〈亭林先生神道表〉，《鮚埼亭集》，卷12。
77 顧炎武：〈豐熙偽尚書〉，《日知錄》，卷2。

《周易本義》，主張「復程朱之書以存《易》」，又強調「當各自為本」，不可「專用《本義》」，而於《程傳》「棄去不讀」。[78] 同時對宋明《易》說的比附穿鑿，顧炎武則多所駁斥。他直斥陳摶、邵雍的《易》說為「方術之書」、「道家之易」[79]，是「強孔子之書以就己之說」。[80] 對於聚訟紛紜的《尚書》，顧炎武判定「〈泰誓〉之文出於魏晉間人之偽撰」，他指出：「今之《尚書》，其今文、古文皆有之三十三篇，固雜取伏生、安國之文，而二十五篇之出於梅賾，〈舜典〉二十八字之出於姚方興，又合而一之。孟子曰，盡信書不如無書，於今日而益驗之矣。」[81] 諸經之中，顧炎武於《春秋》研究最深。他博稽載籍，除將其研究成果收入《日知錄》之外，還專門寫了一部《左傳杜解補正》。按照經今古文學的分野，《左傳》是古文家的路數，而《公羊傳》則屬今文，《穀梁傳》雖其說不一，然亦多歸之於今文經學之類。顧炎武治《春秋》，卻破除今古文壁壘，博採三家之長，兼取後儒所得。他說：「若經文大義，左氏不能盡得，而公、穀得之，公、穀不能盡得，而啖、趙及宋儒得之，則別記之於書。」[82] 對於宋明以來多所譏刺的唐人啖助的《春秋》研究，顧炎武獨加稱許。他不同意所謂啖助「不本所承，自用名學」，「謂後生詭辯為助所階」之說，認為：「啖助之於《春秋》，卓越三家，多有獨得。」[83] 所以，他的《春秋》研究深為後人重視，被評為「掃除門戶，能持是非之平」。[84]

宋明以來，理學家輕視訓詁聲音之學，古音學不絕如縷，若斷若

---

78 顧炎武：〈朱子周易本義〉，《日知錄》，卷1。

79 顧炎武：〈孔子論易〉，《日知錄》，卷1。

80 顧炎武：〈易逆數也〉，《日知錄》，卷1。

81 顧炎武：〈古文尚書〉，《日知錄》，卷2。

82 顧炎武：〈自序〉，《左傳杜解補正》，卷首。

83 顧炎武：〈豐熙偽尚書〉，《日知錄》，卷2。

84 《四庫全書總目》經部《春秋》類4，《左傳杜解補正》。

續。由於古音學的不講，故而後世往往有率臆改經之病。顧炎武認為，治經學而不通音韻文字，則無以入門，於是他提出了「讀九經自考文始，考文自知音始」[85]的經學方法論。由此出發，潛心於古音學研究，經過三十餘年的努力，終於寫成《音學五書》這樣一部中國音韻學史上繼往開來的著作。顧炎武的古音學研究，儘管師承有自，從宋人吳棫、鄭庠，尤其是明人陳第等的著述中，均獲致不少有益啟示，但是由於他能實事求是地進行獨立研究，因而在音學演變源流的審訂、古韻部類的離析諸方面，皆能光大陳第之所得，是正吳棫之謬誤，從而取得創獲性的成果。南宋以來，於《詩經》隨意葉讀的積習，至此一一廓清。顧炎武亦以此書贏得一代音韻學開派宗師的地位。

顧炎武復興經學的努力，「讀九經自考文始，考文自知音始」的為學方法論的宣導，以及「治經復漢」的主張，登高一呼，回聲四起，迅速激起共鳴。康熙中葉以後，治經「信古」而「求是」，遂成一時學術界共識。江蘇吳江經學家朱鶴齡指出：「經學之荒也，荒於執一先生之言而不求其是，苟求其是，必自信古始。」[86]常熟學者馮班也說：「經學盛於漢，至宋而疾漢如仇。玄學盛於晉，至宋而詆為異端。注疏僅存，訛缺淆亂，今之學者，至不能舉其首題。」[87]流寓揚州的四川新繁學者費密，則以表彰「古經定旨」為幟志，主張「學者必根源聖門，專守古經，從實志道」。[88]經過顧炎武與其它學者的共同宣導，清初學術在為學方法上，逐漸向博稽經史一路走去，形成有別於宋明理學的樸實考經證史的歷史特徵。

---

85 顧炎武：〈答李子德書〉，《亭林文集》，卷4。

86 朱鶴齡：〈毛詩稽古篇序〉，《愚庵小集》。

87 馮班：〈經典釋文跋〉，《鈍吟文稿》。

88 費密：〈古經旨論〉，《弘道書》，卷上。

四　史學思想

顧炎武治史，貫通古今，具有引古籌今的鮮明特色。他在〈答徐甥公肅書〉中說：「夫史書之作，鑒往所以訓今。」[89]作史者對歷史事件和歷史人物的評論，要「於序事中寓論斷」[90]，而非憑空而發。因此，他稱讚《史記》敘事論斷相得益彰，成為中國古代史書的楷模。

對於史書的體例，顧炎武極其強調表、志的作用。在《日知錄》中，他引述友人朱鶴齡的主張道：「《史記》帝紀之後，即有十表、八書。表以紀治亂興亡之大略，書以紀制度沿革之大端。班固改書為志，而年表視《史記》加詳焉。」[91]顧炎武認為，陳壽《三國志》、范曄《後漢書》，不立表、志是一大缺憾。「不知作史無表，則立傳不得不多，傳愈多，文愈繁，而事蹟或反遺漏而不舉」[92]。顧炎武自己讀史籍時，也常用列表的方法來理順紛繁的歷史事件。他說：「比日偶閱四史，因自混一之年，以迄厓山之歲，編成年表，較漁仲尤為簡略。」[93]

顧炎武認為，史籍的編纂，要能堪稱信史而取信於後世，一個根本點就在於徵實去偽。他把「據事直書」視為「萬世作史之準繩」。在《日知錄》中論及明末《三朝要典》，於此有過集中闡述。他說：「門戶之人，其立言之指，各有所借，章奏之文，互有是非。作史者兩收而並存之，則後之君子，如執鏡以照物，無所逃其形矣。偏心之輩，謬加筆削，於此之黨，則存其是者，去其非者；於彼之黨，則存

89　顧炎武：〈答徐甥公肅書〉，《亭林文集》，卷6。
90　顧炎武：《日知錄》，卷26，〈史記〉〈於序事中寓論斷〉。
91　顧炎武：〈作史不立表志〉，《日知錄》，卷26。
92　顧炎武：〈作史不立表志〉，《日知錄》，卷26。
93　顧炎武：《菰中隨筆》。

其非者，去其是者。於是言者之情隱，而單辭得以勝之。且如《要
典》一書，其名未必盡非，而其意則有所為。繼此之書者猶是也。此
國論之所以未平，而百世之下難乎其信史也。崇禎帝批講官李明睿之
疏曰：『纂修《實錄》之法，惟在據事直書，則是非互見。』大哉王
言，其萬世作史之準繩乎！」[94]因此，顧炎武在治史過程中，極為重
視史料的可靠性。即以他對於明史的研究而論，他就十分注意《實
錄》和《邸報》的史料價值。《日知錄》曾大量地徵引明歷朝實錄，
與友朋論究史事曲直，也多以實錄為據。作為明廷檔案文獻的《邸
報》，顧炎武就更加重視了。他長期究心明代史事，早年曾對萬曆四
十八年（1620年）至崇禎元年（1628年）間的《邸報》，做過認真研
究。因為《崇禎實錄》的未及修纂，加以明清更迭所帶來的若干避
忌，顧炎武主張，撰寫明末史事，尤其是崇禎朝的歷史，「止可以
《邸報》為本」。[95]對於《日知錄》中所涉及明季史事，他也表示：
「所譚興革之故，須俟閱完《實錄》，並崇禎《邸報》一看，然後古
今之事，始大備而無憾也。」[96]同強調史料的真實可靠性相一致，顧
炎武高度評價了孔子治史的「多聞闕疑」精神。他說：「孔子曰：『吾
猶及史之闕文也。』史之闕文，聖人不敢益也。……子不云乎：『多
聞闕疑，慎言其餘。』豈特告子張乎？修《春秋》之法，亦不過
此。」[97]由此出發，對明清之際改竄歷史的惡劣行徑，他嚴詞予以斥
責，指出：「予嘗親見大臣之子，追改其父疏草，而刻之以欺其人
者。欲使蓋棺之後，重為奮筆之文，追遺議於後人，佚先見於前事。
其為誣罔，甚於唐時。故志之於書，俾作史之君子，詳察而嚴斥之

94 顧炎武：〈三朝要典〉，《日知錄》，卷18。

95 顧炎武：〈與公肅甥書〉，《亭林文集》，卷3。

96 顧炎武：〈答公肅甥〉，《蔣山傭殘稿》，卷1。

97 顧炎武：〈春秋闕疑之書〉，《日知錄》，卷4。

也。」[98]因而他一再主張，撰修《明史》，應當「惟是章奏是非、同異之論，兩造並存，而自外所聞，別用傳疑之例」。[99]「一切存之，無輕刪抹，而微其論斷之辭，以待後人之自定」。[100]

顧炎武在治史過程中，十分注意證據與調查研究。他的弟子潘耒總結其治史業績時說：「足跡半天下，所至交其賢豪長者，考其山川風俗疾苦利病，如指諸掌。」[101]又說：「有一獨見，援古證今。」[102]顧氏善於採用類比的歸納法，通過排比同類史料，從而得出結論。例如《日知錄》的〈名以同事而晦〉條云：「《呂氏春秋》言：『秦穆公興師以襲鄭，過周而東。鄭賈人弦高、奚施將西市於周，遽使奚施歸告，及矯鄭伯之命，以十二牛勞師，是奚施為弦高之友。』而《左氏傳》不載。《淮南子》言：『荊軻西刺秦王，高漸離、宋意為擊筑而歌於易水之上。』宋玉〈笛賦〉，亦以荊卿、宋意並稱。是宋意為高漸離之侶，而《戰國策》、《史記》不載。」[103]這種歸納研究的方法，為爾後學者普遍採用，如崔述的《考信錄》、俞樾的《古書疑義舉例》等皆是。

五　文學思想

顧炎武是一個治學領域博大的學者，他雖恥為「文人」，一生也不輕易作詩，但是在文學上卻很有造詣。尤其是他立足現實的文學思想，更多具探討價值。只是這方面的心得，為他在經學、史學、音韻

98　顧炎武：〈密疏〉，《日知錄》，卷18。

99　顧炎武：〈與公肅甥書〉，《亭林文集》，卷3。

100 顧炎武：〈與次耕書〉，《亭林文集》，卷4。

101 潘耒：〈日知錄序〉，《遂初堂集》，卷6。

102 潘耒：〈日知錄序〉，《遂初堂集》，卷6。

103 顧炎武：〈名以同事而晦〉，《日知錄》，卷25。

學等方面的成就所掩，以至於往往為論者所忽略。

顧炎武是從科舉制度桎梏中掙脫出來的人。他在青少年時代，角逐科場，也曾經置身於文士之列，「注蟲魚，吟風月」[104]，「為雕蟲篆刻之計」。[105]然而，身歷明清更迭的社會大動盪。當他棄絕科舉帖括之學後，便斷然一改舊習，以「能文不為文人，能講不為講師」[106]自誓，力倡：「君子之為學，以明道也，以救世也。徒以詩文而已，所謂雕蟲篆刻，亦何益哉」[107]，樹立了文以經世的文學觀。

顧炎武的文學觀，體現在他的文章寫作上，便是「文須有益於天下」主張的提出。他說：「文之不可絕於天地間者，曰明道也，紀政事也，察民隱也，樂道人之善也。若此者，有益於天下，有益於將來，多一篇，多一篇之益矣。若夫怪力亂神之事，無稽之言，剿襲之說，諛佞之文，若此者，有損於己，無益於人，多一篇，多一篇之損矣。」[108]這一主張，正是顧炎武經世致用思想在文學領域的集中反映，也是他中年以後從事文學活動的立足點。由此出發，顧炎武服膺唐代著名文學家白居易關於「文章合為時而著，歌詩合為事而作」的主張，把文章的寫作視為一種救世的手段。他指出：「救民以事，此達而在上位者之責也；救民以言，此亦窮而在下位者之責也。」[109]因而顧炎武對自己的文章要求極高，「凡文之不關於《六經》之指、當世之務者，一切不為」。[110]

顧炎武力倡「文不貴多而在精」的觀點，反對追逐浮名虛譽、急

104 顧炎武：〈與黃太沖書〉《亭林佚文輯補》。

105 顧炎武：〈與陸桴亭劄〉《亭林餘集》。

106 顧炎武：〈與人書二十三〉，《亭林文集》，卷4。

107 顧炎武：〈與人書二十五〉，《亭林文集》，卷4。

108 顧炎武：〈文須有益於天下〉，《日知錄》，卷19。

109 顧炎武：〈直言〉，《日知錄》，卷19。

110 顧炎武：〈與人書三〉，《亭林文集》，卷4。

功近利的做法，主張為文嚴謹，精益求精。他說：「二漢文人所著絕少，史於其傳末每云，所著凡若干篇。惟董仲舒至百三十篇，而其餘不過五六十篇，或十數篇，或三四篇。史之錄其數，蓋稱之，非少之也。乃今人著作，則以多為富。夫多則必不能工，即工亦必不皆有用於世，其不傳宜矣。」[111]

顧炎武認為，「速於成書，躁於求名」，是學者的大忌。他就此總結說：「宋人書，如司馬溫公《資治通鑑》、馬貴與《文獻通考》，皆以一生精力成之，遂為後世不可無之書。而其中小有舛漏，尚亦不免。若後人之書，愈多而愈舛漏，愈速而愈不傳。所以然者，其視成書太易，而急於求名故也。」[112]

難能可貴的是，顧炎武既是如此說，也是如此去做的。在他留存的文集中，不惟「乙酉四論」以及〈郡縣論〉、〈生員論〉、〈錢糧論〉等，都是切中時弊，早有定評的優秀篇章。而且諸如〈吳同初行狀〉、〈書吳潘二子事〉等敘事文章，乃至〈病起與薊門當事書〉等短篇書劄，也都從不同的角度，反映了歷史的真實。他的這些文章，文字淳樸，不事雕琢，於知人論世大有裨益，完全可以作為史料來運用。讀顧炎武的文集，我們還可以發現一個很有個性的特點。同當時的許多學者不一樣，他極少去寫那些為死者稱頌功德的應酬文字。他曾經說過：「《宋史》言，劉忠肅每戒子弟曰：『士當以器識為先，一命為文人，無足觀矣。』僕自一讀此言，便絕應酬文字。所以養器識而不墮於文人也。」[113]陝西周至學者李顒，是顧炎武北遊以後結識的友人，他們一見如故，砥礪氣節，同樣以操志高潔名著於世。可是，就連李顒請顧炎武為其母寫一篇祠記，也為他所婉言謝絕。後來，顧

111 顧炎武：〈文不貴多〉，《日知錄》，卷19。
112 顧炎武：〈著書之難〉，《日知錄》，卷19。
113 顧炎武：〈與人書十八〉，《亭林文集》，卷4。

炎武在談及此事時解釋道:「中孚為其先妣求傳再三,終已辭之。蓋止為一人一家之事,而無關經術政理之大,則不作也。」[114]在中國文學史上,韓愈是所謂「文起八代之衰」的卓然大家,但是顧炎武也因為韓愈作了「無關於經術政理」的應酬文章,而對之持保留態度。他說:「韓文公起八代之衰,若但作〈原道〉、〈原毀〉、〈爭臣論〉、〈平淮西碑〉、〈張中丞傳後序〉諸篇,而一切銘狀概為謝絕,則誠近代之泰山北斗矣。今猶未敢許也。」[115]

顧炎武不僅拒絕作應酬文章,而且針對長期以來文學中存在的擬古弊病,進行了有力的抨擊。他指出:「近代文章之病,全在摹仿,即使逼肖古人,已非極詣,況遺其神理而得其皮毛者乎。」[116]因此他斷言:「效《楚辭》者必不如《楚辭》,效《七發》者必不如《七發》。蓋其意中先有一人在前,既恐失之,而其筆力復不能自遂。此壽陵余子學步邯鄲之說也。」[117]為了挽救毫無生氣的擬古之風,顧炎武還從文學史的角度,通過梳理文學形式變遷的源流,論證擬古是沒有出路的。他說:「《三百篇》之不能不降而《楚辭》,《楚辭》之不能不降而漢魏,漢魏之不能不降而六朝,六朝之不能不降而唐也,勢也。用一代之體,則必似一代之文,而後為合格。」[118]這就是說,每一個時代的文學,都有各自的風格,文學形式必然隨著時代的演進而變遷。這樣的文學主張,無疑是符合文學史發展實際的。有鑑於此,顧炎武把「文人求古」視為文學中的病態。他指出:「今之不能為二漢,猶二漢不能為《尚書》、《左氏》。乃剿取《史》、《漢》中文法以

---

114 顧炎武:〈與人書十八〉,《亭林文集》,卷4。
115 顧炎武:〈與人書十八〉,《亭林文集》,卷4。
116 顧炎武:〈文人摹仿之病〉,《日知錄》,卷19。
117 顧炎武:〈文人摹仿之病〉,《日知錄》,卷19。
118 顧炎武:〈詩體代降〉,《日知錄》,卷21。

為古，甚者獵其一二字句用之於文，殊為不稱。」[119]在與友人討論詩文的一篇書劄中，顧炎武對收信人的一味摹倣古人作了尖銳的批評。他說：「君詩之病在於有杜，君文之病在於有韓、歐。有此蹊徑於胸中，便終身不脫依傍二字，斷不能登峰造極。」[120]

顧炎武立足現實的文學觀，反映在他的詩歌創作上，則是「詩主性情，不貴奇巧」。[121]同拒絕作應酬文章一樣，顧炎武也不願意去寫那些無病呻吟的賦閒詩。他十分贊成葛洪在《抱朴子》中對詩的看法，即「古詩刺過失，故有益而貴；今詩純虛譽，故有損而賤」。[122]因而對當時文化人以詩歌標榜的習氣，顧炎武至為鄙夷。他說：「若每一作詩，輒相推重，是昔人標榜之習，而大雅君子所弗為也。」[123]對詩歌創作中的擬古之風，他也作了堅決的否定，指出：「詩文之所以代變，有不得不變者，一代之文沿襲已久，不容人人皆道此語。今且千數百年矣，而猶取古人之陳言，一一而摹仿之，以是為詩可乎？故不似則失其所以為詩，似則失其所以為我。李、杜之詩，所以獨高於唐人者，以其未嘗不似而未嘗似也。知此者，可與言詩也已矣。」[124]

由於顧炎武在詩歌創作上的現實主義精神，因而他在不同時期所寫的詩，儘管激發詩人感情的客觀環境各異，然而感時撫事，直抒胸臆，無一不是他真實性情的抒發。惟其真實，所以當明清易代之際，他所寫的〈感事〉、〈京口即事〉、〈千里〉、〈秋山〉等詩，既有對明末腐敗政治的揭露，又有對抗清將帥的謳歌，還有對清軍鐵蹄蹂躪的控訴。沉雄悲壯，樸實感人。北遊之後，迄於逝世，他「生無一錐土，

---

119 顧炎武：〈文人求古之病〉，《日知錄》，卷19。
120 顧炎武：〈與人書十七〉，《亭林文集》，卷4。
121 顧炎武：〈古人用韻不過十字〉，《日知錄》，卷21。
122 顧炎武：〈作詩之旨〉，《日知錄》，卷21。
123 顧炎武：〈答李子德書〉，《亭林文集》，卷4。
124 顧炎武：〈詩體代降〉，《日知錄》，卷21。

常有四海心」。[125]在這一時期，他的詩歌創作，則多是眷戀故國、關懷民生心境的真實寫照，蒼勁沉鬱，頗得杜甫遺風。在顧炎武的筆下，寄寓著對人民的深切同情。他的〈夏日〉詩寫道：「未省答天心，且望除民患。〈黍苗〉不作歌，〈碩鼠〉徒興歎。」[126]他憧憬著「四海皆農桑，絃歌遍井閭」[127]的太平盛世，表示：「願作勸農官，巡行比陳靖。畎澮遍中原，粒食詒百姓。」[128]

顧炎武的詩歌創作，始終牢牢地立足於社會現實。同他的文章一樣，他的詩既可證史，同時也是其經世致用實學思想的反映。晚清，徐嘉為顧炎武詩作箋注，指出：「其詩沉鬱淡雅，副貳史乘」，「實為一代詩史，踵美少陵」。[129]這樣的評價，還是比較中肯的。

六　務實學風

十七世紀以來，在日趨高漲的經世思潮中，扭轉空疏學風，是當時學術界所面臨的一個迫切課題。在明亡前的三四十年間，經過學術界有識之士的共同努力，一時學風已開始向健實方向轉化。顧炎武繼起，以「博學於文」、「行己有恥」的為學主張和鍥而不捨的學術實踐，為轉變明季空疏學風，開啟清初實學先路，作出了積極貢獻，使他成為清初務實學風的宣導者。

顧炎武學風的形成，經歷了一個不斷學習、努力實踐、鍥而不捨的長期探索過程。其學風概言之，就是崇實致用。所謂崇實，就是摒

---

125 顧炎武：〈秋雨〉，《亭林詩集》，卷3。

126 顧炎武：〈夏日〉，《亭林詩集》，卷4。

127 顧炎武：〈歲暮〉，《亭林詩集》，卷5。

128 顧炎武：〈常熟縣耿橘水利書〉，《亭林詩集》，卷1。

129 徐嘉：〈序〉、〈凡例〉，《顧亭林詩箋注》，卷首。

棄「明心見性之空言」，代之以「修己治人之實學」，「鄙俗學而求
《六經》」，「以務本原之學」。所謂致用，就是不惟學以修身，而且更
要以之經世濟民，探索「國家治亂之源，生民根本之計」。顧炎武以
一生的學術實踐表明，崇實不以致用為依歸，難免流於迂闊；致用不
以崇實為根據，更會墮入空疏。用他的話來講，這就叫做「博學於
文」、「行己有恥」的「聖人之道」。

「博學於文」、「行己有恥」都是傳統的儒家觀點，是孔子在不同
的場合答覆門人問難時，所提出的為學為人主張，分別見於《論語》
〈顏淵篇〉和〈子路篇〉。然而，把這兩個主張合而為一，則是顧炎
武的創造，它從一個側面反映了明清更迭的時代內容。針對王學末流
「言心言性，舍多學而識，以求一貫之方，置四海之困窮不言，而終
日講危微精一之說」的空疏學風，顧炎武重申了「博學於文」的為學
主張。他說：「君子博學於文，自身而至於家國天下，制之為度數，
發之為音容，莫非文也。」[130] 這裏所說的文，絕不僅僅限於文字、文
章之文，而是人文，是包含著廣泛內容的社會知識。鑑於晚明士大夫
寡廉鮮恥，趨炎附勢，當明清易代之時，「反顏事仇」[131]，顧炎武又
把「博學於文」與「行己有恥」並提，以之為「聖人之道」來大力提
倡。他說：「愚所謂聖人之道如之何？曰『博學於文』，曰『行己有
恥』。自一身以至於天下國家，皆學之事也；自子臣弟友以至出入、
往來、辭受、取與之間，皆有恥之事也。恥之於人大矣！不恥惡衣惡
食，而恥匹夫匹婦之不被其澤。故曰『萬物皆備於我，反身而誠』。
嗚呼！士而不先言恥，則為無本之人；非好古而多聞，則為空虛之
學。以無本之人而講空虛之學，吾見其日從事於聖人而去之彌遠

---

130 顧炎武：〈博學於文〉，《日知錄》，卷7。
131 顧炎武：〈降臣〉，《日知錄》，卷13。

也。」[132]強調做講求廉恥的有本之人，治好古多聞的務實之學，這正是顧炎武學風的出發點。

顧炎武一生為學，反對內向的主觀學問，主張外向的務實學問。他說：「自宋以下，一二賢智之徒，病漢人訓詁之學，得其粗跡，務矯之以歸於內，而『達道』、『達德』、『九經』、『三重』之事，置之不論。此真所謂『告子未嘗知義』者也。」[133]又說：「仁與禮，未有不學問而能明者也。」[134]顧炎武不惟主張讀書，而且還提倡走出門戶，到實踐中去。他說：「人之為學，不日進則日退。獨學無友，則孤陋而難成；久處一方，則習染而不自覺。不幸而在窮僻之域，無車馬之資，猶當博學審問，古人與稽，以求是非之所在，庶幾可得十之五六。若既不出戶，又不讀書，則是面牆之士，雖子羔、原憲之賢，終無濟於天下。」[135]崇尚實際、提倡向外的務實學問，成為顧炎武為學的一個突出特色。道光間，唐鑒著《清學案小識》，將顧炎武歸入程朱理學的「翼道學案」，說：「先生之為通儒，人人能言之，而不知先生之所以通，不在外而在內，不在制度典禮，而在學問思辨也。」[136]這樣的論斷，與顧炎武的為學風尚南轅北轍，實在是強人就我的門戶之見。事實上，顧炎武的崇實致用之學，斷非漢學、宋學所可拘囿。同強他入漢學藩籬一樣，把他強入宋學門牆也是不妥當的。

與崇尚實際、提倡外向的務實學問相一致，顧炎武的學術實踐充滿了求實的精神。這種求實的獨立風格，在顧炎武的經學研究中，得到了集中的反映。

---

132 顧炎武：〈與友人論學書〉，《亭林文集》，卷3。
133 顧炎武：〈行吾敬故謂之內也〉，《日知錄》，卷7。
134 顧炎武：〈求其放心〉，《日知錄》，卷7。
135 顧炎武：〈與人書一〉，《亭林文集》，卷4。
136 唐鑒：〈翼道學案〉，《國朝學案小識》，卷3。

「信古而闕疑」，這是顧炎武經學研究的根本態度。他說：「五經得於秦火之餘，其中固不能無錯誤，學者不幸而生乎二千餘載之後，信古而闕疑，乃其分也。」[137]由此出發，顧炎武對宋明以來輕疑經文，甚至妄意刪改的風氣作了批評。他說：「近代之人，其於諸經鹵莽滅裂，不及昔人遠甚。又無先儒為據依，而師心妄作，刊傳記未已也，進而議聖經矣；更章句未已也，進而改文字矣。此陸游所致慨於宋人，而今且彌甚。徐枋有言：『今不依章句，妄生穿鑿，以遵師為非義，意說為得理，輕侮道術，寖以成俗。』嗚呼，此學者所宜深戒。」[138]但是信古並不是泥古。在顧炎武看來，經學是很平實的學問，六經實在就是古代的史籍。他說：「《詩》之次序猶《春秋》之年月，夫子因其舊文，述而不作也。頌者，美盛德之形容，以告宗廟。魯之頌，頌其君而已，而列之周頌之後者，魯人謂之頌也。世儒謂夫子尊魯而進之為頌，是不然。魯人謂之頌，夫子安得不謂之頌乎，為下不倍也。《春秋》書公、書郊禘亦同此義。孟子曰：『其文則史』，不獨《春秋》也，雖六經皆然。今人以為聖人作書，必有驚世絕俗之見，此是以私心待聖人。」[139]能撥去罩在六經之上的「驚世絕俗」外衣，還其以平實史籍的本來面目，顧炎武這樣的見解確實是卓越的。後世乾嘉學者章學誠的「六經皆史」說，顯然是從顧炎武的主張中獲取了有益的啟示。

顧炎武把「古人之所未及就，後世之所不可無而後為之」作為治學座右銘。他說：「子書自孟、荀之外，如老、莊、管、商、申、韓，皆自成一家言。至《呂氏春秋》、《淮南子》，則不能自成，故取諸子之言匯而為書，此子書之一變也。今人書集一一盡出其手，必不

---

137 顧炎武：〈豐熙偽尚書〉，《日知錄》，卷2。

138 同上。

139 顧炎武：〈魯頌商頌〉，《日知錄》，卷3。

能多，大抵如《呂覽》、《淮南》之類耳。其必古人之所未及就，後世之所不可無而後為之，庶乎其傳也與。」[140]因此，他極端鄙棄剽竊他人成果的齷齪行徑，他說：「漢人好以自作之書而詫為古人，張霸《百二尚書》、衛宏〈詩序〉之類是也。晉以下之人，則有以他人之書而竊為己作，郭象《莊子注》、何法盛《晉中興書》之類是也。若有明一代之人，其所著書無非竊盜而已。」[141]顧炎武萃一生心力所結撰的《日知錄》，便是這一嚴謹學風的極好說明。關於這一點，他自己寫道：「愚自少讀書，有所得輒記之，其有不合，時復改定，或古人先我而有者，則遂削之。」[142]所以，一部三十兩卷的《日知錄》，儘管徵引他人論述占至全書十之七八，自我見解不過十之二三，然而，卻不但絕無絲毫掠美之嫌，而且處處顯出作者求實創新的學風來。無怪乎〈四庫提要〉要贊許《日知錄》「網羅四部，鎔鑄群言」[143]，「炎武學有本原，博贍而能通貫，每一事必詳其始末，參以佐證，而後筆之於書，故引據浩繁而牴牾者少」[144]。

顧炎武的務實學風，其落腳之點就是要經世致用。他一生廣泛地涉足於經學、史學、音韻小學、金石考古和輿地詩文之學，其目的甚為明顯，就是為了對自己的國家和民族，對自己所生活的社會能有所作為。這就是他在致其門人潘耒的書劄中所說的「志」。他說：「凡今之所以為學者，為利而已，科舉是也。其進於此，而為文辭著書一切可傳之事者，為名而已，有明三百年之文人是也。君子之為學也，非利己而已也，有明道淑人之心，有撥亂反正之事，知天下之勢之何以

140　顧炎武：〈著書之難〉，《日知錄》，卷19。

141　顧炎武：〈竊書〉，《日知錄》，卷18。

142　顧炎武：〈《日知錄》自記〉，見黃汝誠《日知錄集釋》，卷首。

143　〈子部〉39〈雜家類存目〉6〈雜說下〉〈蒿庵閒話〉，《四庫全書總目提要》，卷129。

144　〈子部〉29〈雜家類〉3〈日知錄〉，《四庫全書總目提要》，卷129。

流極而至於此，則思起而有以救之。……故先告之志以立其本。」[145]
正是有這種經世致用之志於胸中，所以顧炎武一生為學能與日俱進，
對當代及後世產生了深遠的影響。

顧炎武一生拳拳於《日知錄》的寫作，只是為了「明學術、正人
心，撥亂世以興太平之事」。[146]他之所以歷時三十餘年，潛心研治古
音學，是因為他認為，「目擊世趨，方知治亂之關必在人心風俗」[147]，
而音韻之學又正是「一道德而同風俗者又不敢略」[148]的大事。他的究
心經史，是因為在他看來，「孔子之刪述六經，即伊尹、太公救民於
水火之心」，而儒家經典乃是平實的史籍，無非「天下後世用以治人
之書」。[149]

清朝兩百六十餘年間，學風曾幾經變化。其間儘管有漢宋學術的
紛爭，有經今古文學的頡頏，然而顧炎武務實學風的影響，卻是始終
有轍跡可尋的。清朝初年，是以顧炎武、黃宗羲、王夫之諸大師為代
表的經世致用的健實學風。清初諸儒之學，以博大為其特色，一代學
術門徑，皆於此時奠定根基。然而就為學風尚的影響而言，還是當推
顧炎武為最。王夫之的晚年僻居窮鄉，潛心編纂，其著述在他去世百
餘年後才得大行於世，這就極大地限制了他對清初學術界的影響。黃
宗羲雖名重朝野，但其晚年也是局處故土，不敢渡江，這同樣限制了
他予當時學術界以更深刻的影響。顧炎武則不同，他自四十五歲即棄
家北遊，迄於七十歲逝世，一直輾轉於中原大地。同現實生活的密切
結合，使他的著述體現出強烈的時代感，《日知錄》尚在結撰過程

---

145 顧炎武：〈與潘次耕劄〉，《亭林餘集》。
146 顧炎武：〈初刻日知錄自序〉，《亭林文集》，卷2。
147 顧炎武：〈與人書九〉，《亭林文集》，卷4。
148 顧炎武：〈音學五書序〉，《亭林文集》，卷2。
149 顧炎武：〈與人書三〉，《亭林文集》，卷4。

中，即「因友人多欲抄寫，患不能給」。[150]其影響可見一斑。北遊二十餘年間，與其交往者，除昔日南方學術界好友歸莊、張弨、王錫闡等人外，還有名儒孫奇逢、傅山、李顒、朱彝尊、屈大均，以及閻若璩、張爾岐、吳任臣、李因篤、王弘撰、馬驌等等。與南北學者的廣泛交遊，不但加速了顧炎武學問的成熟過程，而且對他學風的傳播，也是不無益處的。閻若璩雖號稱「博極群書，睥睨一代」，而對顧炎武則依然有「讀書種子」之稱。在悼念黃宗羲的〈南雷黃氏哀辭〉中，閻若璩說：「當發未躁時，即愛從海內讀書者遊。博而能精，上下五百年，縱橫一萬里，僅僅得三人焉：曰錢牧齋宗伯也，曰顧亭林處士也，及先生而三之。先生之亡，上距牧齋薨已三十有二年，即亭林歿亦且十四五年。蓋至是而海內讀書種子盡矣。」[151]如此肯定顧、黃二人在清初學術界的地位，無疑是實事求是的。

顧炎武暮年的經歷，使他的學術風尚得以較黃、王二人要深刻地影響於當世。他嚴謹健實的學風，經世致用的治學宗旨，樸實歸納的為學方法，諸多學術門徑的開拓，以及對明季空疏學風斬釘截鐵般的抨擊，與其傲岸的人格相輝映，同樣使他對後世學風的影響要較黃、王二人深刻、廣泛。而且清初政治局勢的演變，也為此提供了客觀的依據。康熙中葉以後，明末的空疏不學之風，經過清初諸儒的蕩滌，已為歷史的陳跡。健實的學風形成了，治學的門徑開啟了，為學的方法開創了。與顧、黃、王同時而稍後的閻若璩、胡渭、毛奇齡等人，其為學汲汲於名物的考究、文字的訓詁、典章制度的鉤稽，依然走的是樸實的路子。可是，隨著清廷封建文化專制的日益加劇，他們卻也漸漸地把經世致用的思想撇開了。此時的學風，隨著社會環境的變遷，已經在醞釀一個實質性的轉變。雍乾兩朝，封建文化專制尤為酷

---

150 顧炎武：〈初刻日知錄自序〉，《亭林文集》，卷2。
151 閻若璩：〈南雷黃氏哀辭〉，《潛丘札記》，卷4。

烈，文字獄遍於國中，社會的現實問題，成為知識界不得問津的禁
地。清廷給他們提供的，就是埋頭故紙、遠離世事的唯一選擇。乾嘉
漢學家，無論是以漢《易》為家學的惠氏祖孫，還是繼之以起的戴
震、段玉裁、王念孫、王引之，他們皆繼承了顧炎武「讀九經自考文
始，考文自知音始」的治經方法論，沿著他所開啟的學術路徑，作出
了超邁前代的成就。然而，顧炎武為學的崇實致用之風，卻被他們割
裂為二，取其小而舍其大，把一時學風導向了純考據的狹路。顧炎武
經世致用的實學思想，至此煙消云散，繼響無人，徒然留下了樸實考
據的軀殼。是為清代學風之一變。

　　嘉道之世，漢學偏枯。為學問而學問，為考據而考據，煩瑣餖
飣，咕哦吟嘩，實已瀕臨末路。在日益加劇的社會危機之中，文網無
形鬆弛，今文經學若異軍突起，代考據學而興。莊存與、孔廣森首倡
於前，劉逢祿出為之一振，及至龔自珍、魏源而大盛。清代學風至此
再變。同光兩朝，《春秋》公羊學日漸深入朝野，康有為、梁啟超大
張其幟，倡變法以圖強，將其推向了高峰。在自清中葉崛起，直到戊
戌變法失敗而漸趨沉寂的清代今文經學盛衰史中，今文經學諸大師的
為學風尚，雖然與顧炎武不盡相同，然而為學以經世這一精神卻後先
相承。正如身歷其境的梁啟超先生所論：「最近數十年以經術而影響
於政體，亦遠紹炎武之精神也。」[152]清末，漢學於山窮水盡之中，得
俞樾、孫詒讓兩大師堅守壁壘，居然又作出了值得稱道的成就。尤其
是章炳麟，重倡顧炎武經世致用之學，用以服務於反抗清廷的政治鬥
爭，使炎武學風在晚清放出異樣光彩。當然，如同顧炎武的思想和學
風一樣，章太炎先生的思想和學風也遠非漢學所能拘囿。正當晚清學
風再變之際，清廷的統治也在辛亥革命的硝煙之中壽終正寢了。

---

152 梁啟超：《清代學術概論》（北京市：中華書局，1954年），頁10。

　　顧炎武的學風及其所體現的實學思想，同他的社會政治思想及經學、史學、文學等思想，皆有著明顯的「法古」傾向。所以，他津津樂道其先祖遺訓：「著書不如抄書。凡今人之學，必不及古人，今人所見之書之博，必不及古人。」[153]事實上，這與其說是顧炎武的家訓，倒不如說就是自己的主張。因為他一生的為學，從某種意義上說，也就是這種主張的實踐。儘管這種主張是針對明末的空疏不學，有所為而發，自有其立論的依據，也有其補偏救弊的積極一面。然而唯古唯是的傾向，卻是不值得肯定的。後世乾嘉漢學的偏枯，也無論如何不能排除這一主張的消極影響。譬如，顧炎武著《音學五書》，試圖「舉今日之音而還之淳古」[154]，顯然就是一種不切實際的泥古之見。乾隆初，古學復興，惠棟著《易漢學》、《九經古義》，唯漢是尊，唯古是信，無疑正是這種泥古傾向的膨脹。再如顧炎武晚年的「篤志經史」，固然是為了「引古籌今」，「鑒往所以訓今」，與乾嘉學派的自考古始迄考古終大異其趣，然而也無可掩飾地含有保持晚節、全身遠禍之意。乾嘉漢學家的遠離世事，唯以經史為務，從顧炎武晚年的為學中，還是接受了消極影響的。

　　顧炎武的務實學風，儘管存在若干消極因素，有其明顯的時代和階級的局限性，但是其基本方面是值得肯定的，在整個清代是起了積極作用的。後世學者或是繼承了他的為學方法，或是發揚了他的治學精神，沿著他所開闢的路徑走去，不僅演成乾嘉學術的鼎盛局面，而且也取得了清代學術文化多方面的成果。作為一個開風氣者，如同黃宗羲、王夫之諸大師一樣，顧炎武的創辟之功是確然不拔的。

---

153 顧炎武：〈抄書自序〉，《亭林文集》，卷2。
154 顧炎武：〈自序〉，《音學五書》，卷首。

七 《日知錄集釋》的纂輯

清代道光間問世的《日知錄集釋》，是研究清初學者顧炎武所著《日知錄》的一部集大成的著作。然而，關於該書的纂輯者，則執說不一，迄無定論。以下擬就此作一些考察。

（一）問題的提出

《日知錄集釋》原署嘉定黃汝成輯。自該書行世，歷咸、同兩朝，並無異議。光緒間，吳縣藏書家朱記榮率先提出異說，斷言《集釋》並非黃汝成所輯，纂輯者應當是李兆洛。[155]宣統初，學者李詳與之唱和，認為《集釋》係李兆洛與吳育、毛嶽生等人共撰，「借刻於黃氏」。[156]對於朱、李二先生之說，爾後的《日知錄》研究者雖多不以為然，但它畢竟以一家之言而存在於學術界，且未予以否定。尤其是迄今評價清代文獻的一些有影響的論著，諸如已故張舜徽先生著《清人文集別錄》、來新夏先生著《近三百年人物年譜知見錄》等，都還給他留存一個席位。因此，把歷史真相考察清楚，不僅有助於給《日知錄集釋》纂輯者所付出的艱辛勞作以公正的評價，而且也可以澄清歷史文獻研究中的一些錯誤認識。

實事求是地說，朱、李二先生之於歷史文獻學，都是曾經作出過貢獻的人。對《日知錄集釋》的纂輯者，他們所提出的上述判斷，也並非憑空杜撰。問題在於他們所據以作出判斷的資料是否可靠，判斷方法是否科學。關於資料來源問題，朱先生未予展開，而李先生所著《媿生叢錄》中，則陳述得很清楚。好在文字不算太長，為便於討論，謹全文引述如後：

---

155 朱記榮：〈國朝未刊遺書志略跋〉。
156 李詳：〈李申耆先生年譜〉，《媿生叢錄》，卷2。

《李申耆先生年譜》三卷，附《小德錄》一卷，排印本，陽湖
弟子蔣彤編。中有二事，錄以備考，是昔所未聞者。一云：
「道光癸巳（十三年——引者）夏五月，始校刊顧氏《日知
錄》。先是嘉定錢大昕評釋《日知錄》百數十則，生甫（譜主
友人毛嶽生，字生甫——引者）錄以示先生，乃謀推其義例，
通為箋注，有資實學。嘉定黃潛夫汝成（原作誠，誤——引
者），肯任剞劂之費。既又得楊南屏（誤，當作武屏——引
者）諸家，皆嘗用功於是書者，有可採錄悉收之。山子（譜主
友人兼姻親吳育，字山子——引者）、生甫分司之，彤亦與校
讎焉。」案今傳《日知錄集釋》，題嘉定黃汝成名。譜又云：
「十四年四月，刊《日知錄》成。生甫又為刊誤。」今黃氏
《集釋》亦附有《刊誤》。是先生此書，與吳、毛諸君共撰，
借刻於黃氏，此不可不知也。」[157]

乍一看去，李詳之說持之有據，言之成理，似乎《日知錄集釋》
應為李兆洛主持纂輯，參與其事者為吳育、毛嶽生、蔣彤，而黃汝成
只不過提供了刻書經費而已。事實果真如此嗎？不然。只要我們稍事
搜尋，比照相關史料，即可看到，無論是蔣彤之所記，還是李詳據以
作出的判斷，要用來否定黃汝成的纂輯地位，都是經受不住歷史真實
檢驗的。

（二）李兆洛與《日知錄集釋》

朱記榮、李詳諸先生既然認定《日知錄集釋》的纂輯者為李兆
洛，那麼我們就先來考察一下李兆洛與《集釋》的關係。

157　李詳：〈李申耆先生年譜〉，《媿生叢錄》，卷2。

　　李兆洛，字紳琦，後更申耆，號養一，江蘇陽湖（今常州市）
人。生於乾隆三十四年（1769年），卒於道光二十一年（1841年），終
年七十三歲。早年從盧文弨問學於龍城書院，頗識考據門徑。後受常
州今文經學影響，超然漢宋門戶，留意經世實學。他一生雖不以著述
表見於世，但卻以表彰先賢遺著，致力纂輯而著稱。但是李兆洛之於
《日知錄》，似未作過專題研究。按其文集所載，凡由兆洛纂輯，或
經他表彰的前哲著述，諸如《皇朝文典》、《駢體文抄》及《鄒道鄉
集》、《瞿忠宣集》、《繹志》、《易論》等，他皆撰有序跋、題記一類文
字，唯獨就不見表彰《日知錄》的記載。尤其不應忽視者，在其身後
由他的弟子所輯二十六卷的《養一齋文集》及《續編》中，竟然沒有
一篇專門探討顧炎武學行或《日知錄》的文字。僅在《文集》卷四，
〈顧君（廣圻——引者）墓誌銘〉中，偶一提及「亭林先生羅列改書
之弊」寥寥數字而已。這恐怕同《日知錄集釋》纂輯者的地位是不相
稱的。據查，李兆洛纂輯諸書，也並無《日知錄集釋》。相反，當他
談及《集釋》時，則明確無誤地將自己排除在外，稱其纂輯者為黃汝
成。據云：「潛夫（黃汝成之號——引者）……所著書，惟成《日知
錄集釋》三十兩卷、〈刊誤〉兩卷、〈袖海樓文稿〉若干首。」[158]

　　還應當指出的是，在李、黃二人的生平友好中，凡論及《日知錄
集釋》的纂輯，並無一人歸諸李兆洛名下，眾口一詞，皆肯定為黃汝
成之作。毛嶽生為李、黃知交，據李兆洛稱，他之所以瞭解黃汝成學
行，便是由岳生首先介紹的。毛嶽生所撰〈黃潛夫墓誌銘〉，於死者
著述情況有如下記錄：「潛夫著書，成者《日知錄集釋》、〈刊誤〉、
〈古今歲朔實考校補〉、〈文錄〉，凡四十四卷。未成者，《春秋外傳正
義》若干卷。」[159]宋景昌是李兆洛的高足，以精於天文曆算名世，黃

---

158 李兆洛：〈黃潛夫家傳〉，《養一齋文集續編》，卷5。

159 毛嶽生：〈黃潛夫墓誌銘〉，《休復居文集》，卷5。

汝成去世後，〈古今歲朔實考校補〉遺稿，便是經他審定刊行的。景昌在該書跋語中也說：「潛夫篤志好古，博學明識如此。始潛夫既成《日知錄集釋》與此書，復欲撰《春秋外傳正義》，未卒業遂歿。」[160] 在諸多例證中，最有說服力者，大概莫過於《李申耆先生年譜》的編者蔣彤之所記。蔣彤於黃汝成生前，曾經與之三次會晤。汝成去世後，他又為其文集撰序。序中述及《日知錄集釋》，談得十分清楚：「寶山毛先生數數為予言黃君潛夫之為人，……迨後，得觀其所著顧氏《日知錄集釋》，歎其志古人之學而能先其大者。繼得其《日知錄刊誤》及《續刊誤》，尤服其大而能精，非徒閎博炫富而漫無黑白者。」[161]

　　事實上，蔣彤《李申耆先生年譜》所記校刊《日知錄》一事，並不是指譜主主持纂輯《日知錄集釋》，而是應黃汝成之請，對汝成輯《集釋》稿進行審訂。關於這一點，黃汝成的〈顯考損之府君行狀〉談得很明白，他說：「汝成素喜窮究顧氏《日知錄》一書，後得錢少詹辛楣、沈鴻博果堂、楊大令簡在三先生校本及顧氏原寫本，條加注補，命就正於武進李申耆先生、毛君生甫。尋又得陳都憲宋齋先生校本，成《刊誤》兩卷。府君覽之色喜。孰意校勘甫畢，而府君已棄養矣。」[162] 這是黃汝成於道光十五年四月十七日，其嗣父故世不久撰寫的文字。同樣的記載，還見於他當年二月所成〈日知錄刊誤序〉。序中寫道：「曩為定本纂成《集釋》，曾就正於武進李申耆、吳江吳山子、寶山毛生甫三先生。」[163]

　　至此，足見《日知錄集釋》的纂輯者並不是李兆洛，顯然非黃汝成莫屬了。

160　宋景昌：〈古今歲朔實考校補跋〉，見《袖海樓雜著》。

161　蔣彤：〈袖海樓文集序〉，《丹稜文抄》，卷2。

162　黃汝成：〈顯考損之府君行狀〉，《袖海樓文錄》，卷5。

163　黃汝成：〈日知錄刊誤序〉，《袖海樓文錄》，卷2。

（三）黃汝成與《日知錄集釋》

　　較之於李兆洛的聲望，黃汝成簡直可以說是無法比擬的。因為一個是名噪四方的文壇巨擘，一個則是黯然無聞的晚生後學。但是，《日知錄集釋》恰恰就出自這位勤奮的年輕人之手。

　　黃汝成，字庸玉，號潛夫，江蘇嘉定（今屬上海市）人。生於嘉慶四年（1799年），卒於道光十七年（1837年），得年不及四十歲。他生在乾嘉著名考據大師錢大昕故里，其嗣父黃鐘，即為大昕弟子。生父黃鉉，亦以善詩文而著稱一方。汝成少承家學，又兄事大昕再傳弟子毛嶽生，頗得鄉里前輩為學端緒。自十三四歲起，即已「熟習文史」，「博涉能文」。二十歲以後，成為縣學廩膳生。後因久困場屋，不得入仕，遂肆力經史，博及天文曆法、田賦河漕、職官選舉、鹽務錢法等，「綜貫浩博，達於精邃」。[164]其所最為服膺者，則是顧炎武的《日知錄》。正如他在給李兆洛的信中所述：「自少至今，尤好顧氏《日知錄》一書。」[165]

　　《日知錄》之所以令黃汝成傾倒，並不在於文辭的博辨、考據的精詳，乃是因為「其書於經術文史、淵微治忽，以及兵刑、賦稅、田畝、職官、選舉、錢幣、鹽鐵、權量、河渠、漕運，與他事物繁賾者，皆具體要」[166]，是一部寄寓經世之志的「資治之書」。[167]因此，在毛嶽生的輔導下，他長期致力於《日知錄》研究。以閻若璩、沈彤、錢大昕、楊寧四家校本為主要依據，博採諸家疏說，對康熙三十四年潘耒刻本逐卷校釋，終成《日知錄集釋》三十兩卷，於道光十四

---

164 李兆洛：〈黃潛夫家傳〉，《養一齋文集續編》，卷5。
165 黃汝成：〈答李先生申耆書〉，《袖海樓文錄》，卷3。
166 黃汝成：〈答李先生申耆書〉，《袖海樓文錄》，卷3。
167 黃汝成：〈日知錄集釋序〉，《袖海樓文錄》，卷2。

年五月刊行。書成之後，他又覓得《日知錄》原寫本，經與潘刻本詳加比勘，辨其異同，正其疑似，共得七百餘條，成《日知錄刊誤》兩卷，於道光十五年二月刊行。之後，汝成再得嘉興陸筠精校本，取與先前所纂《集釋》校雠，成《日知錄續刊誤》兩卷，於道光十六年九月刊行。

黃汝成家素富厚，不惟刻書經費率由己出，而且還捐貲選授安徽泗州訓導。只因其生母、嗣父相繼去世，因而居喪在家，未能赴任。他秉性曠達，樂於周濟友朋困乏，遠近學者欣然結交。無奈身體過於肥胖，久為哮喘所苦，後竟因此而遽然去世，卒年僅三十九歲。他的生前友好至為悲慟，毛嶽生、李兆洛、蔣彤、葛其仁等，紛紛撰文紀念。其生父哀其齎志而歿，遂委託毛嶽生主持，對其遺文雜著加以收集整理，題為《袖海樓雜著》，於道光十八年九月結集刊行。其中《袖海樓文錄》六卷、《古今歲實考校補》一卷、《古今朔實考校補》一卷、《日知錄刊誤合刻》四卷。汝成生前，在完成《日知錄集釋》並《刊誤》之後，原擬續纂《春秋外傳正義》，終因猝然病歿而成未竟之業，僅於《文錄》中留下數篇札記而已。

作為《日知錄集釋》的纂輯者，黃汝成於《袖海樓文錄》中不僅再三重申對該書的纂輯地位，而且多載與友朋討論《日知錄》及顧炎武學行的文字，諸如〈與吳淳伯書〉、〈答李先生申耆書〉、〈與毛生翁書〉等。正是在與李兆洛的書劄往復中，保存了兆洛對《集釋》的傾心推許：「評騭考覈，刪削繁纇，使此書得成巨觀，有益世道人心，真學者之幸也。」[168]黃汝成學風篤實，凡四方友朋在《集釋》成書過程中所給予的幫助，諸如親朋故舊的提供庋藏資料，李兆洛、吳育、毛嶽生對書稿的審訂，毛嶽生對《刊誤》、《續刊誤》的校核，同邑友

---

168 黃汝成：〈答李先生申耆書〉，《袖海樓文錄》，卷3。

好王浩自始至終的「勤佐探索」[169]等,感銘不忘,屢見表彰。所有這些記載,確然有據,誠篤可信,顯然非剽竊作偽者之所能為。當初,倘若朱記榮、李詳諸先生能不失之交臂,將《袖海樓文錄》檢閱一過,恐怕就不會僅據《李申耆先生年譜》中的含糊孤證而致誤。

綜上所考,我們可以得到如下認識:

第一,《日知錄集釋》的纂輯者本來就是黃汝成,並不是李兆洛。李兆洛於《集釋》,僅有「校讎之勞」[170],而無纂輯之功。

第二,《李申耆先生年譜》所述校刊《日知錄》一事,只是《日知錄集釋》纂輯過程中的一個局部階段,遠非全過程的實錄。因此,李詳諸先生據此不完整的孤證而否定黃汝成的纂輯地位,顯然是不能成立的。

第三,對歷史文獻的研究,應當詳盡地佔有材料,進行實事求是的科學論證,信其所當信,疑其所當疑。

---

169 黃汝成:〈日知錄刊誤序〉,《袖海樓文錄》,卷2。
170 蔣彤:〈養一子述〉,《丹稜文抄》,卷3。

第六章
李二曲思想研究

　　清初，經歷明清更迭的社會動盪，王陽明心學已成強弩之末而分崩離析。一時理學營壘中人，或出於王而非王，或由王而返朱，重起的朱陸學術之爭愈演愈烈。然而，在順治及康熙初葉的三四十年間，主持學術壇坫風會者，卻依舊是王學大師。這便是以孫夏峰為代表的北學，以黃梨洲為代表的南學和以李二曲為代表的關學，故而當時有並世三大儒之稱。[1]近世考論清代學術史者，去夏峰、二曲而取亭林、船山，以顧、黃、王三大師並稱三大儒。這樣的看法固然自有道理，無可非議，但是由此以往，對夏峰、二曲之學的研究，相形之下則未為深入，所得也就不及其它三家。即以二曲論，譬如對他的為學淵源及演變趨向的研究，對二曲思想基本特徵的把握，以及二曲學說歷史地位的評價等，就都還需要作進一步的探討。此外，關於李二曲的生平行事，也還存在若干有待澄清的問題。本文擬就上述諸點談一些不成熟的想法，敬請各位指教。

一　《清史稿》李顒本傳辯證

　　李二曲，名顒，字中孚，號二曲，一號慚夫，又自署二曲土室病夫，學者尊為二曲先生，陝西盩厔（今周至）人。生於明天啟七年（1627年），卒於清康熙四十四年（1705年），終年七十九歲。李二曲

1　全祖望：〈二曲先生窆石文〉，《鮚埼亭集》，卷12。

本傳，載於《清史稿》卷四八〇，《儒林》一，係據光緒間清國史館
所增輯之《國史儒林傳》鋪衍而成。原稿雖出近代著名學者繆荃孫先
生之手，但未待《史稿》完書，筱珊先生已然作古。後遺稿輾轉他
人，於《史稿》付梓之前，又經金梁以己意加以刪削。以致不惟舊傳
失實處未能加以是正，且因一意求簡，又略其所不當略。結果乖違體
例，對傳主學術淵源及為學宗旨的介紹竟付闕如，更有舊傳不誤而改
誤者。茲舉其大要，辯證如後。

（一）顯父「抉齒離家」說不可信

傳載，明崇禎十五年，李顯父可從隨陝西巡撫汪喬年軍至河南
「討賊」，「臨行，抉一齒與顯母曰：「如不捷，吾當委骨沙場，子善
教吾兒矣。」遂行。兵敗，死之。顯母葬其齒，曰「齒冢」。[2]據考，
此段文字源出舊傳，而《國史儒林傳》所據，既非李顯自述，亦非其
弟子惠靇嗣所輯《二曲歷年紀略》，而只是他人的渲染附會之詞。

李可從「抉齒離家」說，始見於〈鰲屋李氏家傳〉。據云：「明季
闖賊犯河南，朝議以汪公喬年督師剿賊，中軍監紀同知孫公兆祿招壯
士與俱。將行，壯士抉一齒留於家曰：『我此行，誓不殲賊不生還。
家無憶我，有齒在也』。」[3]此傳出龔百藥手，龔氏為江蘇常州人，是
李顯於康熙九年末、十年初講學江南時所結識的友人。古人應死者後
人之請，為死者撰寫碑誌傳狀，每多隱惡揚善，以致溢美失實。龔百
藥的〈鰲屋李氏家傳〉，即屬此類文字。同樣的文字，還見於李因篤
所撰〈襄城縣義林述〉。李因篤雖與李顯為摯友，且同為陝西人，但
關於顯父抉齒事，則同樣得於傳聞。正如他在文中所述：「予嘗聞鰲
屋有齒冢，蓋壯士君既應募東征，將行，抉一齒與隱君之母彭。及隱

2　〈李顯傳〉，《清史稿》，卷480。
3　龔百藥：〈霤屋李氏家傳〉，見李顯《二曲集》，卷25，〈家乘一〉。

君成母窆穸，奉齒合葬，而曰『齒冢』。」[4]傳聞之詞，未經驗證，本來就未可輕信，然而自龔、李二文出，抉齒說則不脛而走，廣為引述。李顒故世，劉宗泗即據以記入〈李二曲先生墓表〉。後來又經雍乾間史家全祖望以〈二曲先生窆石文〉加以鋪衍，遂成：「信吾（李可從字──引者）臨發，抉一齒與其婦彭孺人曰：『戰危，事如不捷，吾當委骨沙場，子其善教兒矣』。」[5]

　　其實，鉤稽二曲家世，當以其自述及弟子所記為準。而在上述問題中，就李顒及其弟子之所記，讀者卻絲毫覺察不到李可從「抉齒離家」的影子。關於「齒冢」事，惠靇嗣《二曲歷年紀略》記為：「崇禎壬午二月，太翁隨汪總制徵闖賊於河南之襄城，師覆殉難。是時先生尚幼，母子不得凶問，猶日夜望其生還。及闖賊入關，乃始絕望。居恒披痛，思及襄城，流涕願一往。以母在也難之，惟奉太翁遺齒，晨夕嚴事。母歿，奉以合葬，名曰『齒冢』。」[6]這一段文字寫得很平實，它至少可以說明兩點，第一，李可從確有遺齒在家，但並不能據以判定就是離家前夕所抉；第二，埋葬可從遺齒者乃李顒，而非顒母。惠靇嗣與其師朝夕相處，親承謦欬，其所記「齒冢」事應屬最為可信。

　　至於李顒追憶其父的有關文字，諸如〈祭父文〉、〈忌日祭文〉以及〈禱襄城縣城隍文〉和〈與襄城令東峰張公書〉等，不惟同樣無「抉齒離家」的記載，而且與所謂抉齒壯別相反，倒更多的是慈父真情的實錄。在〈跋父手澤〉中，他寫道：「吾父崇禎十四年臘月二十四日離家，隨邑侯孫公徵賊河南。至省數日，慮顒為仇人所陷，託人寄書吾伯、吾舅，以致叮嚀。」翌年二月十一日，抵達河南襄城之

4　李因篤：〈襄城縣義林述〉，《受祺堂文集》，卷4。

5　全祖望：〈二曲先生窆石文〉，《鮚埼亭集》，卷12。

6　惠靇嗣：〈二曲先生歷年紀略〉，「康熙九年庚戌」條。

後，汪喬年部深陷重圍。眼看城陷在即，時可從「與同儕泣語，深以
顒幼弱無倚為痛。十七日城陷，竟及於難」。[7]顒父本一尋常百姓，應
募從軍，亦不過低級材官，揆諸情理，李顒之所記，恐怕比抉齒壯別
的渲染就要可信得多。

在李可從離家投軍的問題上，擺在史家面前的，就是這樣兩類很
不相同的記載，如何別擇去取，正從一個側面反映了史家治史的基
本態度。清人修本朝史，不用惠霛嗣和李顒的記載，卻選取了龔百藥
等人的渲染附會，顯然不足取。《清史稿》以訛傳訛，當然就更在其
下了。

（二）「閉關謝客」說正誤

傳載：「康熙十八年，薦舉博學鴻儒，稱疾篤，舁床至省，水漿
不入口，乃得予假。自是閉關，晏息土室，惟崑山顧炎武至則款
之。」[8]此段記載，亦出舊傳，稍有增刪而已。考諸史實，疏失有
二。清廷詔舉博學鴻儒，事在康熙十七年正月，明載史冊，班班可
考。清《國史儒林傳》之李顒本傳所記，本屬不誤，而《清史稿》李
顒本傳則改作康熙十八年，顯然是誤改。同樣，李顒「稱疾篤，舁床
至省」云云，《二曲歷年紀略》亦繫於康熙十七年，至於由西安返迴
避居地富平，則是同年八月十三日的事情。因此，《清史稿》所記之
康熙十八年，應屬誤記。此其一。其二，李顒的「晏息土室」，雖確
在康熙十八年以後，但所謂「惟崑山顧炎武至則款之」卻與史實不
符。據考，顧炎武與李顒相識，在康熙二年。是年秋，顧炎武西遊秦
晉，十月，抵達陝西盩厔，遂與李顒初次會晤。分手之後，人各東
西，直到康熙十六年秋，顧氏二度入陝，又才得與避地富平的李顒再

---

7 李顒：〈跋父手澤〉，《二曲集》，卷19。
8 〈李顒傳〉，《清史稿》，卷480。

晤。翌年春，顧、李二人三晤於富平。此後，迄於康熙二十一年正月顧炎武在山西曲沃逝世，二人間並未再得謀面，唯有書劄往復而已。因此，當李顒於康熙十八年秋返回盩厔故里，「晏息土室」之後，就根本不存在「惟崑山顧炎武至則款之」的事。

（三）避地富平非晚年

傳載，李顒「晚年寓富平」。據此，則傳主晚年似在富平安度。其實，此說甚不確。李顒避地富平，事當康熙十四年秋。此時三藩亂起，漢中已入叛軍之手。一則因盩厔與之毗鄰，再則又風聞「敵營咸頌先生風烈」[9]，為避兵禍，李顒遂應富平知縣郭傳芳之請，寄居於孟氏擬山堂。康熙十八年秋，三藩之亂已經指日可平，陝西全省復為清廷控制，他便自富平遷返故里。從此戢影家園，杜門不出，迄於康熙四十四年逝世，並未再至富平。可見李顒的晚年是在盩厔度過的。而且避地富平的四年間，他不過五十歲上下，對一個得年七十九歲的人來說，五十歲前後，自然不該稱為晚年。

（四）因欲求簡而致漏

李顒是清初學術界的卓然大家。《清史稿》本傳既云：「是時，容城孫奇逢之學盛於北，餘姚黃宗羲之學盛於南，與顒鼎足稱三大儒。」那麼理所當然，對於傳主的學術淵源，基本主張和為學所得等，皆宜作些必要交代。唯有如此，也才符合作者在〈儒林傳序〉中所說的「今為〈儒林傳〉，未敢區分門徑，惟期記述學術」[10]這一撰述宗旨。可是，李顒本傳則未將這一宗旨貫徹始終。一如前述，該傳係取捨舊傳而成，舊傳於上述諸點本有介紹，明確指出：「顒學亦出姚江」，

9　惠霑嗣：《二曲先生歷年紀略》，「康熙十四年乙卯」條。
10　〈儒林傳序〉，《清史稿》，卷480。

「其學以尊德性為本體，以道問學為工夫，以悔過自新為始基，以靜坐觀心為入手。關學自馮從吾後漸替，顒日與其徒講論不輟。」[11]這就是說，李顒之學既源出王陽明心學，又以王學為根基，走上了合會朱陸學術的道路，並試圖以之去重振業已衰微的關學。所以，舊傳又特別引述了李顒的如下主張：「學者當先觀陸九淵、楊簡、王守仁、陳獻章之書，闡明心性，然後取二程、朱子以及吳與弼、薛瑄、呂柟、羅欽順之書，以盡踐履之功。」在論及李顒思想的演變次第時，舊傳還指出：「初有志濟世，著《帝學宏綱》、《經筵僭擬》、《經世蠡測》、《時務急著》等書，既而盡焚其稿。又著《十三經注疏糾繆》、《廿一史糾繆》、《易說》、《象數蠡測》，亦謂無當身心，不以示人。」[12]這些記載，提綱挈領，堪稱允當。然而，《清史稿》李顒本傳則概行刪除，以致使傳主的學術淵源、基本主張和為學次第等，皆付闕如。這不能不說是該傳的一個重要疏漏。

二 「悔過自新」說剖析

李二曲生當明清鼎革，面對社會的急劇動盪，他無意舉業，志存經世，「甫弱冠，即以康濟為心」。[13]這以後，二曲發奮自學，無師而成，先後撰就《經世蠡測》、《時務急著》等，「凡政體所關，靡不規畫」。[14]順治十三年他三十歲時，又因陝西兵事迭起而究心兵法，希望在亂世當中有一番實際作為。然而，隨著清廷對陝西統治的確立，就

11　(光緒)《國史儒林傳》之〈李顒本傳〉，轉引自吳懷清《李二曲先生年譜》附錄。此傳與阮元《儒林傳稿》及繆荃孫《國史儒林傳敘錄》文字略有異同。

12　(光緒)《國史儒林傳》之〈李顒本傳〉。

13　駱鍾麟：〈匡時要務序〉，見李顒《二曲集》，卷12，《匡時要務》卷首。

14　駱鍾麟：〈匡時要務序〉，見李顒《二曲集》，卷12，《匡時要務》卷首。

在李顒究心兵法的同時，他的為學趨向已經在醞釀一個重大的變化。
這一年春夏之交，他提出了具有個性的「悔過自新」學說。以此為標
誌，李顒中斷了先前對經世時務的講求，轉而致力於「切己自反」的
明性之學的探討。

在李顒的思想發展中，為什麼會出現這樣一個轉折？「悔過自
新」說究竟包含哪些基本內容？對於它在李顒思想體系中的地位應當
如何評價？這些都是需要深入討論的問題。

「悔過自新」說，是以人性「至善無惡」為前提的立身學說。李
顒在所著〈悔過自新說〉中，開宗明義即指出：「天地之性人為貴。
人也者，稟天地之氣以成身，即得天地之理以為性。此性之量，本與
天地同其大；此性之靈，本與日月合其明，本至善無惡，至粹無
瑕。」[15]由此出發，他認為，雖然由於「氣質所蔽，情慾所牽，習俗
所囿，時勢所移」，以致人多「淪於小人禽獸之域」，但是「其本性之
與天地合德、日月合明者，固未始不廓然朗然而常在也」。這樣的性
論，正是自孟子以來，儒家傳統的性善說，祖述而已，無足稱道。然
而，二曲學說之可取處則在於，他賦予性善論以積極的社會意義，試
圖通過恢復人性本來面貌的途徑去「倡道救世」。所以他說：「古今名
儒倡道救世者非一，或以『主敬窮理』標宗，或以『先立乎大』標
宗，……或以『至良知』標宗……雖各家宗旨不同，要之總不出『悔
過自新』四字。」他主張：「不若直提『悔過自新』四字為說，庶當
下便有依據。」[16]根據這一學說，李顒不惟要求人們檢身心過失於既
起之後，而且更要以「禮義廉恥」的堤防來防患於未然。於是他又
說：「義命廉恥，此四字乃吾人立身之基，一有缺焉則基傾矣。在今

---

15 李顒：〈悔過自新說〉，《二曲集》，卷1。
16 李顒：〈悔過自新說〉，《二曲集》，卷1。

日，不必談玄說妙，只要於此著腳，便是孔孟門下人。」[17]

「悔過自新」說的提出，不是一個偶然的學術現象，它是清初動盪的社會現實的必然產物。明清更迭，滄海桑田。世代相守的朱明王朝，倏爾之間為農民起義軍所埋葬，旋即又是地處東北的少數民族政權君臨天下。這樣的接踵而至的現實，在三百多年前，對為封建正統意識和狹隘的民族偏見所桎梏的知識界，畢竟是來得太突然，太猛烈，因此自然也是一時所難以接受的。黃宗羲呼之為「天崩地解」，顧炎武把它說成是「天崩地坼」，就是這個道理。面對社會的大動盪，清初知識界中人憂國憂民，與之風雨同舟，正氣耿然，史不絕書。可是，隨著科舉取士制度的恢復，清廷統治政策的逐步調整，知識界也在不斷分化。寡廉鮮恥者有之，沉溺辭章者有之，追名逐利者有之。目睹嚴酷的現實，固守遺民矩矱的李顒，當然為之痛心疾首，要視之為禮義廉恥的淪喪了。對社會的責任感，激使他去探尋維繫「禮義廉恥之大閑」的途徑。於是李顒大聲疾呼：

> 若夫今日，吾人通病在於昧義命，鮮羞惡，而禮義廉恥之大閑
> 多蕩而不可問。苟有真正大君子，深心世道，志切拯救者，所
> 宜力扶義命，力振廉恥，使義命明而廉恥興，則大閑藉以不
> 逾，綱常賴以不毀，乃所以救世而濟時也。當務之急，莫切於
> 此。[18]

可見，李二曲的「悔過自新」說，雖未逾越理學藩籬，但它斷非性與天道的空談，而是救世濟時的實學。

思想史的發展過程，是一個推陳出新的過程。在這一過程中，任

---

17 王心敬：〈南行述〉，見李顒《二曲集》，卷10。
18 王心敬：〈南行述〉，見李顒《二曲集》，卷10。

何一種具有個性學說的提出，它都離不開對先前思想材料的批判繼承。「悔過自新」說的形成，同樣也不例外。一如前述，它立論的理論依據，首先就是對儒家傳統性善論的繼承。不過，這種繼承卻又打上了鮮明的時代印記，它直接的源頭，便來自王陽明的「致良知」說。

在提出「悔過自新」說時，李顒列舉了若干宋明儒者為學的「悔過自新」過程。而在這些事例中，被他評價為「得學問致力肯綮處」的，既不是張載的「盡棄異學」，也不是朱熹對「氾濫釋老」的「悔悟力改」，而是王陽明的「致良知」說。他說：「陽明先生之學凡三變，其為教也亦三變。少之時馳騁於詞章，已而出入二氏，繼乃居夷處困，豁然有得於聖賢之旨，是三變而至道也。居貴陽時首與學者為『知行合一』之說，自滁陽後多教學者靜坐，江右以來始單提『致良知』三字，直指本體，令學者言言有悟，是教亦三變也。」[19]三變而得「聖賢之旨」，臻於「至道」境界，這當然是對「致良知」說無以復加的肯定。緊接著，李顒又以王陽明弟子南大吉的求學為例，進一步說明南大吉正是接受王陽明「致良知」之教，領悟「入聖之機」，「由是得學問致力肯綮處」。把南大吉的接受「致良知」說稱為「得學問致力肯綮處」，這不僅表明李顒對「致良知」說的服膺，而且也無異於在「悔過自新」說與「致良知」說之間，打上了一個醒目的等號。正是這樣的有選擇的繼承，使我們看到了「悔過自新」說的理論淵源。

「悔過自新」說提出後，在李顒爾後的為學過程中，隨著社會環境和學術環境的變遷，這一學說經歷了一個不斷深化的演變過程。這個過程在「志存經世」的同一方向上，沿著兩條不同的路徑，時分時合，交錯而去。

---

19 李顒：〈悔過自新說〉，《二曲集》，卷1。

　　其中第一條道路，便是專意講求「反己自認」的「自新之功」，最終走向「存心復性」。李顒說：「學非辭章記誦之謂也，所以存心復性，以盡乎人道之當然也。」[20]由「悔過自新」到「存心復性」，其間演變的邏輯程序，始終是遵循陸九淵、王陽明的「先立乎其大」和「致良知」的認識路線進行的。對此，當他四十二歲講學江南以後，已經一改先前閃爍其詞的態度，再三作出了直言不諱的說明。他公開表彰王陽明的「致良知」說為「千載絕學」，認為：「陽明出而橫發直指，一洗相沿之陋，士始知鞭闢著裏。日用之間，炯然煥然，如靜中雷霆，冥外朗日，無不爽然以自為得。向也求之於千萬里之遠，至是反之己而裕如矣。」[21]據此出發，他提出了「學貴敦本」的主張。「本」之所指，李顒講得很清楚：「即各人心中知是知非，一念之靈明是也。」[22]與之相一致，他反對「舍本趨末」，認為：「能先立乎其大，學問方有血脈，方是大本領。若舍本趨末，靠耳目外索，支離葛藤，惟訓詁是耽，學無所本，便是無本領。即自謂學尚實踐，非托空言，然實踐而不先立乎其大者，則其踐為踐跡，為義襲，譬諸土木被文秀，血脈安在？」[23]惟其如此，所以後來他與顧炎武論學，當炎武對其所津津樂道的「鞭闢近裏」一語提出異議時，他當即致書駁詰，指出：「鞭闢近裏一言，實吾人頂門針，對症藥。此則必不可諱，不惟不可諱，且宜揭之座右，出入觀省，書之於紳，觸目警心。」[24]

　　從「悔過自新」到「存心復性」，這樣一條演進道路，就其實質而言，無非是對陸九淵、王陽明心學認識論的還原。無論是從理論

20　李顒：〈東林書院會語〉，《二曲集》，卷11。
21　李顒：〈答張敦庵〉，《二曲集》，卷16。
22　李顒：〈靖江語要〉，《二曲集》，卷4。
23　李顒：〈孟子〉，《四書反身錄》，卷7。
24　李顒：〈答顧寧人第二書〉，《二曲集》，卷16。

上，還是從實踐上看，這樣的還原都不能說是一種前進，而應當說是李顒早年經世思想的消極蛻變。「存心復性」說的提出，標誌著李顒的「悔過自新」說已經走到了盡頭。在「存心復性」中去尋覓救世的途徑，其結果只能是緣木求魚，絲毫無助於康濟時艱。事實上，「鞭闢近裏」之功越深，離開現實世界只會越遠，充其量無非是獨善其身而已。然而，一個有作為的思想家，當然不會就此止步。李顒的卓越處就在於，當他完成「悔過自新」學說的理論論證的同時，卻在另一條道路上開始了謀求其思想發展的努力。這就是把「悔過自新」同經世時務的講求合而為一，提出了「明體適用」的學術主張，從而賦予他的思想以新的生命力。這樣，「悔過自新」說作為李二曲思想體系中的一部分，便顯示了它不可或缺的中間環節的重要地位。

三　李二曲思想的基本特徵

如何去把握李二曲思想的基本特徵？換句話說，也就是最能體現李二曲思想的學術主張是什麼？究竟是「悔過自新」說，還是「明體適用」說？這是接下去我們要討論的又一個問題。在這個問題上，前哲時賢多歸之於「悔過自新」說，筆者則以為，在李二曲的思想體系中，由「悔過自新」演變而成的「明體適用」說，才是其最為成熟的形態，也是其最有價值的部分。因而弄清楚「明體適用」說的形成過程，剖析它的主要構成部分，進而對其歷史價值作出實事求是的評定，這不僅對於探討這一學說本身，而且對於全面評價李二曲思想都是有意義的。

研究李顒的「明體適用」說，有一個首先需要解決的問題，就是這一學說的提出始於何時。從《二曲集》中所保留的材料來看，在《體用全學》、《讀書次第》、《鏊厔答問》、《富平答問》、《授受紀

要》、《四書反身錄》和有關書劄中，都曾經涉及這一學說。就這些著述的撰成次第而論，如果以現存有關序跋為依據，那麼似乎應以《盩厔答問》為最早。因為張密為該答問寫的〈小引〉，所署時間即先於他書，為順治丙申，即順治十三年（1656年）。也就是說，在提出「悔過自新」說的同時，李顒還提出了「明體適用」說。近人吳懷清先生輯《李二曲先生年譜》，遂據以編訂李顒這一年的學行。[25]前些時候刊行的《李顒評傳》，也為舊說所誤，把「悔過自新」與「明體適用」二說的提出視為同時。[26]可見這個問題不容忽視，是該澄清的時候了。

考明《盩厔答問》卷首〈小引〉繫年的舛誤，是澄清問題的關鍵所在。〈小引〉稱：「先生嘗謂，天下之治亂由人才之盛衰，人才之盛衰由學術之明晦，故是錄一主於明學術。」[27]據考，「明學術，正人心」的思想，在李顒的思想發展中，是中年以後才逐漸形成的，以「明學術」為己任，也是他中年以後方始立定的志向。而順治十三年，當他三十歲時，其為學趨向轉變伊始，這樣的思想尚未萌發，「明學術」的志向更無從確立。而且，就是在這十餘年後，他於康熙七年至八年間講學同州時，「天下之治亂由人才之盛衰，人才之盛衰由學術之明晦」這樣的命題，也並未提出來。事實上，這個命題的首次提出，則是在李顒講學江南的康熙九年末、十年初（1670-1671年）。這方面的材料，屢見於〈兩庠會語〉、〈靖江語要〉、〈錫山語要〉和〈匡時要務〉等，檢索甚易，毋庸贅述。〈小引〉又說：「先生平日啟迪後學不倦，士之承謦欬者與述錄之以自益，隨問輒答，隨答

---

25 吳懷清：《李二曲先生年譜》，卷1，「三十歲」條。

26 吳開流：〈李顒評傳〉，見《中國古代著名哲學家評傳》（濟南市：齊魯書社，1984年），續編四，頁543。

27 張密：〈盩厔答問小引〉，見李顒《二曲集》，卷14。

輒錄，總計不下數千紙。」在李顒一生的學術活動中，「啟迪後學」，「隨問輒答」，所錄「不下數千紙」云云，顯然不是在他三十歲時，而全是四十餘歲以後的事情。

由上述二點可以判定，張密所寫〈盩厔答問小引〉不會早於康熙十年，更不會是順治十三年。

再以《盩厔答問》卷末所附〈盩厔答問跋〉為證，跋中寫道：「天下之患，莫大於學術不明，近世士風所以多謬者，未必皆士之罪，亦學術不明有以蹈之也。先生深悼乎此，故其與士友講切，直就共迷共惑者為之發明。士人咋聞其說，始而嘩，既而疑，久之疑者釋，嘩者服，戚戚然有動於中，自歎如大寐之得醒，而且恨其知學之晚。自關中、河南以及江右、兩浙，其間興起者漸眾。學之大明，端有待於今矣。」[28]這段文字清楚地表明，李顒的這次答問，是在他結束江南講學，返歸盩厔以後進行的。跋文的作者，正是記錄《盩厔答問》的李顒門人王所錫、劉鑛，作為當事人，他們的所記，自然是足以信據的。據惠霈嗣《二曲歷年紀略》載，李顒自江南返鄉，在康熙十年四月。那麼，他在盩厔答覆門人的問題，就應當是這以後的事情。

又從《二曲集》的編排次第來看，李顒門人王心敬是將《盩厔答問》置於〈關中書院會約〉和〈富平答問〉之間。這樣的編排意味著王所錫、劉鑛的這次問學，發生在李顒主持關中書院講席和避地富平之間。據考，前者乃康熙十二年五月至八月事，後者則在康熙十四年八月至十八年八月。因此，劉鑛、王所錫自河南前來盩厔問學，只可能是康熙十二年八月到十四年八月間的事情。劉、王問學結束，返回河南，再整理記錄，籌資刊刻，當然就更在其後了。

綜上所考，《盩厔答問》卷首〈小引〉的繫年疑為手民之誤，丙

---

28 李顒：〈盩厔答問跋〉，《二曲集》，卷14。

　　申當為丙辰之誤寫，也就是說，《鼇峰答問》的刊行不是順治十三年
丙申（1656年），而應當是其後二十年的康熙十五年丙辰（1676年）。

　　我們既已判明《鼇峰答問》的刊行並非順治十三年，也不可能早
於康熙十二年，而應當是康熙十五年，那麼「明體適用」學說的提出
時間，實際已經迎刃而解。就涉及這一學說的有關著述而論，顯然是
李顒講學同州，揭櫫《體用全學》、《讀書次第》的康熙八年。這時，
距「悔過自新」說的提出，已經相去十餘年。隨著時間的推移，在豐
富的學術實踐中，李顒的「悔過自新」學說業已成熟而趨於演變。一
如前述演變之大端，其一是走向「存心復性」的死胡同，其二便是針
對當時的學風之弊，尤其是愈演愈烈的朱陸學術之爭，形成了「明體
適用」的學說。清初，王學盛極而衰，程朱之學乘間復起。在「空談
誤國」的反省中，王學已成眾矢之的，「朱、陸、薛、王之辨，紛紛
盈庭」。[29]李顒認為這是一時學風的大弊，於是他在這樣的學術背景之
下，從針砭時弊的需要出發，立足王學，會通朱陸，提出了「明體適
用」學說。

　　「明體適用」說是積極的經世學說。李顒認為，它是儒學的正統
所在，他說：「儒者之學，明體適用之學也。」[30]又說：「《六經》、《四
書》，儒者明體適用之書也。」[31]而在他看來，秦漢以還，這樣的傳統
已經遭到破壞，沿及清初，文人學士「所習惟在於詞章，所志惟在於
名利，其源已非，流弊又何所底止」[32]。他對這樣的局面深感憂慮，
不禁唷歎：「噫！聖賢立言覺世之苦心，支離於繁說，埋沒於訓詁，
其來非一日矣。是《六經》、《四書》不厄於贏秦之烈火，實厄於俗學

29　王心敬：〈二曲集序〉，見李顒《二曲集》卷首。
30　李顒：《鼇峰答問》，《二曲集》，卷14。
31　李顒：《富平答問》，《二曲集》，卷15。
32　李顒：《匡時要務》，《二曲集》，卷13。

之口耳。」[33]因此他指出：「抱隱憂者，宜清源端本，潛體密詣，務期以身發明。正不必徒解徒訓，愈增固葛藤，以資唇吻已也。」[34]他的「明體適用」說，就是這樣的試圖「清源端本」的經世學說。

何謂「明體適用」？李顒就此解釋道：「窮理致知，反之於內，則識心悟性，實修實證；達之於外，則開物成務，康濟群生。夫是之謂明體適用。」[35]這就是說，「明體適用」說由兩個方面構成，一方面是「識心悟性，實證實修」以明體，另一方面是「開物成務，康濟群生」以適用。李顒認為，這兩個方面渾然一體，不可分割，他說：「明體而不適於用，便是腐儒；適用而不本於明體，便是霸儒；既不明體，又不適用，徒汩沒於辭章記誦之末，便是俗儒。」[36]既然明體與適用二者乃一統一整體，偏執一端，便背離了儒學正軌，棄置不講，更淪為無所作為的俗學。因此，李顒號召知識界中人：「勇猛振奮，自拔習俗，勇為體用之學。潛心返觀，深造默成以立體，通達治理，酌古準今以致用。」[37]這樣，儒家傳統的「內聖外王」之道，便同李顒的「明體適用」之說合而為一了。

如何去講求「明體適用」之學呢？李顒認為應當從讀「明體適用」之書始。他說：「體非書無以明，用非書無以適，欲為明體適用之學，須讀明體適用之書。否則縱誠篤虛明，終不濟事。」[38]為此，他規定了由學禮入手，繼以經、史、文章的讀書次第。他說：「經、史、文，乃學人之急務。一有餘力，則老、莊、管、韓、檀子、鴻烈

33　李顒：《富平答問》，《二曲集》，卷15。

34　李顒：〈盩厔答問跋〉，《二曲集》，卷14。

35　李顒：〈盩厔答問跋〉，《二曲集》，卷14。

36　李顒：〈大學〉，《四書反身錄》，卷1。

37　李顒：〈大學〉，《四書反身錄》，卷1。

38　李顒：《答王天如》，《二曲集》，卷16。

等集，或間一披覽，以廣其識可也。」[39]同時，他還鄭重其事地開列
了一份「明體適用」的書目。書目以明體和適用為類，在明體類書目
中，第一部便是陸九淵的《象山集》。他說：「先生在宋儒中，橫發直
指，一洗諸儒之陋，議論剴爽，令人當下心豁目明，簡易直捷，孟氏
之後僅見。」[40]對陸九淵可謂推崇備至。《象山集》之後，即為王守仁
的《陽明集》。李顒奉之為圭臬，他指出：「其書如《年譜》、《傳習
錄》、《尊經閣記》、《博約說》，諸序及答人論學尺牘，句句痛快，字字
感發，當視如食飲裘葛，規矩準繩可也。」[41]王守仁的「致良知」說，
更被他推為「千載不傳之秘」，他說：「象山雖云單傳直指，然於本體
猶引而不發，至先生始拈『致良知』三字以泄千載不傳之秘。一言之
下，令人洞徹本面，愚夫愚婦咸可循之以入道，此萬世功也。」[42]

李顒對陸王學說，尤其於「致良知」說的傾心讚美，是他的學說
植根王學所使然，不足為怪。正是出自同樣的原因，所以繼陸王著述
之後，他所依次羅列的明體類著述，便是王畿的《龍谿集》、羅汝芳
的《近溪集》、楊簡的《慈湖集》和陳獻章的《白沙集》。而且，他還
特別注明，上述著述為「明體中之明體」書。隨後，又才是從二程、
朱熹、薛瑄、吳與弼，一直到呂柟、馮從吾等程朱派學者的著述，這
些著述則為他歸入「明體中之功夫」類。這樣的劃分，顯然旨在推尊
陸王，其立意是很清楚的。不過，李顒也並無貶抑程朱之意，所以在
評《二程全書》時，他同樣寫道：「二程中興吾道，其功不在禹下。
其書訂於朱子之手，最為精密，此孔孟正派也。」[43]在《朱子語類大

---

39 李顒：《讀書次第》，《二曲集》，卷8。

40 李顒：《體用全學》，《二曲集》，卷7。

41 李顒：《體用全學》，《二曲集》，卷7。

42 李顒：《體用全學》，《二曲集》，卷7。

43 李顒：《體用全學》，《二曲集》，卷7。

全》的題語中，他也指出：「訂偏釐弊，折衷百氏，鉅細精粗無一或遺，集諸儒之大成，為萬世之宗師。」這表明李顒在步入中年以後，已經與先前提出「悔過自新」的學術主張時，僅僅把王陽明的「致良知」說視為「得聖賢之旨」，達到「至道」境界不同，他所走的是以陸王之學為本體，程朱之學為功夫，會通朱陸而自成一家的為學蹊徑。這正如他在對整個明體類書目的按語中所說：「自象山以至慈湖之書，闡明心性，和盤傾出，熟讀之則可以洞斯道之大源。夫然後日閱程朱諸錄及康齋、敬軒等集，以盡下學之功。收攝保任，由功夫以合本體，由現在以全源頭，下學上達，內外本末一以貫之，始成實際。」[44]

「明體適用」說，在李顒的思想發展中，是從「悔過自新」說演變而來的。「悔過自新」說，是李顒早期思想的集中反映，作為一種立身學說，它講的主要是道德修持和立身旨趣。這一學說雖然在實質上正是明清之際動盪的社會現實的折射，其歸宿也在於「倡道救世」，但是從形式上看，它卻是游離於社會現實的。而「明體適用」學說，則是李顒在中年以後，思想趨於成熟的標誌。它一反宋明以來傳統儒學重體輕用的積弊，立足於動盪的社會現實，對數千年來儒家所主張的「內聖外王」之道進行了新的闡釋，具有鮮明的經世色彩。李顒把「悔過自新」同「康濟時艱」相溝通，賦予他的「明體適用」學說以積極的社會意義，從而將自己的思想推向了新的、更深刻的層次。所以我們說，「明體適用」說是李二曲思想最為成熟的形態，也是他全部學說中最有價值的部分。因而最足以反映李二曲思想基本特徵的，並不是「悔過自新」學說，而應當是「明體適用」學說。

從「悔過自新」到「明體適用」，李二曲完成了他全部思想體系的構築。在這一過程中，他孜孜不倦地致力於釀成社會動盪根源的探

---

44 李顒：《體用全學》，《二曲集》，卷7。

究。然而，由於我國十七世紀中葉經濟發展水準，及為其所決定的自然科學和理論思維水準的限制，使他不可能準確地去把握這樣一個重大的歷史課題。雖然經過長期的痛苦摸索，但是他也只能夠把問題歸結於「人心」和「學術」。康熙十年，當李顒四十五歲時，他第一次表明了自己對這個問題的見解。他說：「天下之治亂，由人心之邪正，人心之邪正，由學術之明晦。」又說：「大丈夫無心於斯世則已，苟有心斯世，須從大根本、大肯綮處下手，則事半而功倍，不勞而易舉。夫天下之大根本，莫過於人心，天下之大肯綮，莫過於提醒天下之人心。然欲醒人心，惟在明學術，此在今日為匡時第一要務。」[45]從此，李顒便以「明學術，正人心」作為其「明體適用」學說的具體實踐，在他的後半生，進行了執著的追求。

四　李二曲與清初關學

關中素稱「理學之邦」[46]，自北宋間著名學者張載開啟先路，在宋明理學史上，遂與周敦頤、程顥、程頤及爾後的朱熹之學齊名，而有「濂、洛、關、閩」之稱。但是歷時數百年，關學卻一直為程、朱、陸、王之學所掩，始終未能大行於世。張載之後，關學迭經變遷，不絕如縷。至明中葉，呂柟崛起，其學復盛，「於斯時也，關學甲海內」。[47]迄於明末，馮從吾集其大成，關中學術再度振起。然而從吾之後，經歷明清更迭的社會動盪，關學亦如同整個宋明理學一樣，奄奄待斃，繼響乏人。面對這樣的現狀，重振關學墜緒，成為以「明學術，正人心」為己任的李二曲孜孜以求的目標。

---

45 李顒：《匡時要務》，《二曲集》，卷12。
46 馮從吾：〈序〉，《關學編》，卷首。
47 李因篤：〈重修宋張誠公橫渠夫子祠記〉，《受祺堂文集》，卷3。

　　李二曲復興關學的努力，集中反映在他主持關中書院講席的教學
活動中。關中書院，始建於明萬曆三十七年（1609年）。當時，正值
名儒兼名臣馮從吾直諫招忌，削籍家居，講學於西安城東南古剎寶慶
寺。是年十月，陝西地方當局遂以寺東園囿建關中書院，聘從吾主持
講席。天啟初，從吾復出，講會中斷，旋即又遭魏忠賢矯詔禁燬天下
書院。關中書院罹此大厄，一蹶不振。明末的陝西，官府敲剝，豪紳
肆虐，加以天災迭起，人民生計蕩然，終於醞成埋葬朱明王朝的農民
大起義。爾後，關中戰火連年不熄。清初，農民軍移師入陝，清軍尾
隨追剿，干戈擾攘，玉石俱焚。順治間，清廷確立對陝西的統治之
後，剿滅農民軍餘部，恢復殘破不堪的經濟，成為當務之急，興學教
化，未遑顧及。直到關中及全國局勢趨於穩定，始有康熙二年和十二
年的兩度重修關中書院之舉。李二曲就是在這樣的背景之下，應聘主
持關中書院講席的。

　　此時的李二曲，以講明學術為匡時救世的第一要務。為「明學
術，正人心」，他四處奔走，大聲疾呼：「立人達人，全在講學；移風
易俗，全在講學；撥亂返治，全在講學；旋乾轉坤，全在講學。為上
為德，為下為民，莫不由此。此生人之命脈，宇宙之元氣，不可一日
息焉。」[48]正是本著這樣的宗旨，他應陝西總督鄂善之請，於康熙十
二年五月，登上了關中書院的講席。開講之日，鄂善並陝西巡撫阿席
熙等各級官員，以及「德紳名賢、進士舉貢、文學子衿之眾，環階席
而侍，聽者幾千人」。[49]繼馮從吾之後，絕響多年的關中書院講會，再
度興起。

　　在主持關中書院講席的三個月間，李二曲為恢復關學講理學的傳
統進行了努力。登壇伊始，他便昭示了十條〈會約〉和八條〈學

48 李顒：《匡時要務》，《二曲集》，卷10。
49 惠靇嗣：《二曲先生歷年紀略》，「康熙十二年癸丑」條。

程〉。其中，對書院講學的時間、禮儀、內容、方法、目的，以及就
學士子每日的學習課程等，都作了明確規定。李二曲就講學的內容指
出：「先輩講學大儒，品是聖賢，學是理學，故不妨對人講理學，勸
人學聖賢。顓本昏謬庸人，千破萬綻，擢髮難數，既非卓品，又無實
學，冒昧處此，靦顏實甚。終不敢向同人妄談理學，輕言聖賢，惟願
十二時中，念念切己自反，以改過為人門，自新為實際。」[50]在這
裏，李二曲所說的不敢「妄談理學」，實際上不過是一種謙詞而已。
為他所宣導的「切己自反」、「改過自新」，恰恰正是理學家，尤其是
陸王學派心學家奉為不二法門的東西。正因為李二曲志在恢復關學講
理學的傳統，所以在〈關中書院會約〉中，他又對當時關中學術界的
辭章記誦之風進行了抨擊。李二曲說：「邇來有志之士，亦有不泥章
句，不墮訓詁，毅然以好學自命者，則又舍目前進步之實，往往辨名
物，徇象數，窮幽索大，妄意高深。昔人所謂『自笑從前顛倒見，枝
枝葉葉外頭尋』，此類是也。」[51]

　　李二曲在關中書院的努力，曾被當時的學者贊為：「力破天荒，
默維綱常。」[52]然而，他所旨在重振的關學，僅是一種講理學的傳統
而已，既非張載的理氣一元的氣本論，也非呂柟、馮從吾等人所強調
的「篤志好禮」[53]的關學傳統。為他所彰明的，實質上就是他立足王
學，會通朱陸的學術主張。因此，李二曲在關中書院的講學，既恪守
陸王「學固不廢聞見，亦不靠聞見」、「靜能空洞無物，情慌渾忘」[54]
等主張，同時又宣傳了朱熹力倡的「窮理致知」。他一方面要求就讀

---

50 李顒：〈關中書院會約〉第4條，《二曲集》，卷13。
51 李顒：〈關中書院會約〉第8條，《二曲集》，卷13。
52 惠靇嗣：《二曲先生歷年紀略》，「康熙十二癸丑」條。
53 馮從吾：〈橫渠張先生〉，《關學編》，卷1。
54 李顒：〈關中書院會約〉第9、10條，《二曲集》，卷13。

士子玩味「濂、洛、關、閩及河、會、姚、涇語錄」，另一方面又敦促他們攻讀《資治通鑑綱目》和《大學衍義》及《衍義補》，以期精熟「道德經濟」，達到「動靜協一，體用兼盡」。[55]當久經戰亂之後，李二曲的重舉關中書院講會，確實是關中學術界的一樁盛事。但是，在王學業已盛極而衰，朱學又漸入廟堂的學術環境中，李二曲既不講張載之學，更不講朱熹之學，而是主張在程朱陸王間進行折中，力圖引導知識界走上「明體適用」的學術新路，自然要招來異議。正如當時陝西華陰的著名學者王弘撰所說：「中孚據坐高談，諸生問難，遂有不平之言。」[56]這就從根本上決定了李二曲在關中書院的努力勢必夭折。

的確，李二曲在關中書院的主持講席，猶如曇花一現。僅僅三個月過去，便因鄂善等人掀起的薦舉風波，迫使他拂袖而去，從此與書院絕緣。李二曲的重振關學儘管遭此挫折，但是他依然矢志以往，一意講求「明體適用」之學。在離開關中書院十餘年後的康熙二十四年，李二曲於寫給當時的陝西學政許孫荃的信中，再三敦請「一以理學為多士倡」。他建議許孫荃：「凡至會所，下學之日，勿拘掣簽講書故事，一以理學為多士倡。諸生中有器宇不凡，識度明爽，議論精簡、發揮入理者，假以顏色，憂以禮貌，仍令教官及地方各舉所知，明注某生理學有名，某生材堪經濟，詳列所長，眾論僉同。俟試士畢，問以學術，策以時務，觀其所答優劣，拔錄而面察之。如果表裏允符，卓然不群，則格外優異。獎一勵百，風聲所屆，自然士知嚮往。」[57]在議及地方向朝廷進呈書籍一事時，李二曲更明確地提出了「理學、經濟相表裏」的主張。他說：「理學、經濟原相表裏。進呈

---

55 李顒：〈關中書院會約〉第4、10條，《二曲集》，卷13。

56 王弘撰：〈李中孚〉，《山志》初集，卷3。

57 李顒：〈答許學憲〉，《二曲集》，卷17。

理學書，而不進呈經濟之書，則有體無用，是有裏而無表，非所以明體適用，內聖而外王也。」[58]

　　李二曲雖汲汲於重振關學，然而，作為一種學術形態，關學的興衰，自有其深刻的社會根源和理論依據，斷非個人意志所能轉移。同李二曲的願望相反，關學到他這個時代，已經勢在終結，不可逆轉。因此，與李二曲同時，富平李因篤、華陰王弘撰、郿縣李柏、華州白煥彩、同州黨湛、蒲城王化泰等，雖同調共鳴，倡學四方，但其結果於關學的復興同樣無濟於事，無非一曲輓歌而已。而且，在李顒看來，上述諸人，或是志節耿然的隱士，或是篤於友朋的賢達，或是工於辭章的文人，他們的為學都非關學的本來面貌。所以，目睹關學的日趨沉寂，他不禁喟歎：「關學不振久矣。目前人物，介潔自律，則朝邑有人；孝廉全操，則渭南有人；風雅獨步，氣誼過人，則富平有人；工於臨池，詞翰清暢，則華陰有人。其次，詩學專門，則郿塢、郃陽、上郡、北地、天水、臬蘭亦各有人。若夫留意理學，稍知斂華就實，志存經濟，務為有用之學者，猶龜毛兔角，不但目未之見，耳亦絕不之聞。」[59]事實上，又何止李因篤等人於關學迴天無力呢！就是李顒本人，雖以昌明關學為己任，但也正是他以自己的學術實踐，把關學導向「明體適用」的新路，從而終結了關學。在清初，對張載的學說進行理論總結而作出貢獻的，並不是李顒，而是遠離關中千里之外的湖南大儒王夫之。爾後，又經幕遊陝西的河北學者李塨對理學遺風的蕩滌，關中學術逐漸與南北學術融為一體，共趨於通經學古一途。這又更是為李二曲所始料不及的。

58　李顒：〈又答許學憲〉，《二曲集》，卷17。
59　李顒：〈又答許學憲〉，《二曲集》，卷17。

五　李二曲思想的歷史價值

　　明清之際的社會大動盪，以及隨之而至的理學營壘的分化，孕育了李二曲的思想體系。這一體系從他早年對經世時務的講求，轉而趨向「反己自認」，一味「悔過自新」，繼之再將二者合而為一，形成「明體適用」學說，爾後又把這一學說具體化，表現為對「明學術，正人心」目標的執著追求。它隨著清初社會環境和李二曲個人遭際的變遷，經歷了一個不斷深化和完善的發展過程。在形成李二曲思想體系的全過程中，始終貫穿著一個鮮明的宗旨，這便是「救世濟時」。作為一種面對現實的經世學說，以「明體適用」說為核心的李二曲思想體系，雖然瑕瑜互見，得失雜陳，但是它旨在挽救社會危機的努力，則順應了清初歷史發展的客觀要求。因此，它無疑有著積極的社會價值。

　　李二曲思想的歷史價值，首先在於它力圖恢復儒學的經世傳統。李顒指出：「吾儒之教，原以經世為宗。自宗傳晦而邪說橫，於是一變而為功利之習，再變而為訓詁之習。浸假至今，則又以善筆劄，工講誦為儒當然。愈趨愈下，而儒之所以為儒，名存而實亡矣。」[60]他之所以提出「明體適用」學說，以「明學術，正人心」為己任，正是為了恢復儒學的經世傳統。因此，李顒對「儒」的內涵作了明確規定，他說：「德合三才之謂儒。天之德主於發育萬物，地之德主於資生萬物，士頂天履地而為人，貴有以經綸萬物。果能明體適用而經綸萬物，則與天地生育之德合矣，命之曰儒不亦宜乎。」[61]明清之際，社會的急劇動盪所提出的諸多問題，亟待知識界去作出解答。歷史的

60　李顒：《盩厔答問》，《二曲集》，卷14。
61　李顒：《盩厔答問》，《二曲集》，卷14。

進程表明，作為一種理論體系，宋明理學已經走到了盡頭，知識介面臨一個何去何從的嚴峻抉擇。李二曲正是順應這種歷史的要求，以負責任的態度去積極進行思索的。他從總結學術史的角度出發，揭櫫「明體適用」學說，以之作為儒學的本來面目，去引導知識介面對現實，從門戶紛爭中擺脫出來。他指出：「周、程、張、朱、薛、胡、羅、呂、顧、高、馮、辛，乃孔門曾卜流派，其為學也則古稱先，篤信聖人。陸、吳、陳、王，心齋、龍谿、近溪、海門，乃鄒孟流派，其為學也反已自認，不靠見聞，亦不離見聞。吾儒學術之有此兩派，猶異端禪家之有南能北秀，各有所見，各有所得，合併歸一，學斯無偏。若分門別戶，牢不可破，其識力學問盡可知矣。中無實得，門面上爭閒氣，噫，弊也久矣！」[62]李二曲在這方面的努力，當然是具有歷史進步意義的。

其次，李二曲的學說以其「體用兼該」的完整主張，對宋明以來理學家重體輕用，乃至空談性與天道，無視國計民生的積習，進行了有力的鞭撻。在還原儒學經世傳統的努力中，李顒進而提出「道學即儒學」的見解，他說：「道學即儒學也，非於儒學之外，別有所謂道學也。」[63]這就是說，道學並非性理空談，其本來面目應當是平實的儒學，是「明體適用」之學。這一見解同顧炎武「理學，經學也」的主張相呼應，對清初學術趨向的轉變，產生了深遠的影響。這樣，李二曲便通過對理學的積極修正，使他的學說同清初批判理學的思潮合流，從而躋身歷史潮流的前列。

最後，以「明體適用」為基本特徵的李二曲學說，自讀「明體適用」之書始，「識心悟性，實證實修」，講求「經濟實學」，最終達到

---

62 李顒：《授受紀要》，《二曲集》，卷15。
63 李顒：《授受紀要》，《二曲集》，卷15。

「明學術，正人心」，「開物成務，康濟群生」。這樣一個虛實相濟的為學系列，始終貫穿著他「道不虛談，學貴實效」[64]的務實學風。它對明末以來「束書不觀，遊談無根」的空疏學風，是一個有力的否定，對清初健實學風的形成，也起了積極的推動作用。李二曲的務實學風，與其傲岸的人格相輝映，使他無可爭議地成為清初學術舞臺上的卓然大家。與之同時的著名學者顧炎武，不僅表示：「堅苦力學，無師而成，吾不如李中孚」[65]，而且指出：「先生龍德而隱，確乎不拔，真吾道所倚為長城，同人祈望為山斗者也。」[66]雍乾間學者全祖望，把李顒與孫奇逢、黃宗羲並提，推許他「起自孤根，上接關學六百年之統，寒餓清苦之中，守道愈嚴，而耿光四出，無所憑藉，拔地倚天，尤為莫及。」[67]

李二曲的學術主張，以講求變通，「酌古準今」為特色，較之門戶勃谿者的「道統」之爭，殊如天壤，同若干學者對三代之治的憧憬相比，也較少泥古之見，要通達得多。然而由於歷史的局限，這種「酌古準今」則是以折中舊說的形式來進行的，帶著濃厚的調和色彩。李顒雖然看到了清初理學的深刻危機，但是他卻沒有勇氣去否定這一業已陳舊的學說，尤其是作為他的學說直接淵源的陸王心學。這樣，在學術主張上變通的結果，無非就是植根王學，合會朱陸的折中。因此，從這個意義上說，近代學者梁啟超就學術分野而論，將李顒歸入清初「王學後勁」[68]，並沒有錯。有必要補充說明的只是李顒

---

64 李顒：《體用全學》，《二曲集》，卷7

65 顧炎武：〈廣師〉，《亭林文集》，卷6。

66 惠籠嗣：《二曲先生歷年紀略》，「康熙十四年乙卯」條。

67 全祖望：〈二曲先生窆石文〉，《鮚埼亭集》，卷12。

68 朱維錚校注：〈梁啟超論清學史二種〉，《中國近三百年學術史》（上海市：復旦大學出版社，1985年），頁142。

並沒有如同梁啟超先生所評，「為舊學堅守殘壘」，他的為學風尚也非「由明而漸返於宋」。[69]李二曲一生的學術實踐表明，他是試圖通過對儒學經世傳統的還原，以尋找一條發展學術的新途徑。這樣的努力，不能說是守舊，而應當說是在折中中求新。

同學術上的折中相仿，李二曲在政治主張上的「酌古準今」，也是一種調和舊說以求新的努力。他汲汲以明亡為殷鑒，清醒地看到：「自昔國家之弊，多由饑荒時當事者不留心安插，民不聊生，以致釀成亂階，為國家患害。前代無論，明之季年，昭昭其可鑒也。」[70]李二曲雖然未能觸及問題的本質，但是他能指出民不聊生是造成明末動亂的原因，也還是有可取之處的。因而，他重申儒家傳統的民本思想，主張「為民制恆產」。他說：「民有恆產，然後可望其有恒心，故明君將欲興學校以教民，必先有以制民之產。所以然者，衣食足然後可望其知禮義也。後世言治者，動曰興學校，卻全不講為民制恆產。不知恆產不制，而責民以恒心，是猶役餒夫負重，驅贏馬致遠，縱勉強一時，究之半途而廢耳。」[71]如何去為民制恆產？李二曲並提不出具體的方案來，他無法逾越儒家傳統的「仁政」和「王道」，唯有在舊說圈子中「斟酌損益，期適時務」。其結果，便成為對所謂「不乖於時，不悖於古」的「大經大法」[72]的空想而已。事實上既要「不乖於時」，又要「不悖於古」，這樣的救世藍圖，猶如海市蜃樓，是可望而不可即的。

---

69 梁啟超：《清代學術概論》，頁4。
70 李顒：〈與布撫臺〉，《二曲集》，卷18。
71 李顒：〈孟子〉，《四書反身錄》，卷7。
72 李顒：〈孟子〉，《四書反身錄》，卷7。

六　結語

　　李二曲的學說，歸結到一點，講的就是「明道存心以為體，經世宰物以為用」。[73]可是對他自己說來，「經世宰物」的抱負，由於恪守遺民矩矱，拒絕與清廷合作，在當時的政治條件下，是無法實現的。嚴酷的現實提供給李顒的，只是「明道存心」的選擇。這就無怪乎在其晚年，他要把「盡性至命」也稱做「實學」，主張去追求那種「令胸中空空洞洞，無聲無臭」[74]的虛無境界了。沿著這條路線走下去，荊扉反鎖，獨善其身，便是勢所難免。垂暮之年的李二曲，學術主張不能推行於世，眼看程朱之學高居廟堂，為他所抨擊的「雜學」方興未艾，固守初志而不隨俗浮沉，也只能以此為歸宿。這樣的結局，不是李顒個人的悲劇，而是時代的變遷所使然。於此，我們自然不該苛求古人。

73　李顒：〈答顧寧人先生〉，《二曲集》，卷16。
74　李顒：《授受紀要》，《二曲集》，卷15。

第七章
顏李學派的歷史命運

　　康熙中葉以後的學術界，當明清之際諸學術大師相繼謝世之後，河北大儒顏元及其弟子李塨、王源，發展北學宗師孫奇逢「躬行實踐」的學術主張，以講求實習、實行、實用的「習行經濟」之學，對北學進行根本改造，從而演變為異軍突起的顏李學派。這一學派特立獨行，睥睨古今，迄於雍正初，在學術舞臺上活躍了近半個世紀的時間，最終被淹沒在不可逆轉的經史考證之風中。

一　顏元學說的形成

　　顏元，初因其父養於朱氏，遂姓朱，名邦良，字易直，號思古人。後歸宗複姓，改今名，字渾然，號習齋，河北博野人。生於明崇禎八年三月十一日（1635年4月27日），卒於清康熙四十三年九月初三（1704年9月30日），終年七十歲。他早年為諸生，後絕意仕進，以教學終老鄉里。其學始自陸、王入，繼而改從程、朱，終則悉為擯棄，一意講求經世致用，專以實習、實行、實用為倡，成為清代學術史上著名的顏李學派的創始人。他的主要著述為《存治》、《存性》、《存學》、《存人》四編，史稱「四存編」。其它尚有《四書正誤》、《朱子語類評》等。其傳狀書劄及短篇雜著，門人輯為《習齋記餘》刊行。

　　關於顏元學說的淵源，前哲時賢每多爭議，言人人殊。究其根源，則始於其弟子李塨所撰《顏習齋先生年譜》。據年譜記，顏元三

十一歲時，曾「與王法乾言，六藝惟樂無傳，御非急用，禮、樂、書、數宜學。但窮經明理，恐成無用學究」。著者於此段文字後，特地加了如下按語：「此時正學已露端倪矣，蓋天啟之也。」[1]顏元的宣導六藝實學，究竟是得之「天啟」，還是淵源有自？答案是後者，而不是前者。清初學術界，以講明六藝之學為倡，其首創者並非顏元，而是江南學者陸世儀。顏元之學，即得益於陸氏學術主張的啟發。關於這一點，顏元的〈上太倉陸桴亭先生書〉說得很明白，他寫道：「一日游祁，在故友刁文孝座，聞先生有佳錄（當指《思辨錄》——引者），復明孔子六藝之學，門人姜姓在州守幕實笥之。歡然如久旱之聞雷，甚渴之聞溪，恨不即沐甘霖而飲甘泉也。曲致三四，曾不得出，然亦幸三千里外有主張此學者矣。」[2]信中，顏元對陸世儀推崇備至，他說：「先生不惟得孔孟學宗，兼悟孔孟性旨，已先得我心矣。當今之時，承儒道嫡派者，非先生其誰乎」！[3]可見，無論是顏元的講求六藝實學，還是在人性學說上反對宋儒天地之性與氣質之性的區分，其間都接受了陸世儀學術主張的重要影響。

其實，顏元學說的形成，絕非一朝頓悟的「天啟」，而是一個博取眾長，不斷消化，融為我有的演進過程。在他學說形成的早期，對其產生了決定性影響的，正是孫奇逢的北學。

顏元與孫奇逢籍屬同郡，二人間年歲相去五十餘，他自是奇逢的晚生後學。他們之間雖終身未得謀面，但顏元尊禮奇逢，則始終如一。至於對待孫奇逢學術主張的態度，顏元則走過了一條從服膺到分道揚鑣的路程。顏元之學，初從陸王入。而在他二十四歲時，將其導入陸王之學門檻的，就是學承孫奇逢的彭通。隨後，他又相繼問學於

1　李塨：《顏習齋先生年譜》，卷上，「三十一歲」條。
2　顏元：〈上太倉陸桴亭先生書〉，《存學編》，卷1。
3　顏元：〈上太倉陸桴亭先生書〉，《存學編》，卷1。

孫奇逢的高足王之征、王餘祐。顏元的講求兵法和經世實學，就得益
於王餘祐，所以他一直事餘祐以父執之禮。後來，給顏元的人性學說
以重要影響的張羅喆，也是學近奇逢的理學家。因此，儘管顏元由於
受祁州學者刁包的影響而一度出入於程朱陸王間，但是就為學大體而
論，質樸無華，豪氣橫溢，早年的顏元之學，無疑應屬孫奇逢的北學
系統。

　　然而，顏元是一個饒有創新精神的學者，當他接受陸世儀宣導的
六藝實學影響之後，便用以對北學進行根本改造，否定了孫奇逢合會
朱王學術的努力。以三十五歲時所撰成的《存性》、《存學》二編為標
誌，他毅然與北學分道揚鑣，形成了既非程朱陸王之學，亦非孫奇逢
北學的「習行經濟」之學。所以，在翌年致孫奇逢的信中，顏元明確
指出：「某殊切杞人之憂，以為雖使朱學勝陸而獨行於天下，或陸學
勝朱而獨行於天下，或和解成功，朱陸合一，同行於天下，則終此乾
坤，亦只為當時兩宋之世，終此儒運，亦只說話著書之道學而已。豈
不堪為聖道生民長歎息乎！」[4]這不惟是對程朱陸王之學的否定，而
且也無異於在同會通朱陸的孫奇逢北學唱反調。這以後，顏元以恢復
「周孔正學」為己任，一意講求「習行經濟」的六藝實學，他說：
「學習、躬行、經濟，吾儒本業也。捨此而書云書云，講云講云，宋
明之儒也，非唐虞三代之儒也。」[5]

　　康熙三十年，顏元以五十七歲之年南遊中州。此時，雖距孫奇逢
去世不過十六年，然而在曾經深受北學濡染的中州，王陽明心學早已
悄然衰頹，孫奇逢合會朱王學術的努力亦淹沒在程朱學說的復興之中。
面對「人人禪子，家家虛文」[6]的現狀，顏元大聲疾呼：「程朱之道不

4　顏元：〈上徵君孫鍾元先生書〉，《存學編》，卷1。

5　顏元：〈論開書院講學〉，《習齋記餘》，卷6。

6　李塨：《顏習齋先生年譜》，卷下，「五十八歲」條。

熄，周孔之道不著。」[7]於是「別出一派，與之抗衡」[8]，斷然表示：
「必破一分程朱，始入一分孔孟。乃定以為孔孟、程朱判然兩途，不
願作道統中鄉愿矣。」[9]從此，他成為朱熹學說的不妥協的批判者。

二　顏元與漳南書院

　　顏元晚年，應聘南下，主持漳南書院講席。這是繼南遊中州之
後，他畢生的一次重大學術活動，也是清代學術史和書院史上一件影
響久遠的事情。考察這次學術活動，不僅可以深入瞭解顏元學說的特
質，而且也可據以窺知清初書院教育的演變趨勢。

　　漳南書院設在河北廣平府肥鄉縣，是以清初的一所義學為基礎擴
建而成的。康熙十九年，于成龍任保定巡撫（後改直隸巡撫），肥鄉
士紳郝文燦等，即遵於氏令建義學一所於肥鄉屯子堡，置學田百畝，
文燦自任學師。隨後郝文燦等又著手將學舍擴建，並請後來官至兵部
督捕侍郎的許三禮題名為漳南書院。這以後，郝文燦「謙不任事，別
尋師者十有五年」[10]，於康熙三十三年北上博野，延請顏元主持講
席。顏元一再婉拒。三十五年，經文燦三度敦請，他始於同年四月攜
門人鍾鋑、從孫重光起程南下。五月，顏元一行抵達肥鄉屯子堡。當
時，漳南書院草創未就，僅有左齋一處，他即為書院釐定規制，一邊
動工營建，一邊率諸弟子習行六藝實學。四月過去，「頗咀學習樂
味」。[11]然而天不從人願，顏元在書院四個月的苦心經營，竟因漳河氾

7　顏元：〈未墜集序〉，《習齋記餘》，卷1。

8　顏元：〈寄桐鄉錢生曉城〉，《習齋記餘》，卷3。

9　李塨：《顏習齋先生年譜》，卷下「五十八歲」條。

10　顏元：〈漳南書院記〉，《習齋記餘》，卷2。

11　顏元：〈漳南書院記〉，《習齋記餘》，卷2。

濫而被洪水無情吞噬。最後只好面對一片汪洋，仰天長歎，告辭返
里。爾後，一則水患益甚，再則年事漸去，雖經郝文燦屢次致書邀
請，終不得再度成行。康熙三十八年，郝文燦隨信寄來契券一張，寫
明：「顏習齋先生生為漳南書院師，沒為書院先師。文燦所贈莊一
所、田五十畝，生為習齋產，沒為習齋遺產。」[12]顏元見信，深為感
動，遂於病中撰成〈漳南書院記〉一篇，聊以記錄自己在書院的教學
活動。文末，仍以一遂初衷為念。但無奈老病相尋，竟齎志而歿。

　　在清初為數不多的書院中，漳南書院個性鮮明，獨樹一幟，頗具
研究價值。在此，我們擬選取與之風格迥異的關中書院試作一些比較。

　　關中書院，始建於明萬曆三十七年（1609年）。天啟初，魏忠賢
矯詔禁燬天下書院，關中書院罹此大厄，一蹶不振。爾後明清更迭，
戰亂頻仍，直到康熙初年，陝西地方當局始有重修關中書院之舉。康
熙五年十月，西安知府葉承祧以重修關中書院，禮聘周至學者李顒主
持講席，為李所拒絕。十二年四月，陝西總督鄂善復修關中書院，虔
誠致聘，李顒再三推辭始就聘。五月，他登壇執講，鄂善並陝西巡撫
阿席熙等各級官員，以及「德紳名賢、進士舉貢、文學子衿之眾，環
階席而侍，聽者幾千人」。[13]繼萬曆間名儒兼名臣馮從吾講學之後，絕
響多年的關中書院講會，為之一振。

　　在關中書院，李顒登壇伊始，便昭示了十條會約、八條學程。對
書院講學的時間、禮儀、次第、方法、內容、目的諸項，以及就學士
子每日的學習課程等，都作了明確規定，而貫徹始終的，就是「講
學」二字。他說：「立人達人，全在講學；移風易俗，全在講學；撥
亂返治，全在講學；旋乾轉坤，全在講學。為上為德，為下為民，莫

---

12 李塨：《顏習齋先生年譜》，卷下「六十五歲」條。
13 惠龍嗣：《二曲歷年紀略》。

不由此。此生人之命脈，宇宙之元氣，不可一日息焉。」[14]關於講學
的內容，李顒說得也很清楚，他說：「先輩講學大儒，品是聖賢，學
是理學，故不妨對人講理學，勸人學聖賢。顒本昏謬庸人，千破萬
綻，擢髮難數。既非卓品，又無實學，冒昧處此，靦顏實甚，終不敢
向同人妄談理學，輕言聖賢。惟願十二時中，念念切己自反，以改過
為入門，自新為實際。」[15]這就是說，他是要借書院講壇來彰明自己
的「悔過自新」學說。

　　同樣是主張為學以經世的實學學者，也同樣是弟子滿門的教育大
師，在對待書院講學這一問題上，顏元與李▨的看法卻是很不一致
的。顏元痛感於明末理學家的空談誤國，所以對徒事講說之風深為鄙
夷。他說：「名為道學，而實屬時文以射名利，吾不敢為也。身承道
統，而徒事講說以廣徒類，吾不欲為也。躬行之而風俗式範，德至焉
而天下云從，吾養之愛之而不能為也。」[16]早在康熙八年，他三十五
歲時所寫的《存學編》中，顏元便明確地提出了應當把習行置於讀講
之上的主張。他指出：「性命之理不可講也，雖講人亦不能聽也，雖
聽人亦不能醒也，雖醒人亦不能行也。所可得而共講之、共醒之、共
行之者，性命之作用，如《詩》、《書》、六藝而已。即《詩》、《書》、
六藝，亦非徒列坐聽講，要惟一講即教習，習至難處來問，方再與
講。講之功有限，習之功無已。」[17]因此他說：「垂意於習之一字，使
為學為教，用力於講讀者一二，加功於習行者八九，則生民幸甚，吾
道幸甚。」[18]

---

14 李顒：《匡時要務》，《二曲集》，卷10。

15 李顒：〈關中書院會約〉，《二曲集》，卷13。

16 鍾錂：〈學人第五〉，《習齋先生言行錄》，卷上。

17 顏元：〈總論諸儒講學〉，《存學編》，卷1。

18 顏元：〈總論諸儒講學〉，《存學編》，卷1。

　　對於李顒的書院講學，顏元毫不掩飾自己所持的批判態度，他指出：「乃脣撫臺尊禮，集多士景從，亦只講書說話而已。何不舉古人三事、三物之經世者，與人習行哉？後儒之口筆，見之非無用，見之是亦無用，此所以吾心益傷也。」[19]翌年，他又專門寫了一篇題為〈論開書院講學〉的短論，對書院講學之風進行抨擊。文中寫道：「觀王文成公傳，正德十三年四月，至贛開書院講學。喟然曰，此一失，程朱、陸王兩派所同也。但一人得志，守司地方，或一人儒名顯著，地方官尊禮，則必建立書院，額其中庭曰講堂。嗟乎，何不曰道院，何不曰學堂，而直以書講名乎！蓋其實不可掩也，亦兩派諸先生迷而不之覺也。」末了，他告誡一時知識界：「今不學，何講哉？學習、躬行、經濟，吾儒本業也。捨此而書云書云，講云講云，宋明之儒也，非唐虞三代之儒也。然則今日者，講之不學，是吾憂矣。」[20]三年之後，就是在這樣的思想指導之下，為以自己的「習行經濟」之學去振頹救弊，顏元以六十二歲之年應聘南下，前往漳南書院主持院事。

　　在漳南書院，顏元抱定「寧粗而實，勿妄而虛」[21]的教育宗旨，將其一貫的學術主張付諸實踐，對整個書院的佈局和教學內容，都作了具體規劃。他擬議中的書院正廳，取名為習講堂，東西兩側各設二齋，東為文事、武備，西為經史、藝能。四齋所學，依次為禮樂書數、天文地理；諸子兵法、射御技擊；十三經、歷代史、誥制、章奏、詩文；水學、火學、工學、象數等。與習講堂及上述四齋南北相向，方是理學、帖括二齋，前者「課靜坐、編著、程朱陸王之學」，後者「課八股舉業」。對此二齋的如此設置，顏元解釋道：「置理學、帖括北向者，見為吾道之敵對，非周孔本學，暫收之以示吾道之廣，

19　李塨：《顏習齋先生年譜》，卷下，「五十八歲」條。
20　顏元：〈論開書院講學〉，《習齋記餘》，卷6。
21　顏元：〈漳南書院記〉，《習齋記餘》，卷2。

且以應時制。俟積習正，取士之法復古，然後空二齋，左處儐價，右宿來學。」[22]隨後，他又為習講堂親筆書寫楹聯：「聊存孔緒勵習行，脫去鄉愿、禪宗、訓詁、帖括之套；恭體天心學經濟，斡旋人才、政事、道統、氣數之機。」[23]

根據上述規制，在漳南書院著手進行土木營建的同時，顏元則率領就學士子於間架粗具的習講堂內，「習禮歌詩，學書計」，「討論兵農，辨商今古」，而且還不時到戶外「舉石、超距、拳擊」。[24]四個月間，書院文武並習，上下一派生機。這同李顒執教的關中書院，簡直不可同日而語。

李顒、顏元在關中和漳南二書院的教學活動表明，李顒的書院教育，走的是繼承明季講學遺風的路。不過，這種繼承又並非一味模仿，對空談理學之風亦進行了積極的修正。顏元較之李顒更具膽識，他擺脫舊規，別闢蹊徑，試圖以自己的「習行經濟」之學去改造書院教育，使之成為講求六藝實學的場所。這種立足現實的開創精神，是十分可貴的。因此，把顏元評價為一個書院教育改革家，恐怕也並不過分。

在書院史上，清初順治、康熙二朝，迄於雍正初的八九十年間，是書院教育由衰而復盛的一個轉變時期。康熙十二年，李顒的重舉關中書院講會，三十五年，顏元的主持漳南書院講席，都從不同的側面，反映了這一時期書院教育的歷史特徵，朦朧地呈現出清初書院教育的演變趨勢。

宋明書院，以講心性之學為特色。但是到了明末，由於社會危機的日益加劇，伴隨著王陽明心學乃至整個宋明理學的瓦解，沉溺心性

---

22 顏元：〈漳南書院記〉，《習齋記餘》，卷2。

23 李塨：《顏習齋先生年譜》，卷下，「六十二歲」條。

24 顏元：〈漳南書院記〉，《習齋記餘》，卷2。

之學，無視國家安危的風尚，已經越來越為知識界所摒棄。入清以後，一方面因空疏學風之受到猛烈抨擊，另一方面文士結社，聚眾結黨又為清廷明令禁止，所以清初的書院教育，就勢必不能一仍宋明舊轍走下去。顏元的執教漳南書院，置理學於「習行經濟」之學的對立面，其原因就在於此。李顒的重舉關中書院講會，之所以曇花一現，薦舉風波固然是其原因之一，然而講會之不能持久，根源顯然要較之深刻得多。

　　顏元稱得上是一個書院教育改革家。面對著書院教育何去何從的抉擇，他斷然撇開講心性之學的書院舊轍，選擇了一條同李顒迥然異趣的辦學新路。他在漳南書院專意提倡「習行經濟」之學，試圖以此造就一批切於世用的人才。這樣的辦學道路，從現實需要出發，繼承了作育人才的書院傳統，立意無疑是積極的。但是不能不看到，由於清初科舉取士制度的迅速恢復，在舉業功名的誘惑和桎梏之下，讀書人要為社會所用，走漳南書院的路又實在有很多難處。因為這樣走下去，無法得到官府的承認，到頭來勢必就會有喪失生計之虞。而且漳南書院所宣導的「討論兵農，辨商今古」，尤為清廷所忌諱，誰又願意以卵擊石？因此，倒不如關中書院的「不得語及官員賢否，及他人得失，不得語及朝廷公事，及邊報聲聞」[25]，更合時宜。這樣一來，清初的書院教育既不能走講心性之學的舊轍，又不能走「習行經濟」的新路，它就只好同化於講求舉業的各級學校。李顒離開關中書院後，講會煙消云散，書院變做官署，「講堂茂草，絃誦闃如，詞章儉陋之夫，挾科舉速化之術，儼然坐皋比，稱大師」[26]，就實在是一個有力的證明。

　　宋代書院初起，為一時學者自由講學之所在，乃是與官辦學校並

---

25 李顒：〈關中書院會約〉，《二曲集》，卷13。
26 陳康祺：〈北學南學關學〉，《郎潛紀聞》初筆，卷8。

存的私學。元代以後，書院雖仍多屬民辦私學，但已經愈益受到官府節制。這種書院官學化的趨勢，在明代大為發展。嘉隆以還，南北蜂起的書院，即多屬官辦性質。清初書院，亦復如此。李顒所主講的關中書院就是一個典型，正如他所說，這所書院是「上臺加意興復」[27]的。所以，不惟書院開講，地方官紳要走走過場，環坐而聽，而且在書院會約中，就明確規定了士子「向各憲三恭」[28]的禮儀。漳南書院則是一個例外，它屬民辦私學。惟其如此，所以它旋起旋落，無力抗禦天災的打擊，營建伊始，便為洪水淹沒。爾後，它再也無法復興，以致成為歷史的陳跡。顏元故世後，他的弟子李塨等人所創闢的習齋學舍，以及其後李塨弟子再建的道傳祠，都屬此類私學。然而也都同樣自生自滅，不能存之久遠。唯獨像關中書院一類的官學化書院，儘管盛衰不一，但是它們畢竟仰仗官府站住了腳跟，而且在乾隆間居然一度大盛。總之，一個舉業化，一個官學化，這就是關中、漳南二書院所顯示的清初書院教育的演變趨勢。

三 李塨對顏學的繼承及背離

顏元去世後，他的學術事業為其弟子李塨所繼承。李塨，字剛主，號恕谷，河北蠡縣人。生於順治十六年（1659年），卒於雍正十一年（1733年），終年七十五歲。自康熙十八年（1679年）起，從學於顏元，時年二十一歲。康熙二十九年舉鄉試，後迭經會試皆未中式。晚年選授通州學政，未及三月，辭官返鄉，著述終老。他一生以張大顏學為己任，為此，北上京城，作幕中州，南遊錢塘，西曆秦晉，廣泛接引學子，遍交當代碩儒，高高地舉起了顏李學派的旗幟。

---

27 李顒：〈關中書院會約〉，《二曲集》，卷13。
28 李顒：〈關中書院會約〉，《二曲集》，卷13。

顏元無意著述，李塨則著述甚富，博及禮樂兵農、經史考證，其最著名者為《大學辨業》、《聖經學規纂》等，短篇雜著以《恕谷後集》結集行世。

　　早年的李塨，是顏元學說的篤信者。還在青年時代師從顏元之初，他即表示：「咫尺習齋，天成我也，不傳其學，是自棄棄天矣。」[29]從此，他恪守顏元之教，亦步亦趨，「不輕與貴交，不輕與富交，不輕乞假」，認為：「紙上之閱歷多，則世事之閱歷少；筆墨之精神多，則經濟之精神少。宋明之亡，此物此志也。」[30]他所經歷的，是一個對顏學原原本本地吸收和消化的過程。在這個過程中，他向顏元學禮，向張而素學琴，向趙思光、郭金城學騎射，向劉見田學數，向彭通學書，向王餘祐學兵法，一派經世實學氣象。顏元南遊，決意以六藝實學的宣導與朱熹學說相抗衡，李塨則作同調之鳴，指出：「古之學一，今之學棼。古之學實，今之學虛。古之學有用，今之學無用。……程朱陸王，非支離於誦讀，即混索於禪宗，學之亡也轉甚。」[31]他一如師門之所倡，拳拳於六藝實學的講求，斷言：「今之虛學可謂盛矣，盛極將衰，則轉而返之實。」[32]康熙四十三年九月，顏元逝世。在舉行葬禮前夕，李塨告慰死者道：「使塨克濟，幸則得時而駕，舉正學於中天，挽斯世於虞夏。即不得志，亦擬周流吸引，鼓吹大道，使人才蔚起，聖道不磨。」[33]後來，他雖然未能獲得「舉正學於中天」的條件，但是卻做到了不遺餘力地為傳播顏學而「周流吸引，鼓吹大道」。在他的周圍，會集起一批顏李學說的崇拜者，諸如王源、惲鶴生等學有所長的南北學者，都成了顏李學說的門徒。當他

29　馮辰等：《李恕谷先生年譜》，卷1，「二十三歲」條。

30　馮辰等：《李恕谷先生年譜》，卷2，「二十九歲」條。

31　馮辰等：《李恕谷先生年譜》，卷2，「三十一歲」條。

32　李塨：〈送黃宗夏南歸序〉，《恕谷後集》，卷1。

33　馮辰等：《李恕谷先生年譜》，卷4，「四十六歲」條。

逝世前，北方的眾多弟子還在蠡縣建起道傳祠，試圖讓顏李學派世代傳衍下去。

然而一個耐人尋味的現象是，李塨逝世後，顏李學說竟戛然不傳。一度興盛的學派，若伏流沉潛於地底，直到晚清，經戴望諸人表彰，始得重放異彩。之所以會形成這樣的局面，其原因是多方面的，既有顏李學派自身的歷史局限，也有客觀條件的不可抗拒的制約。歸納起來，主要是兩個方面，一則有清廷獨尊朱學這樣一個不可逆轉的重要背景，再則也是與清初學術發展內在邏輯的制約分不開的。這一邏輯力量所顯示的巨大作用，在李塨生前已經體現出來，這就是他對顏元學說的背離。

康熙三十四年，李塨應浙江桐鄉知縣郭金湯聘，南遊作幕，時年三十七歲。這次南游，成為他一生為學的重要轉捩點。當時的江南，經學方興未艾，樸實的考據學風正在醞釀。毛奇齡、閻若璩、姚際恒、王復禮、邵廷采等等，究心經籍，專意著述，宛若群葩爭妍。抵達浙江之後，給李塨以經學考據影響的第一人是王復禮。王氏旁徵博引，力斥宋學之非，告訴他：「《太極圖》本道家說，今本《大學》、《孝經》係朱子改竄，晦聖經本旨。程朱陸王皆染於禪。」[34]同年九月，李塨北返。翌年，毛奇齡論《易》諸書寄至，於宋儒《圖》、《書》之說多所攻駁。三十六年，他再度入浙。在當年所寫〈上顏先生書〉中，即接受王、毛等人的學術主張，歷舉宋儒變亂儒學舊章的八條依據，走上了考據學路徑。李塨指出：「宋儒學術之誤，實始周子。周子嘗與僧壽涯、道士陳摶往來，其教二程以尋孔、顏樂處，雖依附儒說，而虛中玩弄，實為二氏潛移而不之覺。」[35]他的結論是：「宋儒於訓詁之外，加一體認性天，遂直居傳道，而於聖道乃南轅而

---

34 馮辰等：《李恕谷先生年譜》，卷2，「三十七歲」條。

35 馮辰等：《李恕谷先生年譜》，卷3，「四十歲」條。

北轍矣。」[36]年末，他專程前往杭州，問樂學於毛奇齡。此後，他師從毛氏，學樂，學《易》，學音韻，辨《周禮》、《古文尚書》真偽，受奇齡經說影響極深。當他四十一歲返鄉時，已經深染江南學者考古窮經之習。這就難怪毛奇齡要引之為同志，贊作「千秋一人」，高呼：「吾學從此興矣！」[37]

在連年的南北學術交流中，李塨既使顏學第一次遠播江南，又兼收並蓄，使之擴充而同經學考據相溝通。在毛奇齡與江南學風的潛移默化之下，他接受了經學考據的綿密方法。把顏學與經學考據溝通的結果，使他不自覺地步入了考據學的門檻，從而改變了顏學的本來面貌。南遊中及稍後一些時間裏，他所陸續撰成的《田賦考辨》、《禘祫考辨》等，就都帶有明顯的考據色彩。在結束南遊前，他還用考據方法，「遍考諸經，以為準的」[38]，完成了自己的成名之作《大學辨業》。此後，李塨講學京城，聲名大起，公卿交口贊之為「學山文海，原原本本，不世之人」。[39]他與旅居北京的江南學者萬斯同、胡渭等頻繁往還，引經據典，講《禮》辨《易》。萬斯同大為讚賞，竟置李塨於考據大師閻若璩和經學家洪嘉植之上，喟歎：「天下惟先生與下走耳，閻百詩、洪去蕪未為多也。」[40]

晚年的李塨，「自知德之將耄，功之不建」[41]，於是「流連三古」，遍注群經。雖然旨在對顏元學說進行理論論證，但實則已經背離顏學而與考據學合流。按照顏元的主張，儒者應以講求「習行經濟」之學為職志，「處也惟習行」，「出也惟經濟」。他說：「古來

36　馮辰等：《李恕谷先生年譜》，卷2，「三十九歲」條。

37　馮辰等：《李恕谷先生年譜》，卷3，「四十歲」條。

38　李塨：〈自序〉，《大學辨業》，卷首。

39　馮辰等：《李恕谷先生年譜》，卷3，「四十三歲」條。

40　馮辰等：《李恕谷先生年譜》，卷3，「四十三歲」條。

41　李塨：〈詩經傳注題辭〉，《恕谷後集》，卷11。

《詩》、《書》，不過習行經濟之譜，但得其路徑，真偽可無問也，即偽亦無妨也。今與之辨書冊之真偽，著述之當否，即使皆真而當，是彼為有弊之程朱，而我為無弊之程朱耳。不幾揭衣而笑裸，抱薪而救火乎？」[42]李塨晚年之所為，顯然遠離了師門之教。關於這一點，正如已故著名史家錢穆教授所論：「習齋之學，得恕谷而大，亦至恕谷而變。」[43]

顏李學風的始同終異，並非李塨蓄意立異師門，乃是風氣所趨，大勢使然。李塨晚年，曾經無可奈何地表示：「顏先生以身任天下萬世之重，卒而寄之我。我未見可寄者，不得已而著之書，以俟後世。」[44]這樣一個嚴酷的事實表明，迄於康熙末葉，清初的經世學風業已終結，經史考據之風的勃興，已非任何個人的意志所能轉移。至於李塨逝世後，方苞為其撰〈李剛主墓誌銘〉，竟宣稱：「以剛主之篤信師學，以餘一言而翻然改」[45]，則杜撰故事，誣及死友，實在不值一駁！

四 王源學行述略

王源，字昆繩，號或庵，直隸順天府大興縣（今北京市）人，生於順治五年（1648年），卒於康熙四十九年（1710年）秋。[46]他早年以擅古文、通兵法著稱，雖立意經世，但作幕南北，「羈窮落拓」[47]，以

---

42 顏元：〈寄桐鄉錢生曉城〉，《習齋記餘》，卷3。

43 錢穆：〈清儒學案序〉。

44 惲鶴生：〈李恕谷先生傳〉，見《李恕谷先生年譜》，卷首。

45 方苞：〈李剛主墓誌銘〉，《方苞集》，卷10。

46 關於王源的生卒月日，迄未見有記載，僅《李恕谷先生年譜》作「昆繩庚寅秋棄世」。

47 戴名世：〈送劉繼莊還洞庭序〉，《戴名世集》（北京市：中華書局，1986年），卷5，頁137。

致垂老而志不得伸。晚年投師顏元，潛心儒學，成為顏李學派的重要傳人。

　　王源的先祖王玉，在明初的靖難之役中陣亡，後明成祖封賞從征將士，恩准子孫世襲錦衣衛指揮僉事。王源父世德，明崇禎間世襲祖職，明亡，避地燕北，後棄家南下，隻身流寓江淮。順治十二年（1655年），王源隨母親及兄潔南下尋父。闔家剛在江蘇寶應團聚，源母即於一年後病逝。從此，「父子兄弟，煢煢三人」[48]，就地僑居下來。當時，流寓寶應的原明河南太康知縣梁以樟，與王世德籍屬同郡，共同的遭遇和志趣使他們在異鄉結為患難之交。燕趙自古多慷慨悲歌之士，梁王二人「喜酒尚義」[49]，每當酒酣，論列古今，仰天嗚咽，多見幽燕烈士遺風。迄於康熙四年（1665年）梁以樟逝世，王源兄弟二人一直師從求學。源兄潔，字汲公，長他十一歲，「潛心理學，窮經史」[50]，尤為梁以樟所喜。而王源年少，無意理學，「獨嗜兵法」[51]老師去世後，他除隨父「任俠言兵」[52]之外，一如童年，「事兄為嚴師」[53]，講習古文。

　　青年時代的王源，「岸異多英氣」[54]，發為文章，縱橫馳騁，無所拘囿。寶應地處大運河畔，水陸交通都很便利，一時南來北往的名士，凡志趣相投，多與源父世德交遊。清初文壇，自錢謙益辭世，魏禧卓然巨擘。王源侍父待客，年未及二十，所寫文章已為魏禧器重。康熙十年（1671年），魏禧北遊揚州，王源專程攜文送請審閱。儘管

48　王源：〈先府君行實〉，《居業堂文集》，卷18。
49　王源：〈梁鷦林先生墓表〉，《居業堂文集》，卷18。
50　王源：〈先兄汲公處士行略〉，《居業堂文集》，卷18。
51　李塨：〈王子傳〉，《恕谷後集》，卷6。
52　方苞：〈四君子傳〉，《方苞集》（上海市：上海古籍出版社，1983年），卷8，頁217。
53　王源：〈先兄汲公處士行略〉，《居業堂文集》，卷18。
54　魏禧：〈信芳齋文敘〉，《魏叔子文集》，卷8。

其中的〈項籍論〉當地文士交口稱譽,但是魏禧卻不予贊許。王源敗
興而歸,返家不久,接魏禧來信,告誡他:「處四達之地,易於交友
閱事,而風氣雜糅,虛美相熏,以之滑性長傲亦不為少。長才人當堅
定以學問,學問在求實地,日見己所不足,則不進於古人不止。」[55]
康熙十六年(1677年),魏禧舊地重遊,王源再度拜謁。同樣是一篇
〈項籍論〉,幾經琢磨,錘鍊得章法不紊,行文老成,遠非六年前氣
象。魏禧欣然命筆作序,獎掖王源文以經世的風尚。序中以東漢初的
開國功臣耿弇和三國名帥周瑜相期許,指出:「吾老矣,而昆繩今不
可為少,彼耿伯昭、周公瑾何人哉!」[56]

當時,三藩之亂,戰火正熾。吳三桂陳兵湖南,妄圖以軍事實力
相要脅,迫使年輕的康熙帝屈從於他割據一方的野心。王源對吳三桂
的軍事舉措嗤之以鼻,他發揮了我國古代兵家「兵貴神速」的傳統主
張,認為:「兵至大捷之後,所恃者勢也,非力也。乘勢貴速,稍緩
則勢衰,勢衰則敵之人心定而守固。吾之氣竭,以戰則不利,情見勢
屈,反受其敗矣。」[57]因此在他看來,吳三桂一鼓作氣,長驅中原,
才是用兵的上策;順長江東下,控制南京,據有富庶的江南,尚屬中
策。然而吳三桂卻棄上、中二策不用,「徘徊荊襄,延日引月」,恰恰
犯了兵家大忌。於是王源斷言:「駑馬戀棧,安知遠圖,必無事
矣。」[58]康熙二十年(1681年),三藩亂平。

康熙二十四年(1685年),王源離開江南,返回闊別三十年的故
鄉。隨著歲月的流逝,昔日世襲錦衣衛指揮僉事的宅第,早已物換星
移。為了尋覓一個棲身的去處,王源抵京後,即把他父親據親身見聞

---

55 魏禧:〈與王汲公昆繩〉,《魏叔子文集》,卷7。

56 魏禧:〈信芳齋文敘〉,《魏叔子文集》,卷8。

57 王源:〈賈詡論〉,《居業堂文集》,卷9。

58 李塨:〈王子傳〉,《恕谷後集》,卷6。

所撰《崇禎遺錄》一卷送呈明史館。這時，天下名士薈萃京城，共修
《明史》，朝廷大吏附庸風雅，競相延攬文士於各自幕署。江南名士
如萬斯同、閻若璩、胡渭、顧祖禹、劉獻廷等，都以幕客受聘於主持
編纂《明史》的徐幹學、徐元文兄弟。王源也以自己的文學才能，躋
身於徐元文幕，從此開始了他後半生的幕客生涯。

作幕京中，倏爾四易寒暑。四年來，王源與幕友劉獻廷結為莫逆
之交。他們時常在一起討論「兵法、文章、典制，古今興亡之故」，
二人之間「意見之同，猶聲赴響」。[59]二十八年（1689年），徐幹學招
權納賄，為副都御史許三禮彈劾，疏請還鄉。翌年春，徐幹學離京，
幕客紛紛偕同南下。隨後，徐元文因乾學事牽連，相繼去官回鄉。當
初，劉獻廷曾利用在幕署供職的便利，購求遺書，抄錄史料，打算約
請萬斯同、王源和另一幕友戴名世結伴南歸，「為一代之業」。[60]後因
財力不濟，劉獻廷孤身南歸，王源等人依然留京作幕覓食。[61]

王源雖身為幕客，被迫周旋於高官顯貴之間，但他卻不甘寄人籬
下，更不願阿諛權貴，仰人鼻息。他服膺莊周和司馬遷恢奇不拘的文
章風格，景仰諸葛亮、郭子儀、李綱、李晟、於謙、王守仁等名垂史
冊的功業。在與幕友方苞、姜宸英論及立身旨趣時，他表示：「經緯
如諸葛武侯、李伯紀、王伯安，功業如郭汾陽、李西平、于忠肅，文
章如蒙莊、司馬子長，庶幾似之。」[62]然而，在嚴酷的現實中，王源

59　李塨：〈王子傳〉、〈劉處士墓表〉，《恕谷後集》，卷6、卷18。

60　劉坊：〈萬季野先生行狀〉，見萬斯同《石園文集》卷首。

61　關於王源在康熙二十九年前後的經歷，《清史稿》卷480王源本傳稱：「崑山徐幹學
開書局於洞庭山，招致天下名士，源與焉。」此說有誤。據《居業堂文集》卷13
〈南遊日記序〉、卷18〈先兄汲公處士行略〉及方苞〈四君子傳〉等文載，康熙二
十九、三十年間，王源一直在北京，未隨徐幹學南歸。《清史稿》當是將參加洞庭
山修書的王原誤作王源。

62　王兆符：〈望溪先生文集序〉，見《方苞集》（上海市：上海古籍出版社，1983年），
卷末，〈附錄〉。

的志向屢屢碰壁。由於志不得伸，惆悵滿懷，他只好借酒排憂。每當大醉之後，一腔怨憤噴然湧出，或譏諷揶揄，或痛斥怒罵，富家貴人無不為他所糞土。這樣一來，雖痛快一時，但卻更加「與世參商」[63]，幕主表面上禮重他，暗地裏卻擯斥不用。

為了擺脫困境，王源試圖從科舉入仕中去尋求出路。三十二年（1693年）秋，他在順天鄉試中一舉成功，考中第四名。這時，他已經四十六歲了。但是，事情很不順利，繼他的兄嫂故世之後，這年冬天，移居天津不久的父親又溘然長逝。清承明制，居父母喪的舉人不能參加會試。這樣，他便失去了在來年會試中進行角逐的機會。[64]迫於生計，在天津料理完喪事後，他又告別妻子兒女，南下江西，西入關中，北上京城，風塵僕僕，幕游四方。對這樣的際遇，他百思而不得其解，只好歸結為命運的擺佈。他在此時致友人閻若璩的信中喟歎：「弟之不幸，不過欲數椽容膝，百畝供餐，足以閉戶而無求，便可成其稽誦著述之志，乃謀之三十餘年，終如河清難俟，豈非命邪！」[65]

三十九年（1700年）春，王源再次作了進入仕途的搏擊，結果又因會試落第而被拒於門外。正當歧路徬徨，「生計茫然」[66]之際，他認識了河北蠡縣來京會試的學者李塨。李塨是河北著名學者顏元的弟子，以所著《大學辨業》闡述和發揮師說，從而形成獨樹一幟的學派。這一學派反對理學家的性理空談，講求「實習」、「實行」、「實

---

63 方苞：〈四君子傳〉，《方苞集》（上海市：上海古籍出版社，1983年），卷8，頁217。
64 對於王源有否參加會試一事，《清史稿》王源本傳持否定態度，記作：「或勸更應禮部試，謝曰：『吾寄焉為謀生計，使無詬厲已耳。』」此說係據方苞《四君子傳》隨意引申，與事實不符。據《居業堂文集》卷7〈與戴田有書〉、卷8〈與方靈皋〉載，康熙三十九年、四十二年，他都參加了會試，四十二年落第後，始有絕意會試的打算。又據李塨《王子傳》載，直到康熙四十八年，即王源逝世前一年，他才謝絕會試。
65 王源：〈與閻百詩書〉，《居業堂文集》，卷7。
66 王源：〈與戴田有書〉，《居業堂文集》，卷7。

用」的六藝實學，主張「程朱之道不熄，周孔之道不著」。[67]顏李學說反正統的批判色彩，激起王源的共鳴，使他同李塨一見如故。經過幾個月的頻繁接觸，在仔細閱讀《大學辨業》之後，他確認顏李學說「直接周、孔」[68]，決意師從顏元。這年冬天的一個夜晚，王源與李塨在京同榻就寢，已經夜闌人靜，他卻久久不能入睡。拂曉前，忽然他把熟睡的李塨喚醒，激動地傾訴：「吾知所歸矣。吾自負有用古文必傳世，然躬際太平，弢鈐安事？文辭終屬枝葉，非所以安身立命也。倩君償予執贄習齋。」[69]當時，正好順天府尹錢晉興辦大興、宛平義學各一所，聘請王源主持大興義學講席，拜師的事暫時擱置下來。翌年春，宛平義學停辦，就讀士子盡行轉往大興義學。由於學生增多，書舍難以容納，經與義學所在地洪莊的主人商定，同意借地營建順天書院。王源親為操持，當年七月動工，五個月後，書院落成。康熙帝還親筆題寫了「廣育群才」四個大字。按照王源的構想，書院將作為實踐顏元學說的場所，試圖引導學生由「學古聖經」入手，進而講求經世實學，使它成為「造就人才之權輿，而推其意於天下」。[70]書院建成伊始，嚴酷的現實對王源的努力作了無情否定。由於在書院用地上出現爭議，內大臣明珠出面干預，藉口要聘用王源到幕署供職，強行對書院進行釜底抽薪。王源憤然離去，順天書院僅曇花一現。

　　順天書院的倒閉，並未動搖王源追求顏元學說的決心。四十二年（1703年）六月，他專程來到河北博野，經李塨介紹，向顏元正式拜師求學。顏元見他已五十六歲，無意再收為弟子，後經再三懇請，顏元便發問：「聞子知兵，其要云何？」王源答道：「源何足知兵要，但

---

67 顏元：〈未墜集序〉，《習齋記餘》，卷1。
68 馮辰：《李恕谷先生年譜》，卷3，「四十二歲」條。
69 李塨：〈王子傳〉，《恕谷後集》，卷6。
70 王源：〈順天書院記〉，《居業堂文集》，卷19。

以為不過奇正而已。」顏元再問：「假以烏合數千使子治之，何法為先？」王源又答：「莫先束伍。」顏元欣喜異常，隨即受了拜師禮，並告誡王源：「自今一洗詩文之習，實力聖學，斯道斯民之幸也。」[71]從這以後，王源以傳播顏學為己任，棄絕會試，潛心儒學，揭開了他人生途程中的最後一頁。

對於當時理學界有關朱熹、王守仁學說的是非之爭，王源評價道：「近日考亭、陽明兩派，分持門戶，相爭如水火。竊疑君子亦仁而已矣，何必同然！程朱之篤學操修雖可法，而迂闊實不足以有為；陽明之經濟雖無慚於道德，而學入於禪，未免天下訴病。」他指出，李塨的《大學辨業》，「盡闢兩家，直追孔孟」；而顏元的《存學編》，更是「說透後儒之弊，直傳堯、舜、周、孔之真」。因此王源認為，只有顏李學說才是應當大力提倡的「聖學」。[72]為此，他還給幕友方苞寫了一封長信，詳盡地闡述了顏李學說的基本主張，希望方苞並勸說戴名世作「同聲相應」。針對方、戴二人傾向朱學的態度，王源在信中指出：「程、朱之學，源亦有所未盡服。其德行醇矣，學正矣，然高談性命而不能有經緯天地之才。……靜坐觀道，非禪而何哉！又何怪其門人之入於禪，又何以獨訾陽明之為禪哉！」他的結論是：「顏先生所以不可不歸，而剛主之書不可不虛心讀之，專力求之，反覆觀之，精詳體之。而不得以世儒之成說自畫，俗人之門戶相持也。」[73]後來，王源又親赴南京，在方苞寓所中，兩人間展開了激烈的舌戰。臨別，他歎息道：「子終守迷，吾從此逝矣。使百世以下聰明傑魁之士，沉溺於無用之學而不返，是即程、朱之罪也。」[74]

71 李塨：《顏習齋先生年譜》，卷下，「六十九歲」條。
72 王源：〈與婿梁仙來書〉，《居業堂文集》，卷8。
73 王源：〈與方靈皋〉，《居業堂文集》，卷8。
74 方苞：〈李剛主墓誌銘〉，《方苞集》，卷10。

　　以康熙四十六年（1707年）《平書》的竣稿為標誌，王源完成了晚年由豪傑、文士向儒者的轉變。這年春天，他攜帶《平書》手稿由北京抵達河北蠡縣，送請摯友李塨審定。《平書》分為三卷十篇，就與國計民生攸關的眾多問題，諸如建官、取士、制田、武備、財用等，進行了集中探討。王源認為：「法至明而弊已極，尚可塗飾朽敝以為安哉？非盡毀其故而別為構，不可以為居；非盡棄其舊而別為規，不可以為治。」由此出發，他試圖確立新的法度，「使民生遂，人才出，官方理，國日富，兵日強」。因此他直截了當地指出：「《平書》者，平天下之書也。」[75]兩年後，王源應淮安知府姚陶的聘請，攜家南下。在淮安幕署，他寫下了自己的辭世作品《讀易通言》。全書五卷，旨在駁斥朱熹《周易本義》引為依據的八卦「先天說」。王源指出，從陳搏到朱熹的「先天說」，「亂經蔑聖，誤後學以至於今，數百年群然不知其為偽佛之賊吾道也」。[76]書成後，他於同年冬寫信給李塨，重申顏元「程朱之道不熄，周孔之道不著」的主張，表示了對朱熹《易》說不妥協的批判態度。他說：「朱紫陽為陳、邵所惑，滿腹先天學問，公然尊異端而倍孔子，闡邪說而亂聖經。……就《易》以論，伊川縱有不合，猶依傍孔子而為言，未嘗敢將孔子之言闚倒，而別立一說以駕乎其上如朱氏也。」[77]

　　王源一生，豪邁不拘，「磊落英傑」，[78]數十年的作幕四方，歷盡風霜，心力交瘁。到他晚年客居淮安時，雖然老驥伏櫪，雄心猶在，但是無奈積勞成疾，友人李塨就《讀易通言》的覆信尚滯郵筒，他卻已在默默地期待中齎志而歿。康熙五十年（1711年），戴名世因撰

75　王源：〈平書序〉，《居業堂文集》，卷12。
76　王源：〈讀易通言序〉，《居業堂文集》，卷12。
77　王源：〈與李恕谷書〉，見馮辰《李恕谷先生年譜》，卷4，「五十二歲」條。
78　萬斯同：〈王中齋先生八旬壽序〉，《石園文集》，卷7。

《南山集》、《孑遺錄》觸犯清廷忌諱下獄。王源生前，由於曾經為《孑遺錄》作序，案情審理中因而受到牽連。後刑部結案時，以「已經物故，毋庸議」而幸免於禍。[79]雍正七年（1729年），李塨在河北蠡縣建成道傳祠，為表彰王源對顏李學說的傳播，特於顏元神位前傍，「設王昆繩先生神位配享」。[80]王源一生所著，除《平書》、《讀易通言》外，尚有《兵法要略》、《輿圖指掌》、《前籌一得錄》、《郃陽縣志》等。由於他故世後無人整理收集，大多散佚。其中，《平書》幸為李塨以《平書訂》刊行而得以保存。至於今天還能見到的《居業堂文集》，則是道光間王源孫女的曾孫管繩萊所輯，一則代遠年湮，再則囿於聞見，王源生前的若干詩文、書劄等，因散見於他人文集、年譜而未予輯錄。此外，由於王源子兆符在康熙六十年（1721年）中進士後，旋即病故絕嗣，迄今也未見有人纂輯王源年譜。

---

79 佚名：〈記桐城方戴兩家書案〉，見《戴名世集》，卷末，〈附錄〉。
80 劉調贊：〈道傳祠記〉，見《李恕谷先生年譜》，卷5，「七十一歲」條。

第八章
范鄗鼎與《理學備考》

　　二十世紀三〇年代，徐世昌主持編纂《清儒學案》，以山西理學名儒范鄗鼎列於該書卷二十八，題名《婁山學案》。徐氏謂：「三晉理學，最稱敬軒，復元辛氏，實衍其緒。婁山祖父，皆游辛門，淵源既有所自，復能顓精一意，講學不倦，巍然為清代山右儒宗。《理學備考》一書，亦夏峰《宗傳》之亞也。述《婁山學案》。」[1]徐氏以范鄗鼎彪西為清代山右儒學開派宗師，名副其實，洵稱公論。以下，謹將范先生學行及三種《理學備考》大要稍事梳理，敬請方家大雅賜教。

一　范鄗鼎學行述略

　　范鄗鼎，字漢銘，號彪西，學者稱婁山先生，山西洪洞人。生於明天啟六年（1626年），卒於清康熙四十四年（1705年），享年八十歲。

　　山右為理學之邦。明初，薛瑄倡朱子學於河東，影響有明一代理學甚鉅。明末，辛全崛起晉中，近承薛瑄，遠紹朱子，以所著《養心錄》作育一方人才。鄗鼎祖弘嗣，字竹溪，父芸茂，字丹虹，俱及辛氏之門受學，理學傳家，祖孫接武。芸茂孝友誠篤，尤能力行辛氏所教執敬之學，明亡不出，卒於家。鄗鼎自幼秉承庭訓，服膺辛氏學說，步趨父祖，讀《毛詩》，好《左傳》，兼擅五經。順治二年（1645年），以五經應試，翌年即名列副榜。八年（1651年），舉鄉試。十八

1　徐世昌：〈婁山學案〉，《清儒學案》，卷28。

年（1661年）春，在京應禮部試，本已中式，未待放榜，「抱病先歸」。[2]康熙六年（1667年），成進士。十三年（1674年），以母老奏請終養，奉旨允行，從此養母不仕。

郡鼎蟄居鄉里，閉戶不入城市，唯承父祖遺志，留意鄉邦文獻，輯刻嘉言懿行。早在順治十二年（1655年），郡鼎讀其祖所輯《三晉正學編》，即已漸悟：「人不為理學，將為何如人？文不為理學，將為何如文？」於是由辛氏學入門，進而究心濂、洛、關、閩諸先生學，「知淡八股而嗜理學」，「知主河津而輔餘姚」。[3]終養之後，先以五經書院，繼建希賢書院，設講堂，置學田，聚徒講學，課徒授業，「合舉業、理學而一之」[4]，以轉移一方風氣。

自康熙十四年（1675年）起，郡鼎振興一方儒學的努力引起山西地方當局重視。十七年，清廷詔舉博學鴻儒，郡鼎因之列名薦牘。他以終養為由，堅不就徵，三上呈詞重申「既列終養，不宜出仕」，斷不可「破終養之例，行欺罔之私」，以「鼎一人而玷國典」。[5]一時儒林，取郡鼎與陝西李顒、江西魏禧、浙江應撝謙並稱，有「商山四皓」之比。

康熙十七年（1678年）以後，為表示對清廷崇儒重道國策的擁戴，順應開館纂修《明史》的需要，郡鼎開始編撰《明儒理學備考》，以表彰明代理學諸儒學行。訖於康熙四十年（1701年），主要精力多用於《明儒理學備考》、《廣明儒理學備考》的纂輯之中。二書告成，自康熙四十一年（1702年）起，又致力清初理學諸儒學行的表彰。其間，輯刻鄉邦賢哲著述，董理大儒嘉言懿行，始終如一。據康

2　范郡鼎：〈四書反身錄序〉，《五經堂文集》，卷2。
3　范郡鼎：〈李禮山達天祿序〉，《五經堂文集》，卷2。
4　范郡鼎：〈壽平陽石太守序〉，《五經堂文集》，卷2。
5　范郡鼎：〈辭薦舉呈詞〉，《五經堂文集》，卷1。

熙三十八年（1699年）夏《五經堂既刻書目》記，截至是年，鄗鼎輯刻圖書計有《御製勸善要言》、《三晉語錄》、《重訂晉國垂棘》、《三晉詩選》、《薛文清讀書全錄》、《辛復元四書說》等，凡三十餘種，數以百卷之多。

康熙四十二年（1703年），聖祖西巡，在洪洞召見鄗鼎。鄗鼎進呈《明儒理學備考》、《廣明儒理學備考》，並奏正結撰《國朝理學備考》，行將刻竣。聖祖為之欣然，賜手書「山林云鶴」四大字。年屆耄耋，抱病著述，最終將鄗鼎晚年心血耗盡。康熙四十三年（1704年）歲杪，補輯《國朝理學備考》費密學行資料擱筆，即於翌年溘然長逝。

鄗鼎一生，以振興三晉儒學為職志，不別宗派，為光大理學，鞠躬盡瘁。故世之後，門人私諡文介先生，從祀鄉賢。所著序記、書劄、傳狀等，輯為《五經堂文集》刊行。《明儒理學備考》、《廣明儒理學備考》及《國朝理學備考》，流傳有清一代，至今猶為董理理學史者所重。

二　兩部《明儒理學備考》

鄗鼎著《明儒理學備考》，肇始於康熙十七年（1678年）正月。關於是書之撰述緣起，卷端〈凡例〉首條言之甚明：「聞喜朱小晉（諱裴）先生，序小刻《紀略》曰：『予向在臺中上封事，有請修《明史》一疏，奉有俞旨。同官顧西巇先生，有請增從祀一疏，部覆可其議。』鼎觀近日，又有命禮臣刊《性理大全》之典，有纂修《孝經》之典，私喜昭代崇儒重道，留心理學，非一日矣。」[6]綜觀此條

6　范鄗鼎：〈凡例〉第1條，《明儒理學備考》，卷首。

所言，鄠鼎修書之舉，緣由主要有三：一是廷臣開館纂修《明史》的呼聲，二是朝中新增從祀大儒之議，三是清廷崇儒重道、留心理學決策日趨明朗。

緣起既明，如何將撰述宗旨付諸實施，便成一關鍵問題。在這個問題上，鄠鼎有一始終恪守的信念，即「學問只怕差，不怕異」。[7]也就是說，學問只怕背離正道，出現偏差，而不怕存在認識的不同。具體到有明一代從祀孔廟的四大儒而言，鄠鼎認為，薛瑄、胡居仁之學為一類，王守仁、陳獻章之學為另一類。若再加細分，則四家之學皆可各為一類。然而儘管路數不同，卻未可軒輊，四家實是相輔相成。鄠鼎的結論是：「薛、胡之學，參以王、陳而薛、胡明；而王、陳之學，亦因薛、胡而益明也。」[8]秉持此一宗旨，鄠鼎於明清之際諸多理學史著述的偏頗提出批評，指出：「近人匯輯理學，必曰孰為甲，孰為乙，孰為宗派，孰為支流，孰為正統，孰為閏位。平心自揣，果能去取皆當乎？多見其不知量也。」[9]因此，《明儒理學備考》一反其道，「書名《備考》，待人以恕」，「不敢云宗，聊以備考焉耳」。[10]

由康熙十七年（1678年）正月始撰，至十九年（1680年）十月第二篇序文脫稿，《明儒理學備考》初步編成。二十年（1681年），是書首次付梓。書凡十六卷，卷一至卷六係輯錄辛全《理學名臣錄》而成，卷七至卷十則為孫奇逢《理學宗傳》之傳記摘編，卷十一至卷十六乃鄠鼎本辛、孫二家意，博採諸家傳記所做續補。據著者自述，所徵引諸書依次為《聖朝名世考》、《明名臣言行錄》、《仕國人文》、《道學正統》、《道學羽翼》、《聖學宗傳》、《京省人物志》及諸家文集等。

7　范鄠鼎：〈序〉，《明儒理學備考》，卷首。

8　范鄠鼎：〈序〉，《明儒理學備考》，卷首。

9　范鄠鼎：〈又序〉，《明儒理學備考》，卷首。

10　范鄠鼎：〈凡例〉第5、6條，《明儒理學備考》。

　　康熙二十八年（1689年）春，鄗鼎得熊賜履著《學統》、張夏著《雒閩源流錄》，復取二家所錄理學諸儒傳記，將《明儒理學備考》增補為二十卷。二十九年（1690年）冬，黃宗羲弟子仇兆鰲，將黃著《明儒學案》總目寄鄗鼎。三十三年（1694年）二月，兆鰲復遣專人送新刻《明儒學案》至洪洞。於是鄗鼎再取張、黃二書，續輯《明儒理學備考》為三十四卷。至此，該書終成定本。

　　《廣明儒理學備考》為《明儒理學備考》之姊妹篇。《備考》係明代理學諸儒傳記彙編，以人存學，《廣備考》則專輯諸家語錄、詩文，以言見人，先行後言，相得益彰。兩書的關係，《備考》卷首〈凡例〉有專條說明，鄗鼎謂：「辛集止載本傳，不載語錄。孫集於本傳之後，有語錄者，或載十餘節，或數十餘節，言行俱存，誠為完書。余於語錄盡刪，竊取吾夫子躬行心得之意。或曰，六經皆聖賢之言，此說何居？余曰，續有《廣理學備考》一書，皆聖賢之言也。在後世視聖賢，非言莫傳，而聖賢在當日，先行為急。余所以分本傳與語錄而二之也，善讀者自能一貫。」[11]可見《明儒理學備考》結撰之初，著者即有纂修《廣明儒理學備考》的計劃。

　　康熙十九年（1680年）十月，《明儒理學備考》初成，鄗鼎便著手《廣明儒理學備考》的結撰。至二十三年（1684年）九月，《廣明儒理學備考》初編告竣，著者於〈凡例〉首條重申：「前刻《理學備考》，有傳者止錄一傳，無傳者節取序志，其於嘉言善行，尚多掛漏。餘下愚終未得門而入也，此廣之不容已也。且前刻綱也，茲刻目也，前刻經也，茲刻緯也，合而讀之，理學之事備矣。」[12]

　　一如《備考》，《廣備考》亦以薛、胡、王、陳四家冠於書首，領袖群儒。凡於著錄諸家，不分門戶，無意軒輊，旨在一致百慮，殊途

<hr>

11 范鄗鼎：〈凡例〉第11條，《明儒理學備考》。
12 范鄗鼎：〈凡例〉第1條，《廣明儒理學備考》，卷首。

同歸。鄗鼎於此有云:「易有太極,是生兩儀。一陰一陽,一柔一剛,一動一靜,一語一默,處處皆有,物物皆然,何獨至於理學而疑之?他不具論,宋有考亭,即有象山,明有薛、胡,即有王、陳。鹿伯順解由堯舜至湯一章,有曰:『見知都得兩人,政為怕拘一人之見,或見不全也。……人知朱、陸之不同也,而不知朱、陸未嘗不同。』鹿公之言如此。生安勉強,殊途同歸,德行文章,百慮一致,我思鹿公,實獲我心。」[13]

《廣明儒理學備考》的結撰,「見一集乃廣一人」[14],續得續刻,多歷年所。康熙二十七年(1688年)正月,重訂再刻。三十一年(1692年)九月,三訂三刻。爾後再經增補,於三十三年(1694年)夏,終成四十八卷完書,著錄一代理學諸儒凡八十家。

三 關於《國朝理學備考》

鄗鼎一生精力,幾乎皆在兩部《明儒理學備考》的纂輯之中,用力勤苦,用心深遠。然而於當朝理學,其態度若何?康熙二十九年(1690年)二月,同年廷臣許三禮有書自京中來,稱道鄗鼎董理有明一代理學之功。鄗鼎欣然復書云:「蕪刻兩《備考》,原不欲使一代正學湮沒。今史館纂修《明史》,其中自有文章鉅公,弟固不敢望其項背。然論三十餘年搜求之苦,刊刻之費,性情在此,寤寐在此者,弟亦不敢多讓也。」書末且告三禮,擬於日後將許氏《政學合一》諸書錄入「本朝理學」。[15]其實早在之前四年,前輩重臣魏象樞來信,即已詢及「本朝之講理學有著作者」,準備如何處理的問題。鄗鼎就此答

---

13 范鄗鼎:〈凡例〉第5條,《廣明儒理學備考》,卷首。

14 范鄗鼎:〈凡例〉第7條,《廣明儒理學備考》,卷首。

15 范鄗鼎:〈與范彪西書四〉附答書,見《國朝理學備考》〈許三禮卷〉。

云：「本朝理學，有志未逮，俟明儒草草就緒，然後可漸舉也。」[16]可見，在致力表彰明代理學諸儒學行的過程中，鄗鼎已對當朝理學的梳理有過考慮。

康熙三十三年（1694年），兩部《明儒理學備考》最終完成。適逢是年清聖祖以《理學真偽論》為題，在瀛臺考試翰林院眾臣。試畢，命大學士張英傳旨：「你們做《理學論》，哪知江南總督于成龍是個真理學。」又明示諸臣：「理學原是躬行實踐。」[17]鄗鼎得悉此一重要消息，至為鼓舞。因為一則康熙二十五年（1686年）秋，他曾就于成龍入祀太原三立祠一事，數度呈書山西地方當局，且於翌年喜獲如願。再則兩部《明儒理學備考》的刊行，根本宗旨與三立祠立德、立功、立言之意，名異而實同。第三是在康熙二十五年（1686年）七月，於答魏象樞書中，闡述過如下理學觀：「小刻《廣理學》，仍以理學為主。竊謂理學二字，必得文章、事功、節義，而學始實，而理始著，始可見之行事，而非托之空言矣。」[18]因此，鄗鼎「私喜腐儒迂見，不悖於聖訓如此」。[19]

於是經過數年的搜集資料，遂於康熙四十一年（1702年）秋，開始《國朝理學備考》的纂修。

《國朝理學備考》為鄗鼎晚年的重大編纂勞作。一如前刻兩部《明儒理學備考》，著者開宗明義，即揭出本書之撰述宗旨：一是「愚論理學，但以躬行為主，非此族也，不列集中」；二是「論學歸

---

16 范鄗鼎：〈與范彪西書四〉附答書，見《國朝理學備考》〈許三禮卷〉；〈又與范彪西書〉附答書，見《國朝理學備考》〈魏象樞卷〉。

17 范鄗鼎：〈與范彪西書四〉附答書，見《國朝理學備考》〈許三禮卷〉之〈自序〉卷首。

18 范鄗鼎：〈與范彪西書四〉附答書，見《國朝理學備考》〈許三禮卷〉；〈又與范彪西書〉附答書，見《國朝理學備考》〈魏象樞卷〉。

19 范鄗鼎：〈與范彪西書四〉附答書，見《國朝理學備考》〈許三禮卷〉之〈自序〉卷首。

宗,論學歸善也,雖謂前後三《備考》,同一迂見可也」;三是「但有一言一行,一念一事,合天理、順人情者,即登於冊」;四是「予之為《備考》也,內而自考,外而考人,既望之入《備考》者,並望之讀《備考》者」;五是「隨得隨錄,意無軒輊」。[20]

全書所錄凡二十六家,依次為許三禮、熊賜履、陸隴其、黨成、湯斌、魏象樞、于成龍、李顒、李生光、劉芳喆、王士禎、李鎧、曹續祖、王端、趙侶臺、費密、施閏章、陶世徵、繆彤、嚴珏、趙士麟、彭瓏、施璜、吳肅公、汪祐、竇克勤。書不分卷,一人一編,若人自為卷,則可視作二十六卷。各編文字多寡不一,最多者為熊賜履,凡二冊,可視作上下兩卷,最少則趙侶臺,僅語錄數條,寥寥兩頁。

是書編纂體例,與前二《備考》略異,係合著錄理學諸儒言行為一。所錄各家,有已定、未定之別。何謂已定、未定?鄙鼎於卷首〈凡例〉釋云:「昔刻兩種《明儒備考》,愚意既見〈凡例〉中。茲刻愚意同前,而小異者,有已定、未定之別。於已定者,或行狀,或志傳,或節取名篇,或妄自杜撰,謹成一篇,而並錄其著作。此其同也。於未定者,或臺閣奏疏,或山林撰述,或詩歌語錄,或論序書束,或長篇,或短剳,總錄其著作,而狀傳姑俟之他日。此其異也。」[21]若于成龍、魏象樞、陸隴其、湯斌、許三禮諸家,即屬作古論定者。其它各家,或人尚健在,或所錄資料不全,則多屬未定。

凡所著錄諸儒,大體先為生平簡歷,並附鄙鼎按語,隨後則是學術資料彙編。所錄資料凡分四類,一為語錄,二為文集,三為詩詞,四為諸儒評論。

---

20 范鄙鼎:〈與范彪西書四〉附答書,見《國朝理學備考》〈許三禮卷〉之〈凡例〉卷首。

21 范鄙鼎:〈與范彪西書四〉附答書,見《國朝理學備考》〈許三禮卷〉之〈凡例〉第1條。

　　鄗鼎將《國朝理學備考》付梓，已屆七十七高齡。雖抱病山中，潛心編纂，無奈風燭殘年，不堪重荷，未待全書編成，即告齎志而歿。因此，《國朝理學備考》實為鄗鼎未完之書，故而字裏行間，每每可見其子翮所作續補。也惟其如此，全書所錄各家，未及以年輩先後為序，頗多參差不齊。與前刻兩《備考》不同，前二書流播有年，已成定本，朝野名儒序跋，比肩接踵，同調共鳴。此書則匆匆問世，璞玉待琢，除卷首〈自序〉、〈凡例〉之外，別無其它序跋。儘管如此，因為書中所錄均繫得自各家近刻，或手自抄錄，多具文獻價值。尤其是諸儒與著者往還之若干書劄，多涉一時學術消息，於知人論世彌足珍貴。他如諸家傳狀之輯錄，見聞真切，亦可補官修史書之闕略。因此，考論清初理學，鄗鼎所著依然不失其學術價值。

中編
乾嘉學派與乾嘉學術

第九章
思想史與社會史相結合的典範

　　侯外廬先生是我國思想史、社會史學科的傑出奠基人，創闢路徑，作育人才，為我國二十世紀歷史學的發展，作出了巨大的貢獻。二○○三年，欣逢先生百年冥誕，謹以平日讀《中國思想通史》之所得，就先生論究乾嘉漢學的若干意見，試作一個梳理。藉以緬懷先生之卓著業績，並求教於各位同好。

一　對十八世紀中國社會基本狀況的認識

　　在中國思想史研究中，將思想史與社會史相結合，是《中國思想通史》一以貫之的基本為學方法論。外廬先生於此指出：「如大家所週知的，思想史係以社會史為基礎而遞變其形態。因此，思想史上的疑難，就不能由思想的本身運動裏求得解決，而只有從社會的歷史發展裏來抉別其秘密。」[1]惟其如此，外廬先生論究乾嘉漢學，首先提出並加以解決的問題，就是對十八世紀中國社會基本狀況的認識。

　　外廬先生從經濟狀況和階級關係的剖析入手，認為從十六世紀中葉以後，中國封建社會開始了它的解體過程。這是一個蹣跚而痛苦的過程。先生以一個傑出史家的卓然睿識，準確地把握住了這一過程的基本歷史特徵，他說：「從十六世紀以來，中國的歷史沒有如歐洲那樣走向資本主義社會，這並不等於說中國封建社會沒有解體過程，沒

1　侯外廬：《中國思想通史》（北京市：人民出版社，1957年），第1，頁28。

有資本主義的形成過程。關鍵在於，既在封建社會的母胎內產生了資本主義的萌芽形態，又在發展過程中未能走進近代的資本主義世界。這即是如馬克思說的，既為舊的所苦，又為新的發展不足所苦，死的抓住活的（原注：參看《資本論》序言）。資本主義要排斥身份性的人格依附，然而封建主義的頑固傳統又要維持這樣的人格依附。這就是問題，這就是矛盾。」[2]「死的抓住活的」，這樣一個明白曉暢的歸納，在我們觀察十六世紀中葉以降的中國社會時，是不可忘記的經典意見。

當歷史演進到十七世紀中葉，由於明清更迭所釀成的社會動盪，使中國社會一度出現民族矛盾激化的局面。然而封建王朝的更迭，並沒有也不可能改變中國古代社會的蹣跚步履。外廬先生認為：「自然，如恩格斯在《反杜林論》〈暴力論〉中所指出的，落後民族的統治，經過一定時期，也不得不按照被征服的民族的先進經濟狀況，尋求適應的步驟，甚至改變了自己民族的語言，以求適應客觀的歷史條件。康熙以後的中國經濟情況，就呈現出復蘇以至某些發展的跡象。」[3]正是以對明清之際我國國情的準確把握為出發點，外廬先生展開了關於十八世紀中國社會狀況的研究。

在《中國思想通史》第五卷中，外廬先生闢出專節，對十八世紀的中國社會進行論證，提出了如下三個方面的基本認識。

第一，要正確認識文明較低民族對文明較高民族統治的歷史。外廬先生指出：清王朝統治中國的歷史是文明較低級的民族對文明較高級的民族統治的歷史。馬克思說：「——野蠻的征服者，按照一條永恆的歷史規律，本身被他們所征服的臣民的較高文明所征服。」[4]恩

2　侯外廬：《中國思想通史》（北京市：人民出版社，1957年），卷5，頁16。

3　侯外廬：《中國思想通史》（北京市：人民出版社，1957年），卷5，頁26。

4　原注：「《不列顛在印度統治的未來結果》，載《馬克思論印度》，人民出版社版，19

格斯在《反杜林論》〈暴力論〉一章中，更詳細地說：「由比較野蠻的民族進行的每一次征服，不言而喻，都阻礙了經濟的發展，摧毀了大批的生產力。但是在長時期的征服中，比較野蠻的征服者，在絕大多數情況下，都不得不適應由於征服而面臨的比較高的『經濟狀況』；他們為被征服者所同化，而且多半甚至不得不採用被征服者的語言。」[5]這一分析，是適合於十八世紀的中國歷史的。[6]

第二，明清更迭不是歷史的倒退，中國社會依舊在緩慢地前進。關於這一點，外廬先生說：「明清之際，中國封建社會在它解體過程中所表現的生產力和生產關係的矛盾，在階級關係上表現為農民求解放的利益，以及代表市民反對派的利益，和封建地主階級的利益之矛盾。當時的啟蒙思想，通過政治、法律、道德等方面的折射，正反映出這個時代的社會圖景及其矛盾。清王朝的統治使這樣基本矛盾之上更添加了民族的矛盾，因而歷史的發展沿著更緩慢的途徑前進。在清初的大破壞時期和康熙後期若干年的相對安定時期，民族的壓迫都使中國歷史蹣跚不前。但這並不是說，清王朝一系列的鎮壓政策和統治階級的主觀願望，就能長久阻止客觀歷史的前進。十八世紀的中國社會經濟就呈顯了復蘇的景象，它有了恢復，甚至也有了發展。」[7]

第三，學術思想的演進，必然地要受到社會發展水準的制約。外廬先生認為：「十八世紀的中國社會，是階級矛盾和民族矛盾相交錯的。從整個形勢來看，這時清朝封建統治勢力佔有相對穩定的統治地位。從發展上看，這時資本主義的幼芽、市民的力量、農民的反抗活

頁。」此段引文據新版本作了調整，參見《馬克思恩格斯選集》（北京市：人民出版社，1995年），卷1，頁768。

5　原注：「人民出版社版，229頁。」此段引文據新版本作了調整，參見《馬克思恩格斯選集》（北京市：人民出版社，1995年），卷3，頁526-527。

6　侯外廬：《中國思想通史》（北京市：人民出版社，1957年），卷5，頁393。

7　侯外廬：《中國思想通史》（北京市：人民出版社，1957年），卷5，頁393-394。

動，則是在不可阻遏地生長著。這種歷史形勢反映在當時的思想界，
就是一方面有專門漢學之統治地位的形成，另一方面則有戴震、汪
中、章學誠、焦循等人的哲學思想的出現。」[8]

　　通過對十六世紀中葉以降，尤其是十八世紀迄於十九世紀初葉國
情的研究，外廬先生得出了他觀察十八世紀中國社會的結論，這就
是：「十八世紀的中國社會並不是所謂太平盛世。」[9]外廬先生將中國
歷史置於世界歷史的大背景之下，深化他的論證，進而指出：「儘管
十六世紀中葉以來，中國社會具有若干資本主義的萌芽因素，但農業
和手工業相結合的封建自然經濟，依然是支配的傾向。在十八世紀的
世界市場形成的時候，中國社會緩慢的變化還是遠遠落在世界風暴之
後面。」[10]惟其如此，稍後的鴉片戰爭及一系列不平等條約，就不是
突如其來的。關於這方面的意見，外廬先生談得十分清楚，他說：
「如單從中國內部來看，自十八世紀末起，社會危機已經尖銳地暴露
出來。」[11]又說：「鴉片戰爭及其所產生的不平等條約的束縛，不是突
然而來的。相反地，在鴉片戰爭以前幾十年間，中國已經在外國資本
主義的侵略之下，進入破產的時期。」[12]

二　關於乾嘉漢學的形成

　　清代乾隆、嘉慶年間，何以會形成考據學風靡朝野的局面？前輩
大師談清代學術，這是一個共同關注的問題。

8　侯外廬：《中國思想通史》（北京市：人民出版社，1957年），卷5，頁403。
9　侯外廬：《中國思想通史》（北京市：人民出版社，1957年），卷5，頁623。
10　侯外廬：《中國思想通史》（北京市：人民出版社，1957年），卷5，頁623。
11　侯外廬：《中國思想通史》（北京市：人民出版社，1957年），卷5，頁623。
12　侯外廬：《中國思想通史》（北京市：人民出版社，1957年），卷5，頁625-627。

章太炎先生著《訄書》，率先提出討論，他說：「清世，理學之言，竭而無餘華；多忌，故歌詩文史枯；愚民，故經世先王之志衰。（原注：三事皆有作者，然其弗逮宋明遠甚。）家有智慧，大湊於說經，亦以紓死，而其術近工眇踦善矣。」[13]章先生的這段話，講了三層意思：一是從學術層面言，認為理學作為一種學術形態，入清以後，業已失去其發展的理論空間；二是就知識界狀況言，因為政治上的避忌太多，因而文人學士的作品遂失去勃勃生機；第三則是就朝廷的文化政策言，由於清廷實施「愚民」政策，桎梏人心，故而學以經世的傳統遂告不振。三者交互作用的結果，自然便形成學術界治經以紓死的格局。

對於「為什麼古典考證學獨盛」的問題，梁啟超先生大體沿襲了章太炎先生的意見，他說：「明季道學反動，學風自然要由蹈空而變為核實——由主觀的推想而變為客觀的考察。」至於這種客觀考察「為什麼專向古典部分發展，其它多付闕如」？梁先生則認為：「問到這裏，又須拿政治現象來說明。」在考察清初以降政治對學術的影響之後，梁先生得出了兩條結論：第一，「凡在社會秩序安寧，物力豐盛的時候，學問都從分析整理一路發展。乾、嘉間考證學所以特別流行，也不外這種原則罷了」。第二，「考證古典之學，半由『文網太密』所逼成」。[14]

在這個問題上，錢穆先生的看法，與章、梁二位先生有同有異。錢先生不贊成梁先生的「道學反動」說，他把清學與宋學視為一個整體，提出了「不識宋學，即無以識近代」的主張。錢先生說：「言漢學淵源者，必溯諸晚明諸遺老。然其時如夏峰、梨洲、二曲、船山、

---

13 章太炎：〈清儒〉，《訄書》12（北京市：古典文學出版社，1958年），頁30。

14 朱維錚校注：〈梁啟超論清學史二種〉，《中國近三百年學術史》（上海市：復旦大學出版社，1985年），頁112-118。

桴亭、亭林、蒿庵、習齋，一世魁儒耆碩，靡不寖饋於宋學。繼此而降，如恕谷、望溪、穆堂、謝山，乃至慎修諸人，皆於宋學有甚深契詣。而於時已及乾隆，漢學之名始稍稍起。而漢學諸家之高下淺深，亦往往視其所得於宋學之高下淺深以為判。道咸以下，則漢宋兼採之說漸盛，抑且多尊宋貶漢，對乾嘉為平反者。故不識宋學，即無以識近代也。」[15]至於封建專制政治對學術發展的桎梏，錢先生的看法則與章、梁二位先生一致，他說：「清儒自有明遺老外，即少談政治。何者？朝廷以雷霆萬鈞之力，嚴壓橫摧於上，出口差分寸，即得奇禍。習於積威，遂莫敢談。不徒莫之談，蓋亦莫之思，精神意氣，一注於古經籍。本非得已，而習焉忘之，即亦不悟其所以然。此乾嘉經學之所由一趨於訓詁考索也。」[16]

　　侯外廬先生繼諸位大師而起，博採眾長，融為我有，復以其深厚的史學素養和理論功底，掩眾賢而上，將研究向前推進。在《中國思想通史》第五卷中，外廬先生闢出專章，對乾嘉漢學的形成展開了深入討論。

　　一如前述，外廬先生的討論，首先從對十八世紀中國社會狀況的剖析入手，高屋建瓴，統攬全域。這正是外廬先生超邁前哲的重大建樹所在。其次，是梳理學術演進源流，就清初諸儒的為學風格進行探討，以論證閻若璩、胡渭、毛奇齡、萬斯大、萬斯同等人「漢學前驅者」的歷史地位。如同錢穆先生一樣，外廬先生不贊成談乾嘉漢學而推祖於顧炎武、黃宗羲，他認為：「講清代漢學歷史的人，往往把漢學上推到顧炎武、黃宗羲。其實清初大儒以經世之務為目的，以考據之學為手段，並無所謂漢學的專門研究。」因此，外廬先生進而指

15 錢穆：《中國近三百年學術史》（北京市：中華書局，1986年），上冊，頁1。
16 錢穆：《中國近三百年學術史》（北京市：中華書局，1986年），下冊，頁533。

出：「十八世紀的專門漢學，好像是繼承顧、黃等人的考據，事實上是把清初學者的經世致用之學變了質的。專門漢學的前驅者，決不應當追源於顧、黃諸人。」[17]最後，則是將先前諸大師對學術與政治關係的論究推向深入，從而直接回答乾嘉漢學的形成問題。

關於形成乾嘉漢學的直接原因，外廬先生的著眼點主要在於兩個方面，一是社會的相對穩定，二是清廷的文化政策。他說：「到了十八世紀，所謂漢學成為風靡一時的專門之學。這和清封建統治勢力之進入相對穩定時期有密切關係，特別是和康熙以來的反動文化政策有密切關係。」[18]兩者相比，外廬先生尤為重視第二方面的原因。為此，外廬先生提出了如下的大段論證文字：

> 康熙以來的反動文化政策，比元代統治的手法圓滑到萬倍。一方面大興文字之獄，開四庫館求書，命有觸忌諱者焚之（見章炳麟《檢論》卷四〈哀焚書〉）。他方面又採取了一系列的愚弄政策，重儒學，崇儒士。這不但表現在康熙十二年薦舉山林隱逸，十七年薦舉博學鴻詞，十八年開明史館，而且表現在其指導理論，打擊當時新興的「經世致用」之學。如十二年上諭命編〈太極圖論〉，十六年親製〈四書解義序〉，五十一年上諭朱子配享孔廟，以及選任大臣多理學名家等等。然這不是唯一政策，也不是如梁啟超說的「在朝理學與在野漢學形成了一個對峙」，反而在康熙時代已經有《圖書集成》的編纂，至雍正三年告成，書凡六千一百零九部。在這樣的政策之下，升化了「經世致用」之學，削弱了清初的知識武器。到了乾隆時代，漢學也就大為朝廷所提倡，作為統治工具的理學的補充。乾隆

---

17 侯外廬：《中國思想通史》（北京市：人民出版社，1957年），卷5，頁404。
18 侯外廬：《中國思想通史》（北京市：人民出版社，1957年），卷5，頁410。

三十八年至四十七年，招集了海內學者三百人入四庫館，編定
了聞名的《四庫全書》，凡七萬九千七十卷。這是所謂「漢學
的大本營」。因此，乾隆朝的政策更實行對封建文化箋注與煩
瑣並行提倡的指導方針。所以戴震說：「值上方崇獎實學，命
大臣舉經術之儒。」(《戴東原集》卷十二〈江慎修事略狀〉，乾
隆壬午。) 另一方面，雍正元年（公元1723年）以後，中國學
術與西洋科學，因了受清廷對外政策的影響，暫時斷絕聯繫。[19]

以上述論證為依據，輔以清廷「御纂」諸經自康熙五十四年以降
的編定刊行，外廬先生得出問題的研究結論。他說：「對外的閉關封
鎖與對內的『欽定』封鎖相為配合，促成了所謂乾嘉時代為研古而研
古的漢學，支配著當時學術界的潮流……專門漢學就是在這樣欽定御
纂的世界中發展起來的。」[20]

三 乾嘉漢學是一個歷史過程

晚近談乾嘉學派與乾嘉學術，每以吳、皖分派立論。究其所自，
則章太炎先生當屬首倡。在《訄書》中，章先生論清儒學術有云：
「其成學著系統者，自乾隆朝始。一自吳，一自皖。吳始惠棟，其學
好博而尊聞；皖南始戴震，綜形名，任裁斷。此其所異也。」[21]其
後，梁啟超先生著《清代學術概論》、《中國近三百年學術史》再加闡
發，遂成「惠、戴兩家中分乾嘉學派」[22]之說。錢穆先生從章、梁二

19 侯外廬：《中國思想通史》（北京市：人民出版社，1957年），卷5，頁410-411。
20 侯外廬：《中國思想通史》（北京市：人民出版社，1957年），卷5，頁411-412。
21 章太炎：〈清儒〉，《訄書》12（北京市：古典文學出版社，1958年），頁30。
22 朱維錚校注：〈梁啟超論清學史二種〉，《中國近三百年學術史》（上海市：復旦大學
   出版社，1985年），頁306。

先生之忽略處入手，著意論究惠棟予戴震為學的影響，提出「吳皖非分幟」[23]的主張，將研究引向了深入。

　　外盧先生論究乾嘉漢學，以章、梁、錢三位先生之所得為起點，進而向縱深推進。一方面外盧先生既充分尊重前人的勞作，沿用吳、皖分派的思路，從為學路數和旨趣上去認識乾嘉學術；另一方面，他又選取乾嘉時代的幾位主要思想家，如戴震、汪中、章學誠、焦循、阮元等，去進行專題研究。通過探討諸家思想、學術之個性和貢獻，提出了若干具有創獲意義的重要見解。其中，如下兩個見解，對於深化乾嘉漢學的研究，尤為重要。第一個見解是：「漢學是始於惠棟，而發展於戴震的」[24]；「戴學在思想史的繼承上為惠學的發展」。[25]第二個見解是：「阮元是扮演了總結十八世紀漢學思潮的角色的。如果說焦循是在學說體繫上清算乾嘉漢學的思想，則阮元是在匯刻編纂上結束乾嘉漢學的成績。他是一個戴學的繼承者，並且是一個在最後宣導漢學學風的人。」[26]這就是說，乾嘉漢學肇始於惠棟，經戴震加以發展，至焦循、阮元而進行總結，方才走完其歷史道路。

　　外盧先生的這兩個重要見解，突破吳、皖分派的舊有格局，為把乾嘉學派和乾嘉學術作為一個歷史過程來進行研究開了先河。這是外盧先生在乾嘉漢學研究中的一個重大貢獻，其思想史和學術史上的意義不可低估。二十世紀六〇年代初，先師楊向奎先生同外盧先生相呼應，在《新建設》雜誌上發表了〈談乾嘉學派〉一文。文中，向奎先師說：「歷來談乾嘉學派的，總是說這一個學派有所謂吳派、皖派之分。其實，與其這樣按地域來劃分，還不如從發展上來看它前後的不

---

23 錢穆：《中國近三百年學術史》（北京市：中華書局，1986年），上冊，頁324。
24 侯外盧：《中國思想通史》（北京市：人民出版社，1957年），卷5，頁414。
25 侯外盧：《中國思想通史》（北京市：人民出版社，1957年），卷5，頁629。
26 侯外盧：《中國思想通史》（北京市：人民出版社，1957年），卷5，頁577。

同,倒可以看出它的實質。」[27]令人惋惜的是,侯、楊二位大師的研究意見,尚未在學術界激起共鳴,一場民族文化的浩劫便轟然而起。

四凶既除,國運日昌,改革開放的正確決策,贏得了中國社會和中華民族的巨大進步。學隨世變,與時俱進,當此承先啟後之際,認真總結外廬先生關於乾嘉漢學是一個歷史過程的思想,對於推動乾嘉學派與乾嘉學術研究的深入,恐怕是一個可取的思路。

十八世紀中國特定的社會和學術環境,形成了特定的學術流派,即乾嘉學派。這一學派活躍於十八世紀和十九世紀初葉的學術舞臺,其影響所及,迄於二十世紀中而猶存。作為一個富有生命力,且影響久遠的學術流派,它如同歷史上眾多的學術流派一樣,也有其個性鮮明的形成、發展和衰微的歷史過程。從思想史與社會史相結合的角度,對這樣一個歷史過程進行實事求是的具體研究,其間既包括眾多學者深入的個案探討,也包括學術世家和地域學術的群體分析,還包括分門類的學術史梳理,一致百慮,殊途同歸,今日及爾後的乾嘉學派與乾嘉學術研究,定能創造出一個可以告慰前輩大師的局面來。

四　餘論

外廬先生論究乾嘉漢學,曾經注意到乾嘉學者在文獻整理上的業績,認為「乾嘉學者的謹慎的治學方法,以及由經學的整理而普及於一般文獻的史料工作」[28],自有其歷史價值。古往今來,學術前輩們的實踐一再告訴我們,學術文獻乃治學術史之依據,唯有把學術文獻的整理和研究工作做好,學術史研究才能建立在可靠的基礎之上。

---

27 楊向奎:〈談乾嘉學派〉,《新建設》1964年第7期。
28 侯外廬:《中國思想通史》(北京市:人民出版社,1957年),卷5,頁426。

　　有清一代學術，乾隆、嘉慶兩朝，迄於道光初葉的近百年間，是一個發皇的時期。其間傑出的學者最多，學術成就最大，傳世的學術文獻亦最為豐富。將乾嘉時期的重要學術文獻精心校勘，施以新式標點出版，這是整理乾嘉學術文獻的一項重要工作，嘉惠學林，功在千秋。在這一方面，學術界有關專家已經做了大量工作。循此以往，辨章學術，考鏡源流，若干有分量的目錄學著述亦接踵而出。清代文獻浩若煙海，實為前此歷代之所不及。究其原因，大要當或有二：一則中國古代社會經歷數千年發展，至清代已然極度成熟，經濟、政治、軍事、文化，皆臻於一集大成之格局；再則博大精深之中華學術，在此二百數十年間，亦進入一全面整理和總結之歷史時期。惟其如此，有清一代人才輩出，著述如林，其詩文別集之繁富，幾與歷代傳世之總和埒。這是中華民族一份極為寶貴的歷史文化遺產，也是發展中華民族新文化的歷史依據。故而董理清人別集，自二十世紀中王重民先生之〈清代文集篇目分類索引〉肇始，前輩賢哲接武而進。鄧之誠先生之《清詩紀事初編》，錢仲聯先生之《清詩紀事》，張舜徽先生之《清人文集別錄》，袁行云先生之《清人詩集敘錄》等，嘔心瀝血，成就斐然。

　　學如積薪，後來居上。正是憑藉前哲時賢的深厚積纍，王紹曾教授主編的《清史稿藝文志拾遺》，李靈年、楊忠兩位教授主編的《清人別集總目》，柯愈春教授編纂之《清人詩文集總目提要》等，並肩比美，連袂而出。三書或集合同志，或獨力纂修，歷時十數年，乃至數十年，終成里程碑式巨著。

　　輯錄乾嘉時期著名學者集外題跋、序記、書劄等佚文，區分類聚，整理刊佈，是一樁既見功力，又有裨學術研究的事情。晚清以降，諸多文獻學家後先而起，輯錄顧廣圻、黃丕烈二先生群書題跋，已開風氣之先路。二十世紀五〇年代初，陳垣先生據尹炎武先生所獲

錢大昕集外家書十五函，逐函加以精審考訂，更為一時儒林推尊，贊為「勵耘書屋外無二手」。[29]爾後，雖間有學者承先輩遺風，辛勤耙梳，唯因茲事難度甚大，成功非易，久而久之，遂幾成絕響。二十世紀九〇年代中，陳文和教授主持整理編訂《錢大昕全集》，專意搜求《潛研堂集》外散佚詩文，纂為《潛研堂文集補編》一部，輯得詩文凡八十餘首。古樸之風再現，不啻鳳鳴朝陽。

　　陳文和教授主編之《錢大昕全集》刊行，正值陳鴻森教授著《錢大昕潛研堂遺文輯存》發表，不謀而合，相得益彰。據悉，多年來陳鴻森教授不惟勤於輯錄錢竹汀先生集外佚文，而且其朝夕精力所聚，幾乎皆奉獻於乾嘉學術文獻的整理與研究。就筆者拜讀所及，經陳先生精心輯錄成編者，尚有《潛研堂遺詩拾補》、《簡莊遺文輯存》、《簡莊遺文續輯》、《段玉裁經韻樓遺文輯存》、《王鳴盛西莊遺文輯存》和《阮元揅經室遺文輯存》六種。其中，《阮元揅經室遺文輯存》三卷，抄存芸臺先生集外遺文多達一百三十三篇。其所費勞作之艱辛，成果學術價值之厚重，絲毫不讓當年《揅經室集》之結集。一九九三年五月，中華書局整理刊行之《揅經室集》，未審出於何種考慮，失收再續集詩文。他日若能再版，補其所闕，輔以陳鴻森教授之《阮元揅經室遺文輯存》，則珠聯璧合，盡善盡美矣。

　　年譜為編年體史籍之別支，乃知人論世的重要文獻。據來新夏教授著《近三百年人物年譜知見錄》所記，在現存的八百餘種清人年譜中，乾嘉時期學者年譜約占四分之一。董理此一時期的學者年譜，於研究乾嘉學派與乾嘉學術，同樣具有不可忽視的意義。近一二十年間，有許多學者在這一方面作了大量成功的努力。其中，諸如陳鴻森教授著《清儒陳鱣年譜》、《錢大昕年譜別記》、《段玉裁年譜訂補》、

---

29 劉乃和、周少川等：《陳垣年譜配圖長編》（瀋陽市：遼海出版社，2000年），「一九五二年五月二十四日」條，頁612。

楊應芹教授著《戴東原年譜訂補》，湯志鈞教授著《莊存與年譜》，樊克政教授著《龔自珍年譜考略》，王逸明先生著《新編清人年譜三種》，以及王章濤先生所著之《阮元年譜》等，拾遺補闕，訂訛正誤，洵稱用力勤而業績著。然而相對於別集及經史論著的整理和研究而言，這方面的工作則尚嫌滯後。尤其是一些有重要影響學者的年譜，或失之簡略，或逕付闕如，皆不同程度地制約了相關研究的深入。譬如惠棟或者惠氏祖孫的年譜，就亟待進行編纂。近者，欣悉北京大學漆永祥教授正致力於惠棟年譜的撰著。筆者深信，憑藉永祥教授之多年積纍，加以好學深思之過人見識，學術界不日又可讀到一部上乘佳構。

綜上所述，整理和研究乾嘉學術文獻，在推進乾嘉學派和乾嘉學術的研究中，其重要意義略可窺見。鑒於近一二十年來乾嘉學派研究起步甚速，文獻準備似嫌不夠充分，因此未來一段時間，在這方面切實下一番工夫，或許是有必要的。

第十章
江南中心城市與乾隆初葉的古學復興

　　清朝的乾隆初葉，也就是十八世紀的三〇年代至六〇年代，在中國學術史上，曾經出現過一個古學復興的潮流。這個學術潮流由江南中心城市發端，沿大運河由南而北，直入京城，在取得最高統治集團的認可之後，演為清廷的文化政策。於是朝野共鳴，四方流播，最終形成盛極一時的經史考證之學。因此拔宋幟而立漢幟，遂有漢學、樸學之謂。晚近治學術史之前輩諸大家，乃徑稱之為乾嘉學派。探討乾隆初葉，古學復興潮流在江南中心城市的形成過程，對於推進乾嘉學派與乾嘉學術研究的深入，或許不無益處。以下，擬就此將所見文獻試作一番梳理，敬請各位批評指正。

一　興復古學之前驅

　　明清時期，江蘇蘇州以富庶的經濟、便利的交通和久遠而深厚的文化積纍，成為包孕吳越的人文淵藪。乾隆初葉的古學復興潮流，即肇端於此。

　　當明末季，中國社會步入一個大動盪的歷史時期。入清之初，經歷明清更迭的天翻地覆，陽明心學乃至整個宋明理學趨於沒落，客觀地提出了吾國學術何去何從的問題。由於此一時期中國社會、經濟、政治、文化諸多方面發展水準的制約，決定了在封建社會的小農經濟

基礎之上，不可能產生比宋明理學思維水準更高的學術形態。因此，一時學林中人反思宋明學術，歧路彷徨，無所適從，既沒有也不可能看到學術發展的前景。於是擺落宋明，回歸兩漢，從而導致興復古學風氣在江蘇蘇州的發軔。二十世紀三〇年代，錢賓四先生著《中國近三百年學術史》，作過可信可據的追根溯源。[1]根據錢先生所揭示之歷史真相，我們可以清楚地看到，同理學中人「性與天道」的論究異趣，在晚明的學術界，已經出現「通經學古」[2]的古學宣導。此風由嘉靖、隆慶間蘇州學者歸有光開其端，至天啟、崇禎間常熟錢謙益崛起，興復古學，呼聲不絕。錢謙益有云：「自唐宋以來……為古學之蠹者有兩端焉，曰制科之習比於俚，道學之習比於腐。斯二者皆俗學也。」[3]一如歸有光之宣導古學，錢謙益進而明確提出「以漢人為宗主」的治學主張，他說：「學者之治經也，必以漢人為宗主……漢不足，求之於唐，唐不足，求之於宋，唐宋皆不足，然後求之近代。」[4]

從歸有光到錢謙益，晚明蘇州地區學者的經學宣導和興復「古學」的努力，表明以經學濟理學之窮的學術潮流，已經在中國傳統儒學的母體內孕育。入清，儒林中人沿著明季先行者的足跡而進，通過重振經學而去興復古學，遂有蘇州大儒顧炎武及其訓詁治經方法論登上歷史舞臺。

宋明數百年，是理學的時代，理氣心性的論究，在為學方法論上，賦予學術界以義理思辨的好尚。數百年間，理學中人輕視訓詁聲音之學，古音學若斷若續，不絕如縷。積習既成，以?韻而強古就今，乃至率臆改經而不顧。有鑑於此，顧炎武認為，治經學而不講音

---

1 錢穆：《中國近三百年學術史》（北京市：中華書局，1986年），上冊，頁137-139。

2 歸有光：〈山舍示學者〉，《歸震川先生全集》，卷7。

3 錢謙益：〈答唐汝諤論文書〉，《初學集》，卷79。

4 錢謙益：〈與卓去病論經學書〉，《初學集》，卷79。

韻文字，則無以入門。於是在致友人李因篤的論學書劄中，力矯積
弊，重倡古學，提出了「讀九經自考文始，考文自知音始」[5]的訓詁
治經方法論。同新的為學方法論的提出相一致，顧炎武宣導融理學於
經學之中，以經學去濟理學之窮，用他的話來講，就叫做「古之所謂
理學，經學也」，「今之所謂理學，禪學也」。[6]顧炎武把經學視為儒學
正統，在他看來，不去鑽研儒家經典，而沉溺於理學家的語錄，就叫
做學不知本。因此，他呼籲「鄙俗學而求《六經》，舍春華而食秋
實」，淵源兩漢，澄清源流。顧炎武就此指出：「經學自有源流，自漢
而六朝，而唐而宋，必一一考究，而後及於近儒之所著，然後可以知
其異同離合之指。如論字者必本於《說文》，未有據隸楷而論古文者
也。」[7]

　　顧炎武復興古學的努力，登高一呼，回聲四起，率先在蘇州激起
共鳴。吳江經師朱鶴齡與顧炎武唱為同調，認為：「經學之荒也，荒
於執一先生之言而不求其是，苟求其是，必自信古始。」[8]流寓揚州
的四川新繁學者費密，亦力倡「專守古經」，主張：「學者必根源聖
門，專守古經，從實志道。」[9]關中大儒李顒更遙相呼應，重申：「其
實道學即儒學也，非於儒學之外，別有所謂道學也。」[10]尤可注意
者，一時南北學人之主張，通過儒臣講論已進入廟堂。據《康熙起居
注》記，康熙二十一年（1682年）八月初八日，「講官牛鈕、陳廷敬
進講《尚書》……二臣奏，自漢唐儒者專用力於經學，以為立身致用

5　顧炎武：〈答李子德書〉，《亭林文集》，卷4。

6　顧炎武：〈與施愚山書〉，《亭林文集》，卷3。

7　顧炎武：〈與周籀書書〉，《亭林文集》，卷4。

8　朱鶴齡：毛詩稽古篇序《愚庵小集》，卷7。

9　費密：〈古經旨論〉，《弘道書》，卷上。

10　李顒：〈周至答問〉，《二曲集》，卷14。

之本，而道學即在其中⋯⋯上曰然」。[11]由此可以窺知，學人重倡經學之努力，已得清廷認可。

入清以後，由於諸多方面因素構成之歷史合力所作用，蘇州諸儒興復古學的努力，尤其是顧炎武提出的訓詁治經方法論，潛移默化，不脛而走。至乾隆一朝，迄於嘉慶、道光間，由識字審音入手，通過古字、古言的考據訓詁，進而把握典章制度大要，準確詮釋儒家經典，遂成數十年間主流學派共同恪守的學術矩矱。

二 江永與徽州諸儒

探討雍正、乾隆間的古學復興，徽州是一個當予重點關注的地域。梳理是時一方大儒江永及受學諸弟子之學行，或可略得管中窺豹之效。

江永，字慎修，號慎齋，安徽婺源（今屬江西）人。生於康熙二十年（1681年），卒於乾隆二十七年（1762年），享年八十有二。婺源為朱熹故里，理學名邦。江氏一門，經史傳家，永父期，寄籍江寧，為縣學生，自永幼年，即以《十三經注疏》課督。永稟承庭訓，讀《大學》，知為學入手乃在格物，博涉多通，務求心得。康熙四十六年（1707年）起，在鄉開館授徒，時年二十七。之後，潛心《禮經》，發願結撰專書，以成朱子晚年纂修《儀禮經傳通解》未竟之志。歷時十餘年，康熙六十年（1721年）書成。全書九十一卷，初名《存羊編》，繼改《增訂儀禮經傳》，凡三易其稿，終定名《禮書綱目》。該書承朱子遺意，區分類聚，別定規模，作嘉禮、賓禮、凶禮、吉禮、軍禮、通禮、曲禮、樂八門，計一百〇六篇。全書以輯錄

---

11 中國第一歷史檔案館：《康熙起居注》（北京市：中華書局，1984年），冊2，「康熙二十一年八月初八日」條，頁879。

「古注與釋文」為主，旨在「但欲存古，以資考覈」。由於卷帙過繁，刊行不易，故而書稿塵封十餘載，「幾為蠹蝕鼠穿」。

　　乾隆元年（1736年）六月，清廷開館纂修《三禮義疏》。安徽地方當局奉命，將《禮書綱目》抄送書館。是年冬，同郡理學名儒汪紱有書致永，詢問《禮書綱目》梗概。未待江永復書，紱書再至，誤信傳聞，疑永為學博雜，徒「以博洽自見」。[12]三年（1738年）春，永復以長書一通，紹介《禮書綱目》大要，彰明立身及為學旨趣。書中，探討古禮、古樂，以明「存古」、「道古」、「志古」、「好古」之意，雖高言復古，亦主張「不必泥古」。[13]九月，紱接永書，誤會釋然，於答書中以「從事於經學」共勉。至於如何從事經學，汪紱不贊成「因時藝而講經學」，亦反對「汗漫之書抄」，提倡漢代經師的專門之學，主張：「學者苟具中上之資，使能淹貫六經，旁及子史，尚矣。如其不能，則莫若專攻一經。」[14]翌年春，永再有長書復紱，告以「早年探討西學，晚乃私淑宣城梅勿庵先生，近著《翼梅》八卷，寫本歸之梅氏令孫」。又稱：「《近思錄》，吾人最切要之書，案頭不可離者。俗本離析破碎，宋時葉采之注亦未備。嘗為之詳注，採取朱子之言，以注朱子之書。朱子說不備，乃取葉說補之，葉說有未安，乃附己意。足之十四卷，已有成書。」[15]

　　乾隆五年（1740年），應在鄉翰林院檢討程恂之請，永執教休寧程氏家館。以花甲之年，完成曆學書七卷，計有《金水二星發微》、《七政衍》、《冬至權度》、《恒氣注歷辨》、《歲實消長辨》、《曆學補論》、《中西合法擬草》七種。同年八月，隨程恂入都，三禮館總裁方

12　汪紱：〈再與江慎修書〉，《雙池文集》，卷3。

13　余龍光：《雙池先生年譜》，卷2，「乾隆三年、四十七歲」條。

14　汪紱：〈與江慎修論學書〉，《雙池文集》，卷3。

15　余龍光：《雙池先生年譜》，卷2，「乾隆四年、四十八歲」條。

苞及儒臣吳紱、梅珏成、杭世駿等，皆前來問學論難。六年（1741
年）八月返鄉，迄於乾隆十二年（1747年），除短暫講學郡城紫陽書
院及赴江西閱卷外，皆在程氏家館。其間，休寧戴震負笈問學，成為
及門高第弟子。

乾隆十四年（1749年），清廷詔舉經學特科，永以年屆古稀而辭
薦，並致書戴震，表示「馳逐名場非素心」。[16]十五年（1750年）七
月，永七十大壽，震以及門高徒而撰壽序，序中稱：「吾師江慎修先
生，生朱子之鄉，上溯漢、唐、宋以來之絕學，以六經明晦為己任。
震少知嚮慕，既數年，始獲一見，又數年，始拜先生於吾邑之斗山。
所讀諸經，往來問難，承口講指畫，然後確然見經學之本末。既而先
生就館本邑，未能從學，深悵悵焉。」又說：「震少覽近儒之書，所
心折者數人。劉原甫、王伯厚之於考覈，胡朏明、顧景範、閻百詩之
於水經地志，顧寧人之於古音，梅定九之於步算，各專精一家。先生
之學力思力，實兼之，皆能一一指其得失，苴其闕漏，著述若此，古
今良難。」[17]

乾隆十八年（1753年），應歙縣西溪汪氏之請，永主持汪氏家館
教席。戴震、方矩、金榜、程瑤田、汪梧鳳等遠近弟子雲集，執經問
對，同調共鳴。翌年，戴震避仇入京，行囊攜永著《推步法解》、《翼
梅》等新作。時值儒臣秦蕙田奉命撰《五禮通考》，遂全錄《推步法
解》，並將永相關論說輯入《觀象授時》一類。

江永晚年，雖已年屆耄耋，依然課徒授業，著述不輟。迄於乾隆
二十七年（1762年）三月病逝，不過短短十年間，相繼再成《鄉黨圖
考》、《律呂闡微》、《春秋地理考實》、《古韻標準》、《河洛精蘊》、《四

---

16 戴震：〈江慎修先生事略狀〉，《戴震文集》卷12。
17 戴震：〈江慎修先生七十壽序〉，轉引自漆永祥〈新發現戴震佚文一篇〉，《中國典籍
  與文化》2005年第1期。

聲切韻表》、《音學辨微》諸書。永為學一生，貫通漢宋，實事求是，畢生究心名物制度、經史輿地、天文曆算、律呂音韻，尤以三禮之學最稱專精。所著除前述諸書外，尚有《周禮疑義舉要》、《儀禮釋宮增注》、《禮記訓義擇言》、《群經補義》、《考訂朱子世家》等。乾隆中修《四庫全書》，著錄永書達十五種、百餘卷之多。永學得弟子戴震、金榜、程瑤田等發揚光大，不惟開一代鄉邦學術風氣，而且聲應氣求，溝通四方，匯為古學復興之學術潮流。

三　蘇州紫陽書院

在乾隆初葉的古學復興之中，蘇州紫陽書院名士雲集，獨領風騷，洵稱係四方觀瞻之學術重鎮。回顧蘇州紫陽書院之創立，考察其學術好尚之演變，或可從中看到古學復興潮流的形成，乃歷史之大勢所趨，有其不可逆轉之內在邏輯。

在中國書院史上，清初順治、康熙二朝，迄於雍正初的八九十年間，是書院教育由衰而復盛的一個轉變時期。入清之初，在經歷明清更迭的社會大動盪之後，出於鞏固新政權統治的需要，為了防止知識界異己力量的聚集，清廷一度限制甚至禁絕各地書院的活動。康熙中葉以後，隨著大規模軍事對抗的結束，社會秩序逐漸平穩，於是恢復和興辦書院提上地方文化建設的日程。作為地方官學的補充，宋代書院初起，為一時學者自由講學之所在，乃是與官辦學校並存的私學。元代以後，書院雖仍多屬民辦私學，但已經愈益受到官府節制。這種書院官學化的趨勢，在明代大為發展。嘉隆以還，南北蜂起的書院，即多屬官辦性質。清初書院，亦復如此。蘇州紫陽書院就是在這樣一個背景之下，於康熙後期登上歷史舞臺的。

在中國數千年封建社會中，重視文化教育，是一個世代相沿的好

傳統。宋明以降，從孔、孟到周、程、張、朱的「道統」說風行，崇儒重道便成為封建國家的一項基本文化國策。入清以後，在確立崇儒重道文化格局的過程中，清廷面臨究竟是尊崇朱子學還是陽明學的嚴峻選擇。聖祖親政，尤其是三藩亂平、國家統一之後，這樣的抉擇愈益不可迴避。康熙四十年（1701年）以後，清廷以「御纂」的名義，下令彙編朱熹論學精義為《朱子全書》，並委託理學名臣熊賜履、李光地先後主持纂修事宜。五十一年（1712年）正月，聖祖詔告朝野：「朱子注釋群經，闡發道理，凡所著作及編纂之書，皆明白精確，歸於大中至正。經今五百餘年，學者無敢疵議。朕以為孔、孟之後，有裨斯文者，朱子之功最為弘巨。」[18]隨即頒諭，將朱熹從祀孔廟的地位升格，由東廡先賢之列升至大成殿十哲之次。由此，清廷以對朱子及其學說的尊崇，基本確立了一代封建王朝崇儒重道的文化格局。

為回應清廷的上述重大文化決策，宣導朱子學說，端正士習，振興學術，康熙五十二年（1713年）十一月，江蘇巡撫張伯行在蘇州府學東建紫陽書院。翌年三月，書院落成，張伯行撰文昭示書院宗旨，據稱：「學者之所以為學，與教者之所以為教，當以紫陽為宗，而俗學異學，有不得而參焉者矣。不佞樂與多士恪遵聖教，講明朱子之道而身體之，爰建紫陽書院。」[19]這就是說，蘇州紫陽書院創建之初，秉承宋明遺風，是一個以朱子學為宗尚、講求身心性命之學的所在。

然而不過短短十年過去，雍正元年（1723年），江蘇布政使鄂爾泰重修紫陽書院，其後書院的教學內容，已然發生變化。據《鄂文端公年譜》記：「每會課於紫陽書院之春風亭，與賢卿名士互相唱和，時集數十百人。而四方從遊，公餘少暇，輒與論經史，談經濟，多前賢所未發。學者無不傾心動魄，恨聞道之晚。公乃分為古今文集，俱

---

18 《清聖祖實錄》，卷249，「康熙五十一年正月丁巳」條。
19 張伯行：〈紫陽書院碑記〉，《正誼堂文集》，卷9。

題曰《南邦黎獻》。」[20]足見先前紫陽書院講求的身心性命之學，迄於雍正初，已經漸為詩文唱和、論經史、談經濟所取代。關於蘇州紫陽書院風尚的這樣一個轉變，二十世紀三○年代，柳詒徵先生撰《江蘇書院志初稿》有過如下精當總結：「鄂爾泰與蘇之紳耆，及一時召集之士所作之文若詩，匯刻為《南邦黎獻集》。書院之由講求心性，變為稽古考文，殆以是為津渡。」[21]

　　沿著這樣一條變遷路徑往前走，經歷雍乾間政治風雲的起伏，至乾隆初葉，蘇州紫陽書院遂擺脫心性之學的講求，成為「以古學相策勵」的學術重鎮。

　　乾隆十四年（1749年），青年才俊錢大昕由嘉定來蘇州，入紫陽書院求學，時任院長為王峻。據事隔四十六年後錢大昕所追憶：「予年二十有二，來學紫陽書院，受業於虞山王艮齋先生。先生誨以讀書當自經史始，謂予尚可與道古，所以期望策屬之者甚厚。予之從事史學，由先生進之也。」[22]大昕自編《竹汀居士年譜》亦記：「巡撫覺羅樛軒公雅爾哈善聞予名，檄本縣具文送紫陽書院肄業。時侍御王艮齋先生為院長，閱居士課義詩賦論策，歎賞不置。曰此天下才也。自是課試常居第一。青浦王蘭泉、長洲褚鶴侶、左莪，及禮堂、習庵皆在同舍，以古學相策勵。」[23]譜主曾孫慶曾於該條注云：「先是王少司寇肄業紫陽書院，與王光祿同舍，始知公幼慧，有神童之目。及院長詢以今日人才，則以公對。院長轉告巡撫，巡撫喜甚，招公至院，試以《周禮》、《文獻通考》兩論。公下筆千言，於是驚異，院中諸名宿，莫不斂手敬之。」[24]注中名宿云云，依譜主自記，為惠棟、沈彤等。

---

20 鄂容安等：《襄勤伯鄂文端公年譜》，「雍正三年、四十六歲」條。

21 柳詒徵：〈江蘇書院志初稿〉，《江蘇國學圖書館年刊》1931年第1期，頁56。

22 錢大昕：〈漢書正誤序〉，《潛研堂文集》，卷24。

23 錢大昕：《竹汀居士年譜》，「乾隆十四年、二十二歲」條。

24 錢慶曾：《竹汀居士年譜校注》，「乾隆十四年、二十二歲」條。

排比錢大昕早年求學蘇州紫陽書院的上述史料，似可形成如下三點認識：

第一，至遲在乾隆十四年，蘇州紫陽書院課督生徒，已然由經史起步，旨在「可與道古」，且「以古學相策勵」。

第二，此時主持書院講席及課督生徒諸名宿，既有王峻、李果、趙虹等詩詞古文名家，更有一時興復古學之宣導者惠棟、沈彤。

第三，乾嘉時期，以經史古學名噪朝野的錢大昕、王鳴盛、王昶、褚寅亮等，其為學根柢皆奠立於蘇州紫陽書院。

四 盧見曾及其揚州幕府

揚州為運河樞紐，大江東去，運河縱流，明代以來，這裏一直是兩淮鹽運使官署所在地。入清之初，雖歷兵燹，瘡痍滿目，但自康熙中葉以後，百廢俱興，經濟復蘇，又復成為人文薈萃，商旅輻輳之區。兩淮鹽商及揚州士紳，素有襄助學術、振興文教之傳統，康熙間著名經師閻若璩的遺著《尚書古文疏證》，即於乾隆初在揚州刊行。乾隆十九年（1754年），盧見曾再任兩淮鹽運使，承一方之良好風氣，借助鹽商馬曰琯、曰璐兄弟的財力，集四方學術精英於幕府，宣導經史，興復古學，從而使揚州成為古學復興潮流中的又一重鎮。

當時，會聚於盧見曾幕府的四方學人，主要有陳章、江昱、惠棟、沈大成、王昶、戴震等，其中，尤以惠、沈二人影響最大。據《揚州畫舫錄》記：「盧見曾，字抱孫，號雅雨山人，山東德州人……公兩經轉運，座中皆天下士……惠棟，字定宇，號松崖，蘇州元和人。硯溪先生之孫，半農先生之子，以孝聞於鄉。博通今古，與陳祖範、顧棟高同舉經學。公重其品，延之為校《乾鑿度》、《高氏戰國策》、《鄭氏易》、《鄭司農集》、《尚書大傳》、《李氏易傳》、《匡謬正

俗》、《封氏見聞記》（當作《封氏聞見記》——引者）、《唐摭言》、
《文昌雜錄》、《北夢瑣言》、《感舊集》，輯《山左詩抄》諸書。」[25]又
稱：「沈大成，字學子，號沃田，松江華亭人……通經史百家之書，
與惠棟友善。」[26]

　　憑藉惠棟、沈大成諸幕友的努力，盧見曾在二任兩淮鹽運使的十
年間，先後做了幾樁可謂轉移風氣的大事。

　　最先做的一樁事，是補刊朱彝尊遺著《經義考》，主張「勿信今
而疑古」，宣導「窮經稽古」之學。《經義考》為康熙間經學大儒朱彝
尊遺著，全書凡三百卷，彝尊生前，所刻僅及其半，即告齎志而歿。
乾隆十九年，盧見曾再任揚州，與鹽商馬曰琯、曰璐兄弟相約，慨然
出資補刊，歷時一年，克成完書。補刊伊始，十九年夏，盧氏有序
云：「竊嘗謂通經當以近古者為信，譬如秦人談幽、冀事，比吳、越
間宜稍稍得真。必先從記傳始，記傳之所不及，則衷諸兩漢，兩漢之
所未備，則取諸義疏，義疏之所不可通，然後廣以宋、元、明之說。
勿信今而疑古，致有兔園冊子、師心自用之誚。」[27]補刊藏事，二十
年（1755年）六月，朱氏後人稻孫撰文感激盧見曾及揚州鹽商馬氏兄
弟，據稱：「書之顯晦，與夫行世之遲速，固有天焉。繼自今窮經稽古
之士，其得所津逮，而拜使君與嶰谷先生之嘉惠者，良匪淺矣。」[28]
二十一年（1756年）二月，清高宗祭告闕里，盧見曾又將《經義考》
裝潢二部，恭呈御覽。從此，該書得以深入宮禁，流播朝野，於乾隆
初葉以後經學之大盛，影響甚大。

---

25 李斗：〈虹橋錄上〉，《揚州畫舫錄》，卷10。

26 李斗：〈橋東錄〉，《揚州畫舫錄》，卷10。

27 盧見曾：〈經義考序〉，《經義考》補刻本，卷首。

28 朱彝尊：〈朱稻孫後序〉，《經義考》（北京市：中華書局，1998年中華書局影印《四
　　部備要》本），卷首，頁6。

第二椿事是輯刻《雅雨堂藏書》，率先表彰東漢經師鄭玄學說，揭出「漢學」之大旗。《雅雨堂藏書》輯刻漢唐典籍凡十三種，主要有《李氏易傳》、《鄭氏周易》、《尚書大傳》、《鄭司農集》、《周易乾鑿度》等。全書始刻於乾隆十九年，至二十三年（1758年）竣工，雖以盧氏署名，實則選書、校勘、撰序等，處處可見蘇州大儒惠棟的辛勞。於所刻《李氏易傳》，卷首盧氏序梳理《易》學源流，推尊漢學，以存古義，據稱：「余學《易》數十年，於唐宋元明四代之《易》，無不博綜元覽，而求其得聖人之遺意者，推漢學為長。以其去古未遠，家法猶存故也。」[29]於《鄭氏周易》，同樣稱：「此書之傳，雖不及《三禮》、《毛詩》之完具，然漢學《易》義無多，存此以備一家，好古之士，或有考於斯。」[30]於《周易乾鑿度》，還是說：「《乾鑿度》先秦之書也，去聖未遠，家法猶存，故鄭康成漢代大儒，而為之注……為梓而行之，以備漢學。」[31]於《尚書大傳》，依然謂：「三家章句雖亡，而今文之學，存此猶見一斑，為刊而行之。別撰〈補遺〉一卷，並附《康成集》於卷末，俾後之求漢學者，知所考焉。」[32]以上凡引諸書序言，在在接武乾隆九年惠棟著《易漢學》，以及惠氏歷年對鄭玄《易》注的董理和鄭氏經學的表彰，承前啟後，繼往開來，乃有他日漢學之風行四方。

第三椿事是刊行惠棟未竟遺著《周易述》，以存乾隆初葉古學復興之一重要學脈。惠棟為蘇州大儒，四世傳經，專意漢學。乾隆九年（1744年），所著《易漢學》成，以表彰漢《易》而唱興復古學之先聲。又著《九經古義》，弘揚顧炎武訓詁治經之宣導，明確昭告學

---

29 盧見曾：〈刻李氏易傳序〉，《雅雨堂文集》，卷1。

30 盧見曾：〈刻鄭氏周易序〉，《雅雨堂文集》，卷1。

31 盧見曾：〈刻周易乾鑿度序〉，《雅雨堂文集》，卷1。

32 盧見曾：〈刻尚書大傳序〉，《雅雨堂文集》，卷1。

林：「漢人通經有家法，故有五經師。訓詁之學，皆師所口授，其後乃著竹帛。所以漢經師之說立於學官，與經並行。五經出於屋壁，多古字古言，非經師不能辨。經之義存乎訓，識字審音，乃知其義。是故古訓不可改也，經師不可廢也。」[33]自乾隆十四年（1749年）起，開始撰《周易述》，後因病故世而未成完書。惠棟生前，早在入揚州盧氏幕府之初，其治經主張即已為幕主所接受，因之始有盧見曾補刊《經義考》、輯刻《雅雨堂藏書》諸學術舉措。二十三年（1758年）五月，惠棟病逝。八月，盧見曾即以《周易述》付梓，於卷首撰文記云：「吾友惠松崖先生說《易》，獨好述漢氏。其言曰，《易》有五家，有漢《易》，有魏《易》，有晉《易》，有唐《易》，有宋《易》。惟漢《易》用師法，獨得其傳……蓋先生經學得之半農先生士奇，半農得之硯溪先生周惕，硯溪得之樸庵先生有聲，歷世講求，始得家法，亦云艱矣。先生六十後，力疾撰著，自云三年後便可卒業。孰意垂成疾革，未成書而歿。今第如其卷數刊刻之，不敢有加焉，懼續貂也。先生年僅六十有二，余與先生周旋四年，為本其意而敘之如此。」[34]

五　從惠棟、戴震到錢大昕

在乾隆初葉的古學復興潮流中，江南諸多中心城市並非彼此孤立，互不關涉，實則一代又一代學人在其間的往還，已然使之相互溝通，連為一體。正是眾多學人的執著和敬業，共同促成了經史古學的復興和發皇。以下擬略述後先接武的三位大師之相關學行，以窺傑出學人在其間所付出勞作之艱辛。

33　惠棟：〈九經古義述首〉，《松崖文抄》，卷1。
34　盧見曾：〈周易述序〉，見惠棟《周易述》，卷首。

　　我們所討論的三位大師，一是惠棟，二是戴震，三是錢大昕。三人之中，惠棟最為年長，生於康熙三十六年（1697年），戴震其次，為雍正元年（1723年）生人，而錢大昕最少，生於雍正六年（1728年）。就年輩論惠棟是長者，戴、錢皆屬晚輩。乾隆九年（1744年），惠棟著《易漢學》名世，成為興復古學的傑出先行者。是時，戴、錢俱尚在孜孜尋覓治學門徑。十四年，錢大昕求學紫陽書院，因之尊惠棟為「吳中老宿」，且慕名登門拜謁。事隔四十三年之後，年近古稀的錢大昕依然深情回憶：「予弱冠時，謁先生於泮環巷宅，與論《易》義，更僕不倦，蓋謬以予為可與道古者。」[35]二十一、二年間，大昕同窗王昶與惠棟同客揚州盧氏幕府，《易漢學》手稿即由王昶抄校。此一抄本及惠著《周易述》大要，亦經王氏而傳入京城。所以彼時錢大昕自京中致書王昶，一是告：「惠氏《易漢學》，鶴侶（褚寅亮——引者）大兄現在手鈔，此時尚未付還。來春當郵致吳門，決不遺失也。」[36]一是稱：「松崖徵君《周易述》，摧陷廓清，獨明絕學，談漢學者無出其右矣。」[37]

　　乾隆二十二年（1757年）冬，戴震旅京南還，途經揚州。有幸在盧氏幕府同惠棟訂交，當時情景，戴震記之甚明：「震自京師南還，始覯先生於揚之都轉鹽運使司署內。先生執震之手言曰：昔亡友吳江沈冠云（沈彤——引者）嘗語余，休寧有戴某者，相與識之也久。冠云蓋實見子所著書。震方心訝少時未定之見，不知何緣以入沈君目，而憾沈君之已不及覯，益欣幸獲覯先生。」[38]三十年冬，戴震過蘇

35 錢大昕：〈古文尚書考序〉，《潛研堂文集》，卷24。

36 陳鴻森輯：〈與王德甫書一〉，《錢大昕潛研堂遺文輯存》，卷下。

37 陳文和主編，錢大昕：〈與王德甫書一〉，《潛研堂文集補編》（南京市：江蘇古籍出版社，1997年，《嘉定錢大昕先生全集》），冊10，頁28。

38 戴震：《題惠定宇先生授經圖東原文集》，卷11。

州，晤惠棟遺屬及諸高足，曾撰〈題惠定宇先生授經圖〉一文，以緬懷亡友。文中高度評價惠學云：「先生之學，直上追漢經師授受，欲墜未墜，埋蘊積久之業，而以授吳之賢俊後學，俾斯事逸而復興。震自愧學無所就，於前儒大師不能得所專主，是以莫之能窺測先生涯涘。」正是在這篇文章中，戴震承惠棟訓詁治經的傳統，提出了「故訓明則古經明」的著名主張。同時，又將這一主張與典章制度的考究及義理之學的講求相結合，對惠棟學術作了創造性的解釋。他說：「松崖先生之為經也，欲學者事於漢經師之故訓，以博稽三古典章制度，由是推求理義，確有據依。彼歧故訓、理義二之，是故訓非以明理義，而故訓胡為？理義不存乎典章制度，勢必流入異學曲說而不自知，其亦遠乎先生之教矣。」[39]

乾隆三十四年（1769年），戴震為惠棟弟子余蕭客著《古經解鈎沉》撰序，重申前說，系統昭示訓詁治經以明道的為學宗旨。他的結論是：「經之至者道也，所以明道者其詞也，所以成詞者未有能外小學文字者也。由文字以通乎語言，由語言以通乎古聖賢之心志，譬之適堂壇之必循其階，而不可以躐等。」[40]篇末，戴震重申：「今仲林得稽古之學於其鄉惠君定宇，惠君與余相善，蓋嘗深嫉乎鑿空以為經也。二三好古之儒，知此學之不僅在故訓，則以志乎聞道也，或庶幾也。」[41]

乾隆三十八年（1773年），清廷開《四庫全書》館，戴震以舉人奉召入京修書。至此，漢學得清廷優容，大張其軍，風行朝野，古學復興蔚成風氣，如日中天。正如當時著名史家章學誠所記：「於是四方才略之士，挾策來京師者，莫不斐然有天祿、石渠，勾《墳》抉

---

39 戴震：《題惠定宇先生授經圖東原文集》，卷11。
40 戴震：〈古經解鈎沉序〉，《東原文集》，卷10。
41 戴震：〈古經解鈎沉序〉，《東原文集》，卷10。

《索》之思。而投卷於公卿間者，多易其詩賦、舉子藝業，而為名物考訂，與夫聲音文字之標，蓋駸駸乎移風俗矣。」[42]

乾隆四十二年（1777年）五月，戴震在北京去世。此時錢大昕已急流勇退，歸隱林泉，以博贍通貫而主盟學壇。五十四年（1789年），大昕入主蘇州紫陽書院講席。光陰荏苒，日月如梭，回首當年求學紫陽，不覺已整整四十年過去。在迄於嘉慶九年（1804年）逝世的十六年間，錢大昕弘揚紫陽書院傳統，以「精研古學，實事求是」而作育一方俊彥。據錢慶曾《竹汀居士年譜續編》記：「公在紫陽最久，自己酉至甲子，凡十有六年，一時賢士受業於門下者，不下二千人，悉皆精研古學，實事求是。如李茂才銳之算術，夏廣文文燾之輿地，鈕布衣樹玉之《說文》，費孝廉士璣之經術，張徵君燕昌之金石，陳工部稽亭先生之史學，幾千年之絕學，萃於諸公，而一折衷於講席。」[43]

後海先河，飲水思源，晚年的錢大昕，以一傑出史家而梳理當代學術史事，分別為惠棟、江永、戴震諸家立傳，尤為留意表彰傳主興復古學之功。江永一傳，大昕稱傳主「讀書好深思，長於比勘，於步算、鍾律、聲韻尤明」。且記云：「休寧戴震，少不譽於鄉曲，先生獨重之，引為忘年交，震之學，得諸先生為多。」[44]戴震一傳則大段徵引震撰〈題惠定宇先生授經圖〉、〈古經解鉤沉序〉諸文之主張，將傳主為學宗旨歸納為「由聲音文字以求訓詁，由訓詁以尋義理，實事求是，不偏主一家」。[45]在《惠先生棟傳》中，錢大昕總結數千年經學史，尤其是宋元以降學術積弊，指出：「予嘗論宋、元以來，說經之

---

42 章學誠：〈周書昌別傳〉，《章氏遺書》，卷18。
43 錢慶曾：《竹汀居士年譜續編》，「乾隆五十八年、六十六歲」條。
44 錢大昕：〈江先生永傳〉，《潛研堂文集》，卷39。
45 錢大昕：〈戴先生震傳〉，《潛研堂文集》，卷39。

書盈屋充棟，高者蔑棄古訓，自誇心得，下者剿襲人言，以為己有，儒林之名，徒為空疏藏拙之地。獨惠氏世守古學，而先生所得尤深，擬諸漢儒，當在何邵公、服子慎之間，馬融、趙岐輩不能及也。」大昕準確地把握住惠棟《易》學與漢學復興的關係，他寫道：「惠先生棟……年五十後，專心經術，尤邃於《易》。謂宣尼作《十翼》，其微言大義，七十子之徒相傳，至漢猶有存者。自王弼興而漢學亡，倖存其略於李氏《集解》中。精研三十年，引伸觸類，始得貫通其旨。乃撰次《周易述》一編，專宗虞仲翔，參以荀、鄭諸家之義，約其旨為注，演其說為疏。漢學之絕者千有五百餘年，至是而粲然復章矣。」[46]

通過梳理惠棟、戴震、錢大昕三家的相關學行，我們似可依稀看到，乾隆初葉以後，「古學」二字宛若一根無形的紅線，把幾代學人緊緊地聯繫在一起。從惠棟、戴震到錢大昕，是否可以視為古學復興潮流形成至發皇的一個縮影，我想或許是可以這樣去認識的。

---

46 錢大昕：〈惠先生棟傳〉，《潛研堂文集》，卷39。

第十一章
從經筵講論看乾隆時期的朱子學

　　有清一代的朱子學，自康熙後期取得主導地位之後，儘管朝廷懸為功令，帝王提倡，士子講習，然而卻久久發展不起來。倒是與性理之學迥異其趣的經學考據，不脛而走，蔚為大國，在乾隆、嘉慶間風靡朝野而成一時學術主流。因此，早在乾隆初，清高宗已然喟歎：「近來留意詞章之學者，尚不乏人，而究心理學者蓋鮮。」[1]至乾隆中葉以後，遂有戴東原《孟子字義疏證》出，凜然別張一軍，「欲奪朱子之席」。[2]迄於乾隆末、嘉慶初，就在朱子故里的徽歙之間，竟然出現「自命通經服古之流，不薄朱子則不得為通人」的狀況。[3]這樣一種局面何以會形成？從學術史與社會史相結合的角度，探討其間的深層原因，不惟於朱子學傳衍顯晦之梳理有所裨益，而且對認識和把握清代中葉之社會與學術，皆不無價值。以下，擬從清高宗經筵講論內容的變遷入手，就乾隆一朝朱子學不振的原因，試作一些討論。唯所論未必允當，尚祈大雅賜教。

1　《清高宗實錄》，卷128，「乾隆五年十月己酉」條。

2　王國維：〈聚珍本戴校水經注跋〉，《觀堂集林》（北京市：中華書局，1959年），卷12，頁580。

3　章學誠：《文史通義》內篇2〈朱陸〉附〈書朱陸篇後〉，見《章學誠遺書》（北京市：文物出版社，1985年），頁16。

一　高宗初政與朱子學的提倡

清高宗在位六十年，自乾隆三年（1738年）首舉經筵，至乾隆六十年（1795年）遜位，經筵講學凡舉五十一次。高宗初政，一遵其父祖舊規，經筵講學皆於每年春秋各舉一次，以示崇儒重道，孜孜嚮學。自乾隆十二年以後，除十八年舉經筵於仲秋，其它各年皆於仲春舉行。[4]

乾隆元年正月，高宗改元伊始，即面臨御史謝濟世著《學庸注疏》，以立異朱子一事。據議政之諸王、大臣稱：「謝濟世進自著《學庸注疏》，於經義未窺毫末。其稱明初尊朱之令，以同鄉同姓之故，名為表彰聖賢，實則推尊本朝。尤屬謬妄無稽，甚為學術人心之害。」疏上，高宗採納諸王、大臣議，將謝氏所著之書「嚴飭發還」。[5]二月，他又就謝濟世著述和另一御史李徽所奏，請將《孝經》與《四書》並列一事頒諭，嚴加指斥。據云：

> 謝濟世請用其自注《學庸》，易朱子《章句》，頒行天下。獨不自揣己與朱子，分量相隔如雲泥，而肆口詆毀，狂悖已極。且謂明代以同鄉同姓，尊崇朱子之書，則直如爨下老婢陳說古事，雖鄉里小兒，亦將聞而失笑也。李徽欲以《孝經》與《四書》並列為五，立義支離，屬辭鄙淺。於宋、元大儒所論《孝經》源流離合，曾未寓目，即欲變亂歷代論定，列於學官，數百年不易之舊章，亦不自量之甚矣。[6]

4　詳見拙文末所附〈乾隆朝經筵講學一覽表〉。
5　《清高宗實錄》，卷11，「乾隆元年正月乙卯」條。
6　《清高宗實錄》，卷13，「乾隆元年二月庚辰」條。

　　乾隆三年正月，高宗服喪期滿，頒諭禮部，籌備舉行經筵講學。
他說：

> 朕惟《四子》、《六經》，乃群聖傳心之要典，帝王馭世之鴻
> 模。君天下者，將欲以憂入聖域，茂登上理，舍是無由。我皇
> 祖聖祖仁皇帝，皇考世宗憲皇帝，時御講筵，精研至道，聖德
> 光被，比靈斯唐虞。朕夙承庭訓，典學維殷，御極以來，勤思
> 治要，已命翰林科道諸臣，繕進經史，格言正論，無日不陳於
> 前。特以亮陰之中，經筵未御。茲既即吉，亟宜舉行。所有典
> 禮，爾部其諏日具儀以聞。[7]

　　二月二十四日，首舉經筵大典。儒臣先講《論語》〈為政〉，高宗
旋宣講論；儒臣再講《尚書》〈舜典〉，高宗再宣講論。此後，除乾隆
五十四年君臣所講皆以《論語》為題之外，先《四書》，後《六經》，
遂成乾隆一朝經筵講學之定規。其間，凡講《論語》二十六次，《孟
子》四次，《大學》九次，《中庸》十一次，《周易》二十四次，《尚
書》二十四次。

　　乾隆五年十月，鑒於理學不振，高宗頒發長篇諭旨，提倡讀宋儒
之書，研精理學。他說：

> 朕命翰詹科道諸臣，每日進呈經史講義，原欲探聖賢之精蘊，
> 為致治寧人之本。道統學術，無所不該，亦無往不貫。而兩年
> 來，諸臣條舉經史，各就所見為說，而未有將宋儒性理諸書，
> 切實敷陳，與儒先相表裏者。蓋近來留意詞章之學者，尚不乏
> 人，而究心理學者蓋鮮。即諸臣亦有於講章中係以箴銘者，古

7　《清高宗實錄》，卷60，「乾隆三年正月癸亥」條。

人鑒槃几杖，有箴有銘，其文也，即其道也。今則以詞藻相尚，不過為應制之具，是歧道與文而二之矣。總因居恒肄業，未曾於宋儒之書沉潛往復，體之身心，以求聖賢之道。故其見於議論，止於如此。

至於為什麼要讀宋儒書，高宗的理由是：

夫治統原於道統，學不正則道不明。有宋周、程、張、朱子，於天人性命大本大原之所在，與夫用功節目之詳，得孔孟之心傳，而於理欲、公私、義利之界，辨之至明。循之則為君子，悖之則為小人。為國家者，由之則治，失之則亂。實有裨於化民成俗、修己治人之要，所謂入聖之階梯，求道之塗轍也。學者精察而力行之，則蘊之為德行，學皆實學；行之為事業，治皆實功。此宋儒之書，所以有功後學，不可不講明而切究之也。

在闡明應當讀宋儒書的道理之後，清高宗進而指出，不可因理學中人有偽，遂置理學於不講。他就此表示：

今之說經者，間或援引漢唐箋疏之說。夫典章制度，漢唐諸儒有所傳述，考據固不可廢。而經術之精微，必得宋儒參考而闡發之，然後聖人之微言大義，如揭日月而行也。惟是講學之人，有誠有偽，誠者不可多得，而偽者託於道德性命之說，欺世盜名，漸啟標榜門戶之害。此朕所深知，亦朕所深惡。然不可以偽託者獲罪於名教，遂置理學於不事，此何異於因噎而廢食乎！[8]

8　《清高宗實錄》，卷128，「乾隆五年十月己酉」條。

　　乾隆六年七月，在訓飭諸臣公忠體國的諭旨中，高宗宣稱：「朕自幼讀書，研究義理，至今《朱子全書》未嘗釋手。」[9]同年九月，外放湖南督糧道的謝濟世，於當地刊刻所著經書。高宗聞奏，就此頒諭軍機大臣，責成湖廣總督孫嘉淦予以銷毀。他說：

> 朕聞謝濟世將伊所注經書刊刻傳播，多係自逞臆見，肆詆程朱，甚屬狂妄。從來讀書學道之人，貴乎躬行實踐，不在語言文字之間辨別異同。況古人著述既多，豈無一二可指謫之處？以後人而議論前人，無論所見未必即當，即云當矣，試問於己之身心，有何益哉！況我聖祖將朱子升配十哲之列，最為尊崇，天下士子，莫不奉為準繩。而謝濟世輩倡為異說，互相標榜，恐無知之人，為其所惑，殊非一道同風之義，且足為人心學術之害。朕從不以語言文字罪人，但此事甚有關係，亦不可置之不問也。爾等可寄信與湖廣總督孫嘉淦，伊到任後，將謝濟世所注經書中，有顯與程朱違悖牴牾，或標榜他人之處，令其查明具奏，即行銷毀，毋得存留。[10]

　　翌年正月，湖廣總督孫嘉淦奏：「遵查謝濟世所注經書，立說淺陋固滯，不足以欺世盜名，無庸逐條指瀆。謹將原板查毀，並通飭收毀已印之本。」高宗於孫氏摺批示：「所辦甚妥，只可如此而已。」[11]
　　乾隆八年二月，高宗頒諭，令各省學臣以朱子所輯《小學》命題，考試士子。他說：「朱子所輯《小學》一書，始自蒙養為立教之本，繼以明倫為行道之實，終以敬身為自修之要。於世教民心，甚有

9　《清高宗實錄》，卷146，「乾隆六年七月癸亥」條。
10　《清高宗實錄》，卷151，「乾隆六年九月丁亥」條。
11　《清高宗實錄》，卷159，「乾隆七年正月庚寅」條。

裨補。」[12]九年十月,翰林院重葺竣工,高宗親臨賜宴,訓誡諸儒臣道:「翰林之職,雖在文章,要貴因文見道。爾諸臣當明體此意。」[13]宴畢,高宗向翰林院贈書,除自著《樂善堂全集》外,就是其祖當政期間所修《性理精義》。

高宗初政,恪遵其父祖遺規,尊崇朱子,提倡理學。因而從乾隆三年到十八年,在歷年所舉行的十九次經筵講學中,不惟講官篤守朱子之教,而且高宗亦步亦趨,闡發朱子學說,君唱臣和,儼然一派興復朱子學氣象。

二 在經筵講論中對朱子學的質疑

經過乾隆十九、二十兩年的間斷,到二十一年二月再舉仲春經筵,高宗的講論卻發生了引人注目的變化。這便是第一次對朱子的《四書章句集注》提出了質疑。

《中庸》曰:「自誠明謂之性,自明誠謂之教。誠則明矣,明則誠矣。」朱子《中庸章句》注云:「自,由也。德無不實而明無不照者,聖人之德,所性而有者也,天道也。先明乎善而後能實其善者,賢人之學,由教而入者也,人道也。誠則無不明矣,明則可以至於誠矣。」[14]在答門人問《中庸》時,朱子又云:「『自誠明謂之性』,此性字便是性之也。『自明誠謂之教』,此教字是學之也。此二字卻是轉一轉說,與首章『天命之謂性,修道之謂教』二字義不同。」[15]

---

12 《清高宗實錄》,卷185,「乾隆八年二月乙巳」條。

13 《清高宗實錄》,卷227,「乾隆九年十月庚午」條。

14 朱熹:《四書章句集注》之《中庸章句》第21章。

15 黎靖德:〈中庸〉第21章,《朱子語類》(北京市:中華書局,1986年),卷64,頁1566。

　　乾隆二十一年二月初六日，滿漢直講官分別進講《中庸》該章，重申朱子解說。講畢，高宗一改早年對朱子學說的推闡，就《中庸章句》及《朱子語類》所載朱子主張提出異議。據云：「德無不實而所明皆善，性而有之聖人也。先明乎善而後實其德，教而入之賢人也。誠者理之當然，明者明其所以然。性即理也，教即所以明理，一而二、二而一者也。」清高宗的這一闡釋，雖係據朱子學立論，但視性與教為一而二、二而一，則已與朱子不同。由此出發，他對朱子之說提出質疑云：「是故誠之外無性，明之外無教，聖人渾然天理，無所用其明而明無不照。謂之『所性而有』，尚屬強名，則何借乎教！賢人日月至焉，必待先明乎善而後實之，乃復其性。然明即明此理，實亦實此理而已，夫豈別有所謂教哉！」因此，高宗的結論是：「朱子謂與天命謂性、修道謂教二字不同，予以為政無不同耳。」[16]這就是說，在清高宗看來，朱子解「聖人之德」為「所性而有」，並不確切，而是「強名」。此其一。其二，朱子釋性、教二字，以為在不同場合可有不同含意，亦屬多餘。

　　清高宗講《中庸》而立異朱子，只是一個偶然之舉嗎？如果在經筵講論中出現類似情況僅此一次，抑或可稱偶然。可是其後，在迄於乾隆六十年的三十二次經筵講學中，明顯地向朱子學提出質疑，竟達十七次之多。顯然，這就殊非偶然之舉了。茲舉數例如後。

　　乾隆二十三年二月的仲春經筵，以《論語》〈子張篇〉「博學而篤志，切問而近思，仁在其中矣」一條為講題。朱子《論語集注》於該條注云：「四者皆學問思辨之事耳，未及乎力行而為仁也。然從事於此，則心不外馳，而所存自熟，故曰仁在其中矣。」[17]高宗不贊成朱

16　《清高宗實錄》，卷506，「乾隆二十一年二月甲辰」條。
17　朱熹：〈子張〉，《四書章句集注》之《論語集注》，卷10。

子的解說，他駁詰云：「此非四事，蓋兩事耳。博學而不篤志，則或涉為荒唐；切問而不近思，則或入於無稽。然志也、思也，一心之事耳。仁，人心也，安見篤志近思而心常馳騖於外者哉！故曰仁在其中。朱注以為『未及乎力行而為仁』，此或為下學者言。夫篤志近思而不力行，則又安得謂之篤志近思乎？」[18]

乾隆二十五年二月的仲春經筵，依然以《論語》為題，講〈陽貨篇〉「四時行焉，百物生焉」二句。朱子《論語集注》於此二句注云：「四時行，百物生，莫非天理髮見流行之實，不待言而可見。聖人一動一靜，莫非妙道精義之發，亦天而已，豈待言而顯哉？此亦開示子貢之切，惜乎其終不喻也。」至於子貢的發問，朱子則認為：「子貢正以言語觀聖人者，故疑而問之。」[19]高宗不同意朱子的解說，別出新解云：「斯言也，蓋孔子知命耳順以後，所以示學者真實至當之理，非因素貢以言語觀聖人，徒為是不待言而可見之語，而別有所謂妙道精義也。且四時行、百物生之中，何一非天乎？而四時行、百物生之外，又何別有可以見天者乎？聖人視聽言動、晝作夜息之中，何一非妙道精義乎？而聖人視聽言動、晝作夜息之外，又何別有所謂妙道精義者乎？」[20]

乾隆三十二年二月，高宗君臣就《論語》〈憲問篇〉「不逆詐，不億不信。抑亦先覺者，是賢乎」一節進行討論。朱子解此節云：「逆，未至而迎之也。億，未見而意之也。詐，謂人欺己。不信，謂人疑己。抑，反語辭。言雖不逆不億，而於人之情偽，自然先覺，乃為賢也。」[21]高宗同樣不贊成朱子說解，他駁詰云：「此語宜與誠明相

---

18 《清高宗實錄》，卷556，「乾隆二十三年二月己未」條。
19 朱熹：〈陽貨〉，《四書章句集注》之《論語集注》，卷9。
20 《清高宗實錄》，卷606，「乾隆二十五年二月壬午」條。
21 朱熹：〈憲問〉，《四書章句集注》之《論語集注》，卷7。

參看。蓋不逆詐，不億不信，是誠也。抑亦先覺，是明也。人情變幻莫齊，而可以齊之者莫如誠。使事事皆逆其詐而億其不信，是己先以不誠待人，人亦將以逆者、億者應之。此亦一不誠也，彼亦一不誠也，蓼擾虛偽，莫可究詰。雖云淈其泥而揚其波，而己已處污濁之內，欲其先覺，抑亦難矣。」[22]

《論語》〈雍也篇〉記有孔子與樊遲間的如下問對：

> 樊遲問知，子曰：「務民之義，敬鬼神而遠之，可謂知矣。」
> 問仁，曰：「仁者先難而後獲，可謂仁矣。」

朱子《論語集注》解此節云：

> 知、遠，皆去聲。民，亦人也。獲，謂得也。專用力於人道之所宜，而不惑於鬼神之不可知，知者之事也。先其事之所難，而後其傚之所得，仁者之心也。此必因樊遲之失而告之。[23]

高宗認為，朱子之所解未及孔子告顏淵「克己復禮」語，因而不得要領。於是乾隆三十九年二月的仲春經筵，他就此闡發道：

> 問仁於孔子者多矣，而所對各有不同。然聖門以顏淵為高弟，孔子所對者，則曰克己復禮。以此知克己復禮，實為仁之最切最要，即所對樊遲者，亦豈外於是哉？蓋先難者何？克己也。後獲者何？復禮也。夫難莫難於克己。仁者天理也，私欲介於

22　《清高宗實錄》，卷778，「乾隆三十二年二月己亥」條。
23　朱熹：〈雍也〉，《四書章句集注》之《論語集注》，卷3。

中，其能存天理者鮮矣。故《易》曰「大師克相遇」，必用大
師之力，而後能克其私欲，以全天理。故《易》又曰，「顏氏
之子，其殆庶幾乎？有不善未嘗不知，知之未嘗復行也」；「不
遠復，無只悔，元吉」，皆克己復禮之謂也。董仲舒正誼明道
之論，略為近之。而朱子舉以為不求後效，又以為警樊遲有先
獲之病，未嘗申明告顏子之意，余故敘而論之。[24]

　　乾隆四十六年二月的仲春經筵，以講《大學》「此之謂絜矩之
道」一句為論題。朱子《大學章句》解「絜矩」云：「絜，度也。
矩，所以為方也。」又說：「如不欲上之無禮於我，則必以此度下之
心，而亦不敢以此無禮使之。不欲下之不忠於我，則必以此度上之
心，而亦不敢以此不忠事之。至於前後左右，無不皆然。」[25]朱子注
分明已得的解，而清高宗卻不以為然，他說：

　　曾子聞夫子一貫之心傳，其告門人曰：「夫子之道，忠恕而已
矣。」故其釋治國平天下，以為有絜矩之道。又申之以上下、
前後、左右，有所以接之之境，處之之理，而曰「此之謂絜矩
之道」。蓋矩者境也，絜者理也。理也、境也，不外乎一心。
境者，心之接；理者，心之處。中心之謂忠，處理之謂也；如
心之謂恕，接境之謂也。一以貫之，豈更外於此乎？然非克己
復禮，理境相融，其能與於此者鮮矣。仲弓問仁，而夫子示之
以敬恕，此物此志也。[26]

---

24 《清高宗實錄》，卷952，「乾隆三十九年二月己丑」條。
25 朱熹：《四書章句集注》之《大學章句》第10章。
26 《清高宗實錄》，卷1124，「乾隆四十六年二月己酉」條。

　　乾隆五十四年二月的仲春經筵，高宗君臣兩講《論語》，為乾隆
一朝歷次經筵所僅見。所講先為〈述而篇〉「子在齊聞《韶》，三月不
知肉味，曰『不圖為樂之至於斯也』」句，次為〈八佾篇〉「子謂
《韶》盡美矣，又盡善也；謂《武》盡美矣，未盡善也」句。朱子
《論語集注》，於〈述而篇〉句注云：

> 《史記》「三月」上，有「學之」二字。不知肉味，蓋心一於
> 是而不及乎他也。曰不意舜之作樂至於如此之美，則有以極其
> 情文之備，而不覺其歎息之深也。蓋非聖人不足以及此。[27]

於〈八佾篇〉句注云：

> 《韶》，舜樂。《武》，武王樂。美者，聲容之盛。善者，美之
> 實也。舜紹堯致治，武王伐紂救民，其功一也，故其樂皆盡
> 美。然舜之德，性之也，又以揖遜而有天下。武王之德，反之
> 也，又以征誅而得天下，故其實有不同者。[28]

而朱子答門人問〈述而篇〉句，還說：「子聞《韶》音，學之三月，
不知肉味。學之一節，不知如何。今正好看其忘肉味處，這裏便見得
聖人之樂如是之美，聖人之心如是之誠。」又說：「聖人聞《韶》，須
是去學，不解得只恁休了。學之亦須數月方熟。三月，大約只是言其
久，不是真個足頭九十日，至九十一日便知肉味。」[29]

27　朱熹：〈述而〉，《四書章句集注》之《論語集注》，卷4。

28　朱熹：〈八佾〉，《四書章句集注》之《論語集注》，卷2。

29　黎靖德：〈子在齊聞韶章〉，《朱子語類》（北京市：中華書局，1986年），卷34，頁
　878。

對於朱子的說解，清高宗貶抑為「未知樂，且未知夫子」，因之而概予否定。他先是說：

咸池六英，有其名而無其樂。非無樂也，無其言，故不傳其樂耳。若夫舜之《韶》，則自垂千古。何以故？舜之言垂千古，則樂亦垂千古。夫子在齊，偶聞之耳。必曰在齊始有《韶》，夫子聞之之後而《韶》遂絕，是豈知樂者哉？司馬遷增之以「學之」二字，朱子亦隨而注之，則胥未知樂，且未知夫子矣。

繼之又詆朱子注不得要領云：

夫子天縱之聖，何學而不能，而必於《韶》也，學之以三月而後能乎？蓋三月為一季，第言其久耳。而朱子且申之以九十一日知味之說，反覆論辨不已。吁，其去之益遠矣！

最後則逕譏朱子說解為「費辭」道：

夫樂者何？律聲言志而已。無志則無言，無言則無聲，無聲必無律。依與永則行乎其間，而不具體者也。是則樂之本在乎志，知在乎志，則知舜之盡美善，而武之未盡善矣。何必費辭！[30]

由以上所舉諸例可見，自乾隆二十一年以後，清高宗在經筵講學中的立異朱子，實非一偶然現象。

---

30 《清高宗實錄》，卷1322，「乾隆五十四年二月辛卯」條。

三　從提倡理學到崇獎經學

在乾隆二十一年以後的經筵講壇之上，清高宗何以會屢屢立異朱子，心裁別出？這是一個很值得去深入論究的問題。筆者以為，如果從高宗即位，尤其是乾隆五年理學的提倡未見成傚之後，其學術好尚所發生的變化來考察，或許能夠尋覓出其間的線索來。

如何處理理學與經學的關係？這是入清以後，伴隨社會的由亂而治，朝野共同關注的問題。在日趨高漲的以經學濟理學之窮的聲浪中，清廷於康熙後期的表彰朱子學，就已經顯示了融理學於經學之中的發展趨勢。所以，清聖祖既說：「朱子注釋群經，闡發道理，凡所著作及編纂之書，皆明白精確，歸於大中至正。」[31]又說：「治天下以人心風俗為本，欲正人心、厚風俗，必崇尚經學。」[32]他明確昭示子孫：「帝王立政之要，必本經學。」提出了「以經學為治法」的一代家法。[33]

世宗當政，為時過短，崇尚經學的文化舉措未及實施，即過早地去世。高宗即位，憑藉其父祖奠定的雄厚國基，他所獲得的是一個承平安定的江山。經濟的富庶，政局的安定，使他得以從容地去實踐其父祖的未竟之志。

乾隆元年四月，高宗重申「首重經學」的一代家法，命廣布聖祖時期官修諸經解，以經學考試士子。他說：「聖祖仁皇帝四經之纂，實綜自漢迄明，二千餘年群儒之說而折其中，視前明《大全》之編，僅輯宋元講解，未免膚雜者，相去懸殊。各省學臣，職在勸課實學，

31　《清聖祖實錄》，卷249，「康熙五十一年正月丁巳」條。
32　《清聖祖實錄》，卷258，「康熙五十三年四月乙亥」條。
33　《清聖祖實錄》，卷113，「康熙二十二年十二月乙卯」條。

則莫要於宣揚盛教，以立士子之根柢。」[34]清高宗的諭旨表明，此時清廷所尊崇的經學，絕不僅僅限於宋元理學諸儒的解說，而是要由宋明而遠溯漢唐，博採歷代經師之長以「立士子之根柢」。

乾隆二年三月，高宗命儒臣每日繕寫經史奏疏進呈。三年十月，他又號召天下士子「究心經學，以為明道經世之本」，指出：

> 學問必有根柢，方為實學。治一經必深一經之蘊，以此發為文辭，自然醇正典雅。若因陋就簡，只記誦陳腐時文百餘篇，以為弋取科名之具，則士之學已荒，而士之品已卑矣。[35]

在清高宗的宣導之下，各地學政聞風而動。四年三月，先是陝西學政嵩壽奏：「請於《四書》經義外，摘錄本經四五行，令生童作經義一段，定其優劣。童生中有能背誦《五經》，兼通講貫者，量行取進。」[36]隨後山東學政徐鐸又奏：「薦舉優拔，貴乎通經致用。請嗣後報優，注明通曉何經，拔貢改試經解。」[37]同年六月，安徽學政鄭江舉薦的優生陶敬信，將所著《周禮正義》一書進呈。高宗以「其注解尚屬平妥明順」，頒諭嘉獎，「令其在《三禮》館纂修上行走」。[38]

乾隆五年，高宗雖頒諭提倡讀宋儒書、研精理學，但無奈未著成效。廷臣中以理學而名噪一時者，無論是治朱子學的方苞，還是治陸王學的李紱，皆言不顧行，深令高宗失望。因此，高宗曾頒諭指斥方苞：「假公濟私，黨同伐異，其不安靜之痼習，到老不改。」[39]又在批

---

34 《清高宗實錄》，卷17，「乾隆元年四月辛卯」條。
35 《清高宗實錄》，卷79，「乾隆三年十月辛丑」條。
36 《清高宗實錄》，卷88，「乾隆四年三月丁未」條。
37 《清高宗實錄》，卷88，「乾隆四年三月己酉」條。
38 《清高宗實錄》，卷95，「乾隆四年六月丙申」條。
39 《清高宗實錄》，卷92，「乾隆四年五月戊午」條。

駁御史張湄奏疏時，言及「方苞造言生事、欺世盜名之惡習」。[40]至於李紱，高宗認為，其品行不端，實與方苞為同類，他說：「朕猶記方苞進見後，將朕欲用魏廷珍之意，傳述於外，並於魏廷珍未經奉召之前，遷移住屋，以待其來京。此人所共知者。又李紱曾經召對，朕以君不密則失臣，臣不密則失身之義訓諭之。伊稱臣斷不敢不密，但恐左右或有洩露耳。朕諭云，朕從來召見臣工，左右近地，曾無內侍一人，並無聽聞，亦何從洩露。如此二人者，則皆此類也。」[41]而對以理學為門面的湖北巡撫晏斯盛，清高宗則徑斥之為「其人乃一假道學者流」。[42]

　　一方面是理學的不振和對理學諸臣的失望，另一方面是經學稽古之風的方興未艾，二者交互作用的結果，遂成清高宗的專意崇獎經學。乾隆十年四月，高宗策試天下貢士於太和殿，指出：「夫政事與學問非二途，稽古與通今乃一致。」他昭示天下士子：「將欲為良臣，舍窮經無他術。」[43]十二年三月，清廷重刻《十三經注疏》成，高宗特為撰序刊行，嚮學術界發出「篤志研經，敦崇實學」的號召。他說：

> 我朝列祖相承，右文稽古。皇祖聖祖仁皇帝，研精至道，尊崇聖學，五經具有成書，頒佈海內。朕披覽《十三經注疏》，念其歲月經久，梨棗日就漫漶，爰敕詞臣，重加校正。其於經文誤字，以及傳注箋疏之未協者，參互以求其是，各為考證，附於卷後，不紊舊觀。刊成善本，匪徒備金匱石室之藏而已。

40　《清高宗實錄》，卷98，「乾隆四年八月丙子」條。
41　《清高宗實錄》，卷139，「乾隆六年三月甲申」條。
42　《清高宗實錄》，卷189，「乾隆八年四月癸丑」條。
43　《清高宗實錄》，卷239，「乾隆十年四月戊辰」條。

《書》曰「學於古訓乃有獲」;《傳》曰「經籍者聖哲之能事,
其教有適,其用無窮」……繼自今津逮既正,於以窮道德之閫
奧,嘉與海內學者,篤志研經,敦崇實學。庶幾經義明而儒術
正,儒術正而人才昌。[44]

經過高宗初政十餘年的努力,眾山朝宗,百川歸海,遂匯為薦舉
經學的曠典。乾隆十四年十一月,高宗就此頒諭,令內外大臣薦舉潛
心經學之士。他說:

聖賢之學,行本也,文末也,而文之中,經術其根柢也,詞章
其枝葉也。翰林以文學侍從,近年來,因朕每試以詩賦,頗致
力於詞章,而求其沉酣六籍,含英咀華,究經訓之閫奧者,不
少概見。豈篤志正學者鮮與?抑有其人而未之聞與?夫窮經不
如敦行,然知務本,則於躬行為近。崇尚經術,良有關於世道
人心。有若故侍郎蔡聞之、宗人府府丞任啟運,研窮經術,敦
樸可嘉。近者,侍郎沈德潛,學有本源,雖未可遽目為鉅儒,
收明經致用之效,而視獺祭為工,剪綵為麗者,迥不侔矣。今
海宇昇平,學士大夫舉得精研本業,其窮年矻矻,宗仰儒先
者,當不乏人。奈何令終老牖下,而詞苑中寡經術士也。

於是高宗下令:

內大學士、九卿,外督撫,其公舉所知,不拘進士、舉人、諸
生,以及退休閒廢人員,能潛心經學者,慎重遴訪。務擇老成

---

44 《清高宗實錄》,卷286,「乾隆十二年三月丙申」條。

敦厚，純樸淹通之士以應，精選勿濫，稱朕意焉。[45]

高宗諭下，廷臣紛然響應，不過短短一月，舉薦人員之眾，已遠出高宗意料之外。因此，高宗再頒諭旨：「此番大學士、九卿所舉，為數亦覺過多。果有如許淹通經學之士，一時應選，則亦無煩特詔旁求矣。」[46]乾隆十五年十二月，吏部遵旨核定內外大臣舉薦之經學諸儒四十九名，檢出不合格者八人。保舉失當諸臣，皆因之而被罰俸九月。[47]

乾隆十六年正月，清高宗首次南巡。此時的江南，領四方學術風氣之先，窮經考古，漢學復彰。正是有感於江南經學稽古之風的濃厚，高宗命題考試進獻詩賦士子，一如其祖父當年之考試儒臣，論題同為〈理學真偽論〉。[48]返京之後，五月，策試天下貢士於太和殿前，高宗遂改變了一年前的估計，欣然宣稱：「經術昌明，無過今日。」[49]歷時兩年的舉薦經學，雖經嚴格審核，最終為高宗所選定的經學名儒，僅得陳祖範、吳鼎、梁錫璵、顧棟高四人，但此次舉措本身，其影響則非同一般。正如當時列名薦牘的江南經師惠棟所言：「歷代選舉，朝廷親試，不涉有司者，謂之制科，又謂之大科。國家兩舉制科，猶是詞章之選，近乃專及經術，此漢魏六朝、唐宋以來，所未行之曠典。」[50]

---

45 《清高宗實錄》，卷352，「乾隆十四年十一月己酉」條。

46 《清高宗實錄》，卷355，「乾隆十四年十二月辛卯」條。

47 《清高宗實錄》，卷379，「乾隆十五年十二月己丑」條。

48 據錢大昕《竹汀居士年譜》，「乾隆十六年、二十四歲」條記：「是歲大駕始南巡，江浙吳中士子各進獻賦詩……有詔召試江寧行在，欽命題〈蠶月條桑賦〉、〈指佞草詩〉、〈理學真偽論〉。」

49 《清高宗實錄》，卷388，「乾隆十六年五月丙午」條。

50 惠棟：〈上制軍尹元長先生書〉，《松崖文鈔》，卷1。

至此，清高宗以其舉薦經學的重大舉措，納理學、詞章於經學之中，既順應了康熙中葉以後興復古學的學術演進趨勢，又完成了其父祖融理學於經學之中的夙願，從而確立了崇獎經學的文化格局。

四　餘論

在中國古代，經筵講學為文治攸關，素為帝王所重。清承明制，順治九年定，每年春秋仲月，各舉經筵一次。其後，經康熙、雍正二朝，歷時數十年不改，遂成一代定制。高宗即位，一如其父祖，崇儒重道，闡學尊經，因而於經筵講學尤為重視。乾隆五年八月，仲秋經筵講畢，高宗曾面諭經筵講官曰：

> 經筵之設，原欲敷宣經旨，以獻箴規。朕觀近日所進講章，其間頌揚之辭多，而箴規之義少，殊非責難陳善，君臣諮儆一堂之意。蓋人君臨御天下，敷政寧人，豈能毫無闕失？正賴以古證今，獻可替否，庶收經筵進講之益。[51]

乾隆二十五年正月，御史吉夢熊專摺奏議經筵事宜，高宗就此重申：

> 講官係朕簡用大員，經筵講章本應自行撰擬，期副獻納論思之義。乃故事相沿，竟有由翰林院循例屬稿者。朕於講官呈本時，尚為研討折衷，著為經、書二論，務在自抒心得。而侍案敷陳者，顧以成言誦習，聊為塞責，可乎？該御史所奏，實為

---

51 《清高宗實錄》，卷125，「乾隆五年八月甲寅」條。

近理，嗣後將此明著為令。[52]

　　足見，在清高宗的心目之中，經筵講學斷非虛應故事。因而對於講官事前所進講章，他皆認真斟酌，撰為經、書二論，以期自抒心得。儘管誠如他所自述，「帝王之學與儒者終異」[53]，所以對於其經筵講論，我們就不當如同學者論學般地去評判其是非。然而他在經筵講壇上的講論，實無異朝廷學術好尚的宣示。惟其如此，其影響又絕非任何學者之論學可以比擬。乾隆中葉以後，既然在廟堂之上，一國之君論學而屢屢立異朱子，辯難駁詰，唯我獨尊，那麼朝野官民起而效尤，唱別調於朱子，也就不足為奇了。這就叫做「上有所好，下必甚焉」。

　　值得指出的是，清高宗確立崇獎經學格局的過程，也正是他將專制皇權空前強化的過程。高宗初政，鑒於其父為政的刻核寡恩，宣導廣開言路，政尚寬大。然而曾幾何時，寬鬆政局已成過眼雲煙。乾隆八年二月，翰林院編修杭世駿試時務策，因議及「內滿而外漢」的時弊，惹怒高宗，竟遭革職。[54]以之為肇始，從乾隆十六年八月至二十一年正月，高宗大張文網，以對偽撰孫嘉淦奏稿案、王肇基獻詩案、楊煙昭著書案、劉震宇《治平新策》案、胡中藻《堅磨生詩鈔》案和朱思藻輯《四書》成語案等的窮究和嚴懲，宣告了寬大為政的終結和文化桎梏的形成。正是在這樣一個背景之下，清高宗選擇崇獎經學、立異朱子的方式，把學術界導向窮經考古的狹路之中。

52　《清高宗實錄》，卷605，「乾隆二十五年正月乙亥」條。
53　《清高宗實錄》，卷1106，「乾隆四十五年五月戊子」條。
54　《清高宗實錄》，卷184，「乾隆八年二月癸巳」條。

附錄　乾隆朝經筵講學一覽

時　間	內　容
乾隆三年二月	《論語》「道之以德，齊之以禮，有恥且格。」
	《尚書》「諮十有二牧，曰食哉惟時。」
乾隆三年八月	《論語》「寬則得眾，信則民任焉，敏則有功，公則說。」
	《尚書》「兢兢業業，一日二日萬幾。」
乾隆四年二月	《孟子》「聖人治天下，使有菽粟如水火，菽粟如水火，而民焉有不仁者乎。」
	《周易》「天行健，君子以自強不息。」
乾隆四年八月	《論語》「惟仁者能好人、能惡人。」
	《尚書》「德惟善政，政在養民。」
乾隆五年八月	《中庸》「執其兩端，用其中於民。」
	《尚書》「以義制事，以禮制心。」
乾隆六年二月	《中庸》「凡為天下國家有九經，所以行之者一也。」
	《尚書》「罔違道以干百姓之譽，罔咈百姓以從己之欲。」
乾隆七年二月	《大學》「《詩》云，樂只君子，民之父母。民之所好好之，民之所惡惡之。」
	《周易》「元者善之長也，亨者嘉之會也，利者義之和也，貞者事之幹也。」
乾隆七年八月	《論語》「一日克己復禮，天下歸仁焉。」
	《周易》「天地之道，恒久而不已也。」

時　間	內　容
乾隆八年二月	《論語》「子曰，性相近也，習相遠也。」
	《周易》「天地養萬物，聖人養賢以及萬民。」
乾隆九年二月	《論語》「古之學者為己，今之學者為人。」
	《周易》「天地之大德曰生。」
乾隆九年八月	《論語》「居之無倦，行之以忠。」
	《周易》「天地感而萬物化生，聖人感人心而天下和平。」
乾隆十年三月	《論語》「子路問政，子曰先之勞之。請益，曰無倦。」
	《周易》「修辭立其誠。」
乾隆十一年二月	《中庸》「致中和，天地位焉，萬物育焉。」
	《尚書》「闢四門，明四目，達四聰。」
乾隆十一年八月	《大學》「自天子以至於庶人，壹是皆以修身為本。」
	《周易》「天施地生，其益無方。」
乾隆十二年二月	《論語》「樊遲問仁，子曰愛人。問知，子曰知人。」
	《周易》「君子以教思無窮，容保民無疆。」
乾隆十四年二月	《論語》「夫子之道，忠恕而已矣。」
	《周易》「上下交而其志同。」
乾隆十七年二月	《論語》「君子之於天下也，無適也，無莫也。」
	《尚書》「知人則哲，能官人。安民則惠，黎民懷之。」
乾隆十八年八月	《論語》「視其所以」一章。
	《周易》「君子體仁，足以長人。」

時　間	內　容
乾隆二十一年二月	《中庸》「自誠明謂之性，自明誠謂之教。」
	《尚書》「敕天之命，惟時惟幾。」
乾隆二十三年二月	《論語》「博學而篤志，切問而近思，仁在其中矣。」
	《尚書》「思其艱以圖其易，民乃寧。」
乾隆二十四年二月	《中庸》「成己仁也，成物知也。」
	《周易》「易簡而天下之理得矣。」
乾隆二十五年二月	《論語》「四時行焉，百物生焉。」
	《尚書》「其難其慎，惟和惟一。」
乾隆二十六年二月	《孟子》「舜明於庶物，察於人倫，由仁義行，非行仁義也。」
	《周易》「益通而巽，日進無疆。」
乾隆二十八年二月	《大學》「如保赤子，心誠求之，雖不中不遠矣。」
	《周易》「咸速也，恒久也。」
乾隆二十九年二月	《論語》「因民之所利而利之。」
	《尚書》「屢省乃成。」
乾隆三十一年二月	《論語》「無適也，無莫也，義之與比。」
	《尚書》「皇建其有極，斂時五福，用敷錫厥庶民。」
乾隆三十二年二月	《論語》「不逆詐，不億不信，抑亦先覺者，是賢乎。」
	《周易》「日新之謂盛德。」
乾隆三十三年二月	《大學》「是以君子有絜矩之道也。」
	《尚書》「一日二日萬幾。」
乾隆三十四年二月	《大學》「所謂誠其意者，毋自欺也。」
	《尚書》「欽哉，惟時亮天功。」

時　間	內　容
乾隆三十五年二月	《孟子》「由仁義行，非行仁義也。」
	《周易》「聖人養賢以及萬民。」
乾隆三十七年二月	《中庸》「修道之謂教。」
	《周易》「輔相天地之宜。」
乾隆三十八年二月	《大學》「民之所好好之，民之所惡惡之。」
	《尚書》「慮善以動，動惟厥時。」
乾隆三十九年二月	《論語》「仁者先難而後獲。」
	《尚書》「功崇惟志，業廣惟勤。」
乾隆四十年二月	《大學》「日日新，又日新。」
	《周易》「有孚惠我德。」
乾隆四十一年二月	《論語》「百姓足，君孰與不足。」
	《尚書》「君子所其無逸。」
乾隆四十四年二月	《論語》「先之勞之，請益，曰無倦。」
	《周易》「自上下下，其道大光。」
乾隆四十六年二月	《大學》「此之謂矩之道。」
	《周易》「乾始能以美利利天下，不言所利。」
乾隆四十七年二月	《論語》「知者樂，仁者壽。」
	《尚書》「在知人，在安民。」
乾隆四十八年二月	《中庸》「悠久所以成物也。」
	《尚書》「惟臣欽若，惟民從義。」
乾隆五十一年二月	《論語》「仁者安仁，智者利仁。」
	《尚書》「正德、利用、厚生，惟和。」
乾隆五十二年二月	《孟子》「天與賢則與賢，天與子則與子。」
	《周易》「剛健、篤實、輝光，日新其德。」

時　間	內　容
乾隆五十三年二月	《大學》「安而後能慮，慮而後能得。」
	《尚書》「明作有功，惇大成裕。」
乾隆五十四年二月	《論語》「子在齊聞《韶》，三月不知肉味，曰不圖為樂之至於斯也。」
	《論語》「子謂《韶》盡美矣，又盡善也。謂《武》盡美矣，未盡善也。」
乾隆五十五年二月	《中庸》「栽者培之，傾者覆之。」
	《周易》「天行健，君子以自強不息。」
乾隆五十六年二月	《論語》「回也聞一以知十，賜也聞一以知二。」
	《尚書》「允執其中。」
乾隆五十七年二月	《論語》「君子思不出其位。」
	《周易》「唯幾也，故能成天下之務。」
乾隆五十八年二月	《中庸》「至誠無息，不息則久。」
	《尚書》「天聰明自我民聰明，天明畏自我民明威。」
乾隆五十九年二月	《中庸》「悠遠則博厚，博厚則高明。」
	《周易》「顯諸仁，藏諸用。」
乾隆六十年二月	《中庸》「小德川流，大德敦化。」
	《尚書》「亶聰明作元後，元後作民父母。」

第十二章
《宋元學案》纂修述略

　　在中國學術史上，繼《明儒學案》之後，《宋元學案》是又一部具有重要影響的學案體史籍。該書自清代康熙間黃宗羲發凡起例，其子百家承其未竟而續事纂修，直至乾隆初全祖望重加編訂，確立百卷規模，迄於道光中再經王梓材、馮云濠整理刊行，其成書歷時近一百五十年。

一　黃氏父子的創始之功

　　《宋元學案》的結撰，首倡於黃宗羲，續修於其子百家。為山復簣，後海先河，謹述黃氏父子創辟之功如後。

（一）黃宗羲的發凡起例

　　在完成《明儒學案》之後，黃宗羲以耄耋之年，又致力於《宋元學案》的結撰。據全祖望所撰《梨洲先生神道碑文》記，宗羲「晚年，於《明儒學案》之外，又輯《宋儒學案》、《元儒學案》，以志七百年來儒苑門戶。……尚未成編而卒。」[1]雖因代遠年湮，我們今天已無從知道黃宗羲當年董理《宋儒學案》、《元儒學案》的始末，但是其發凡起例的辛勤勞作，在今本《宋元學案》中，依然留下了清晰的印記。

---

[1]　全祖望：〈梨洲先生神道碑文〉，《鮚埼亭集》，卷11。

在宋元兩代《學案》的纂修過程中，黃宗羲的創始之功，除編纂體例一仍《明儒學案》格局之外，主要表現在如下兩個方面。

第一，大體確立卷帙次第。

今本一百卷《宋元學案》之中，據道光間整理書稿的王梓材、馮雲濠介紹，其卷帙次第，在黃宗羲生前，已經粗具眉目。

關於全書的托始於胡瑗、孫復，王梓材明確地指出，其議即首倡於黃宗羲。王氏於此說：「謝山（全祖望——引者）以梨洲編次《學案》托始於安定、泰山者，其意遠有端緒。」[2]之後，康節、濂溪、明道、伊川、橫渠五學案，其編次亦皆源自黃宗羲。全祖望將各案一分為二，於《橫渠學案》即有稱道黃宗羲的疏證之功語，他說：「橫渠先生勇於造道，其門戶雖微有殊於伊洛，而大本則一也。其言天人之故，間有未當者，梨洲稍疏證焉，亦橫渠之忠臣哉！」[3]卷三十三《滎陽學案》，黃宗羲初稿附見於《安定學案》，後為全祖望表而分立。卷三十一《呂范諸儒學案》，黃宗羲初本題作《藍田學案》。卷三十二《周許諸儒學案》、卷三十三《王張諸儒學案》，前者原題《永嘉學案一》，後者則附《康節學案》。卷三十六《紫微學案》亦為全氏分立，舊在《和靖學案》之中。卷四十一至卷四十三《衡麓》、《五峰》、《劉胡諸儒》三學案，宗羲初稿皆在《武夷學案》中。而卷五十二至卷五十五《艮齋》、《止齋》、《水心》三學案，宗羲本亦同置《永嘉學案》中。同樣，卷五十六之《龍川學案》，宗羲則題作《永康學案》。而卷五十七、卷五十八《梭山復齋》、《象山》和卷七十四至卷七十六《慈湖》、《絜齋》、《廣平定川》及卷九十三之《靜明寶峰》諸學案，宗羲初稿俱在《金溪學案》中。他如卷四十八、卷四十九《晦

2　王梓材：〈序錄〉第4卷按語，《宋元學案》，卷首。

3　全祖望：〈序錄〉《橫渠學案》《宋元學案》，卷17，。

翁學案》之稱《紫陽學案》，卷八十二《北山四先生學案》之稱《金華學案》，卷八十五《深寧學案》之附於《西山學案》，卷八十六、卷八十七《東發》、《靜清》二學案之題《四明朱門學案》，卷六十九《介軒學案》之題《新安學案》，卷九十、卷九十一《魯齋》、《靜修》二學案之同列《北方學案》。凡此，皆可窺見黃宗羲篳路藍縷的艱辛勞作。

第二，論定諸家學術。

今本《宋元學案》中，尚存黃宗羲按語五十八條。這些按語論定各家學術，或張大師說，或獨抒己見，於探討黃宗羲結撰《宋元學案》的著述思想，彌足珍貴。謹依卷帙先後，掇其大要，略加引述。

卷十《百源學案》下，黃宗羲於著錄高攀龍評邵雍學術「如空中樓閣」之語後，有按語云：「康節反為數學所掩，而康節數學，《觀物外篇》發明大旨。今載之《性理》中者，注者既不能得其說，而所存千百億兆之數目，或脫或訛，遂至無條可理。蓋此學得其傳者，有張行成、祝泌、廖應淮，今寥寥無繼者。余嘗於《易學象數論》中為之理其頭緒，抉其根柢。」[4]這一段按語是說邵雍學術，其大旨於《觀物外篇》多有闡發，而明初修《性理大全》，不識別擇，龐雜無類，以致使之無條可理，黯然不明。所以黃宗羲既撰《易學象數論》理其頭緒，又於《宋元學案》中立《康節學案》，載其《觀物外篇》，以明邵氏學術。至於邵雍學術的傳衍，黃宗羲原將案主門人附載《康節學案》中，全祖望則分立為《王張諸儒學案》和《張祝諸儒學案》。同樣是述邵氏門人，黃宗羲於王豫（字悅之，又字天悅）傳略後，所加按語則又略異前引。他寫道：「康節之學，子文（雍子伯溫——引者）之外，所傳止天悅，此外無聞焉。蓋康節深自秘惜，非人勿

---

4 黃宗羲：《百源學案下》按語，《宋元學案》，卷10。

傳。⋯⋯天悅無所授，以先生之書殉葬枕中。未百年而吳曦叛，盜發其家，有《皇極經世體要》一篇，《內外觀物》數十篇。道士杜可大賄得之，以傳廖應淮，應淮傳彭復，彭復傳傅立，皆能前知云。」[5]全祖望正是合此二段按語，多方搜輯，遂將《康節學案》黃氏舊稿分而三之。

卷十二《濂溪學案》下，在全文引錄周敦頤《太極圖說》之後，黃宗羲案云：「朱子以為，陽之動為用之所以行也，陰之靜為體之所以立也。夫太極既為之體，則陰陽皆是其用。如天之春夏，陽也；秋冬，陰也。人之呼，陽也；吸，陰也。寧可以春夏與呼為用，秋冬與吸為體哉？緣朱子以下文主靜立人極，故不得不以體歸之靜。先師云『循理為靜，非動靜對待之靜』。一語點破，曠若發矇矣。」[6]這就是說，朱熹有誤會《太極圖說》處，唯有劉宗周之說始是正解。而對於周敦頤學術，黃宗羲在同卷他處，則有總評性的按語，他說：「周子之學，以誠為本。從寂然不動處握誠之本，故曰主靜立極。本立而道生，千變萬化皆從此出。化吉凶悔吝之途，而反覆其不善之動，是主靜真得力處。靜妙於動，動即是靜。無動無靜，神也，一之至也，天之道也。千載不傳之秘，固在是矣。」[7]黃宗羲既以誠為周學大本，進而論證「無動無靜」乃千載不傳之秘，獨周敦頤得悟。因此，他不贊成指周氏之學為源於佛老之說。黃宗羲就此指出：「後世之異論者，謂《太極圖》傳自陳摶，其圖刻於華山石，列玄牝等名，是周學出於老氏矣。又謂周子與胡卜恭（胡宿——引者）同師僧壽涯，是周學又出於釋氏矣。此皆不食其肉而說味者也。使其學而果是乎，則陳摶、壽涯，周子之老聃、萇弘也。使其學而果非乎，即日取二氏而諄

5　黃宗羲：《王張諸儒學案》按語，《宋元學案》，卷33。
6　黃宗羲：《濂溪學案下》按語，《宋元學案》，卷12。
7　黃宗羲：《濂溪學案下》按語，《宋元學案》，卷12。

諄然辯之，則范縝之神滅、傅奕之昌言，無與乎聖學之明晦也。」於是宗義以高攀龍之說為同調，得出了周氏之學「字字闢佛」的結論。他說：「顧涇陽曰，周元公不闢佛。高忠憲答曰，元公之書，字字與佛相反，即謂之字字闢佛可也。豈不信哉！」[8]

　　卷十五《伊川學案》上，當引述程頤「人既能知見，豈有不能行」的一段語錄之後，黃宗義即加按語云：「伊川先生已有知行合一之言矣。」[9]寥寥數語，畫龍點睛，其弦外之音，無非是說王守仁的「知行合一」之見並非異說，實是遠承程頤，淵源有自。程門高足，謝、楊並尊。黃宗義推許謝良佐（上蔡），於楊時（龜山）則有微詞。在卷二十四《上蔡學案》卷首，他寫有類似《明儒學案》總論的一段話，據云：「程門高弟，予竊以上蔡為第一，《語錄》嘗累手錄之。語者謂道南一派，三傳而出朱子，集諸儒之大成，當等龜山於上蔡之上。不知一堂功力，豈因後人為軒輊！且朱子之言曰，某少時妄志於學，頗借先生之言以發其趣。則上蔡固朱子之先河也。」[10]而卷二十五《龜山學案》之論楊時，便有「為明道（程顥）難，為伊川（程頤）易，龜山固兩失之矣」的結論。他說：「朱子言，龜山晚年之出，未免祿仕，苟且就之。然來得已不是，及至，又無可為者，只是說沒緊要底事。所以使世上一等人笑儒者，以為不足用，正坐此耳。此定論也。蓋龜山學問從莊、列入手，視世事多不經意，走熟援而止之而止一路。若使伊川於此等去處，便毅然斬斷葛藤矣。故上蔡云，伯淳最愛中立，正叔最愛定夫，二人氣象相似也。龜山雖似明道，明道卻有殺活手段，決不至徒爾勞攘一番。為伊川易，為明道

8　黃宗義：《濂溪學案下》按語，《宋元學案》，卷12。
9　黃宗義：《伊川學案上》按語，《宋元學案》，卷15。
10　黃宗義：《上蔡學案》按語，《宋元學案》，卷24。

難，龜山固兩失之矣。」[11]對楊、謝二家之學如何評價，朱熹學說之
是否導源謝良佐，都是可以討論的問題。宗義之說雖未可視為定評，
但卻個性鮮明，其特立獨行的學術風貌皆在其中。正如全祖望所說：
「謝、楊二公，謝得氣剛，楊得氣柔，故謝之言多踔厲風發，楊之言
多優柔平緩，朱子已嘗言之。而東發謂象山之學原於上蔡，蓋陸亦得
氣之剛者也。梨洲先生天資最近乎此，故尤心折於謝。」[12]惟其如
此，所以於朱熹批評謝良佐學術語，黃宗義則多加辯詰，指出：「上
蔡在程門中，英果明決。其論仁以覺、以生意，論誠以實理，論敬以
常惺惺，論窮理以求是，皆其所獨得，以發明師說者也。」他認為，
朱熹批評謝氏「雜禪」，實因朱子「終身認理氣為二」所使然。在黃
宗義看來，謝良佐之於程門，「其言語小有出入則或有之，至謂不得
其師之說，不敢信也。」[13]

　　類似的立異朱熹處，四十、四十二、四十八、五十諸卷，按語所
在多有。黃宗義之立異朱子說，固然自有其立論依據，但門戶之見實
亦隱存其間。過於尊信王守仁的《朱子晚年定論》，朱、陸學術早異
晚同之見橫亙於胸，自然就會出現偏頗了。不過，黃宗義畢竟不是門
戶勃谿者，而是一位見識卓然的史家。因此在卷五十八《象山學案》
中，他所留下的大段按語，儘管未脫成見，然而依舊道出了不可拘執
門戶的主張。他說：「先生之學，以尊德性為宗。……紫陽之學，則
以道問學為主。……先生之尊德性，何嘗不加功於學古篤行，紫陽之
道問學，何嘗不致力於反身修德，特以示學者之入門各有先後。……
二先生同植綱常，同扶名教，同宗孔孟。即使意見終於不合，亦不過
仁者見仁，知者見知，所謂學焉而得其性之所近。」於是宗義斷言：

11 黃宗義：《龜山學案》按語，《宋元學案》，卷25。
12 黃宗義：《龜山學案》全祖望按語，《宋元學案》，卷25。
13 黃宗義：《上蔡學案》按語，《宋元學案》，卷24。

「不睹二先生之全書，從未究二先生之本末，糠粃眯目，強附高門，淺不自量，妄相詆毀。彼則曰我以助陸子也，此則曰我以助朱子也。在二先生，豈屑有此等庸妄無謂之助己乎！」[14]談朱熹、陸九淵學術異同，倘能摒棄早異晚同的成見，黃宗羲之所論，亦不失公允持平。

同樣的道理，由於黃宗羲是以一個學術史家的理智去討論學術公案，因而頗能得中肯綮。譬如卷七十四《慈湖學案》之論陸九淵門人楊簡，黃宗羲留下了兩條按語。第一條有云：「象山說顏子克己之學，非如常人克去一切忿欲利害之私，蓋欲於意念所起處將來克去。故慈湖以不起意為宗，是師門之的傳也。……但慈湖工夫入細，不能如象山，一切經傳有所未得處，便硬說闖倒。此又學象山而過者也。」這就是說，楊簡雖得陸九淵真傳，但放言高論，漫無依據，未免有違師教。第二條則說得更其直截：「慈湖所傳，皆以明悟為主。……夫所謂覺者，識得本體之謂也。象山以是為始功，而慈湖以是為究竟。此慈湖之失其傳也。」[15]陸九淵之學，得楊簡而傳，亦因楊簡而失傳，這就是黃宗羲對楊簡學術的定論。

何基、王柏、金履祥、許謙，史稱「北山四先生」。黃宗羲辟為《金華學案》加以考論，以探討宋元間學術史。後經全祖望修訂，改題《北山四先生學案》。在這一學案中，黃宗羲亦留下按語二條。第一條專論宋末何基（北山）之學，指出：「北山之宗旨，熟讀《四書》而已。……確守師說，可謂有漢儒之風焉。」第二條合論元人金履祥、許謙，兼及一時浙東學術，宗羲說：「理一分殊，理不患其不一，所難者分殊耳。此李延平之謂朱子也。是時朱子好為籠侗之言，故延平因病發藥耳。當仁山、白雲之時，浙河皆慈湖一派，求為本

14　黃宗羲：《象山學案》按語，《宋元學案》，卷58。
15　黃宗羲：《慈湖學案》按語，《宋元學案》，卷74。

體，便為究竟，更不理會事物。不知本體未嘗離物以為本體也，故仁山重舉斯言，以救時弊。」[16]

《宋元學案》全書，黃宗羲留下的按語，其最後一條見於卷八十九《介軒學案》。此一學案宗羲原題《新安學案》，係據案主許月卿（號山屋，婺源人）地望命名。而全祖望則改以許氏師董夢程（號介軒）號為據，題作《介軒學案》。按語中，黃宗羲論新安一地元初學風之演變大勢云：「新安之學，自山屋一變而為風節。蓋朱子平日剛毅之氣，凜不可犯，則知斯之為嫡傳也。彼以為風節者，意氣之未融，而以屈曲隨俗為得，真邪說之誣民者也。先師嘗言，東漢之風節，一變至道，其有見於此乎！」[17]

（二）黃百家的續事纂修

黃宗羲晚年，雖發願結撰《宋元儒學案》，無奈年事已高，時不再與，書稿眉目粗得，即告齎志而歿。其子百家承父未竟，續事纂修，為《宋元學案》的成書，建樹了不可磨滅的業績。

黃百家為宗羲第三子，原名百學，字主一，號未史。他生當明清鼎革的亂離之中，青少年時代，因其父從事抗清鬥爭，四方轉徙，無暇課督，因而使百家有「失學」[18]之歎。早年，曾隨鄞縣武師王來咸習武，於拳法、劍術皆頗得其傳。後來，百家於此段經歷似感不妥，屢有反省，用他的話來說，就叫做「幾失足為狹邪無俚之徒」。[19]康熙初，其父返鄉，息影家園，百家始得朝夕相隨，兼習舉子業。康熙六年，黃宗羲講學寧波，百家與甬上諸賢如陳赤衷、陳錫嘏、萬斯大、

16 黃宗羲：《北山四先生學案》按語，《宋元學案》，卷82。
17 黃宗羲：《介軒學案》按語，《宋元學案》，卷89。
18 黃百家：〈贈陳子文北上序〉，《學箕初稿》，卷2。
19 黃百家：〈贈陳子文北上序〉，《學箕初稿》，卷2。

萬斯同等共學於講經會中。從此，紹興、慈谿、海寧，凡宗羲講學所至，百家皆得相隨，耳濡目染，學業日進。康熙十八年，清廷重開《明史》館，禮聘黃宗羲。宗羲婉言謝絕，後不堪糾纏，遂讓弟子萬斯同、萬言叔侄北上，入京預修《明史》。康熙二十六年，再命百家入《明史》館總裁徐元文京邸，同萬斯同一道以布衣修史。二十九年夏，徐元文失官南歸，百家與萬斯同皆為主事者挽留，修史於京中江南會館。後因黃宗羲年高體衰，百家遂攜書稿南還，專意於《天文》、《曆法》諸志的結撰。三十一年七月，《明儒學案》得河北故城賈潤資助刊刻。潤死，子樸繼承其事。黃宗羲聞訊，抱病口授序文，由百家筆錄成篇。

黃宗羲故世之後，留下四部未竣遺著，即《宋儒學案》、《元儒學案》、《宋文案》、《元文案》。後來，黃百家雖有志《明史》，卻因其父遺志未竟而未再入京修史。康熙三十七年春，萬斯同省親南返，向黃百家轉達史館總裁王鴻緒的聘請，擬約百家於秋間結伴入京。萬斯同說：「吾學博於汝，而筆不及汝，《明史》之事，樂得子助。」[20]百家為完成父業，終未得行。晚年的黃百家，致力於《宋元儒學案》和《宋元文案》的纂修，於《宋元儒學案》用力尤勤。後雖一如其父，未能蕆事而去世，但於今本《宋元學案》中，同樣留下了他辛勤耕耘的足跡。

黃百家之於《宋元學案》，其辛勤勞作可以歸納為兩個主要方面：一是整理父稿，拾遺補闕；二是闡發父說，論定學術。茲舉其大要，略述如後。

第一，整理父稿，拾遺補闕。

一部《宋元學案》，經黃百家手所纂輯者，除爾後全祖望補修各

---

20 黃百家：〈萬季野先生斯同墓誌銘〉，見《碑傳集》，卷131。

案外，可謂無案不然。僅百家自述所及，便已稱俯拾即是。譬如卷一
《安定學案》，案中著錄的眾多胡瑗門生弟子，有三十四人的資料即
為百家所搜集。他於此寫道：「安定先生初教蘇、湖，後為直講，朝
命專主太學之政。先生推誠教育，甄別人物，有好尚經術者，好談兵
戰者，好文藝者，好尚節義者，使之以類群居講習。先生時時召之，
使論其所學，為定其理。或自出一義，使人人各對，為可否之。或就
當時政事，俾之折衷。故人皆樂從而有成效。……先生之教法，窮經
以博古，治事以通今，成就人才，最為得當。自後濂、洛之學興，立
宗旨以為學的，而庸庸之徒反易躲閃。是語錄之學行而經術荒矣。當
時安定學者滿天下，今廣為搜索，僅得三十四人，然而錚錚者在是
矣。」[21]又如卷九《百源學案》上所著錄之邵雍《觀物內外篇》、《漁
樵問答》等，亦出黃百家手。他說：「先生《觀物內外篇》，〈內篇〉
先生所自著，〈外篇〉門弟子所述。〈內篇〉注釋，先生子伯溫也。」
又說：「《黃氏日抄》云，《伊川至論》第八卷載《漁樵問答》，蓋世傳
以為康節書者，不知何為亦剗入其中。近世昭德先生晁氏《讀書
記》，疑此書為康節子伯溫所作。今觀其書，惟天地自相依附數語，
為先儒所取，餘多膚淺。子文得家庭之說而附益之，明矣。今去其問
答浮詞並與《觀物篇》重出者，存其略焉。」[22]再如卷十一《濂溪學
案》所著錄黃宗羲對《通書》的箋注，亦係黃百家所輯錄。他於此不
惟詳加案說於篇末，而且還在卷首解釋道：「《通書》，周子傳道之書
也。朱子釋之詳矣，月川曹端氏繼之為《述解》，則朱子之義疏也。
先遺獻嫌其於微辭奧旨尚有未盡，曾取蕺山子劉子說，箋注一過。謹
條載本文下，間竊附以鄙見。」[23]他如卷十三《明道學案》、卷十七

---

21 黃百家：《安定學案》按語，見《宋元學案》，卷1，《安定學案》。

22 黃百家：《百源學案》按語，見《宋元學案》，卷9，《百源學案上》。

23 黃百家：《濂溪學案》按語，見《宋元學案》，卷11，《濂溪學案上》。

《横渠學案》，以及卷八十二《北山四先生學案》和卷九十《魯齋學
案》等，黃百家的辛勤耕耘，皆歷歷在目，不遑備舉。

第二，闡發父說，論定學術。

據筆者粗略統計，在今本《宋元學案》中，載有黃百家按語兩百
一十條。其數量之多，不惟成數倍地遠逾其父，而且也可媲美全祖
望。這些按語，除部分屬於考明疑似、辯證是非之語外，多係闡發其
父遺說，以論定各家學術，實有類於《明儒學案》之諸家學術總論。
譬如前引卷一《安定學案》之評胡瑗學術，即可視為該案總論。又如
卷二《泰山學案》之論孫復學術，亦可作如是觀。百家於案主孫氏傳
略後，先於按語中引述黃震之說，以說明「宋興八十年，安定胡先
生、泰山孫先生、徂徠石先生，始以師道明正學，繼而濂、洛興矣。
故本朝理學雖至伊洛而精，實自三先生而始」。繼之則陳述己說云：
「蓋先生應舉不第，退居泰山，聚徒著書，以治經為教。先生與安定
同學，而《宋史》謂瑗治經不如復。安定之經術精矣，先生復過之。
惜其書世少其傳，其略見徂徠作《泰山書院記》。」同卷孟宗儒傳略
後，百家亦有按語一段，在詳盡稱引其父辯證《明史》不可沿《宋
史》之陋，而立〈道學傳〉語之後，即申以己說云：「先文潔曰，本
朝理學，實自胡安定、孫泰山、石徂徠三先生始。朱文公亦云，伊川
有不忘三先生之語。即考諸先儒，亦不謬也。」[24]再如卷四十八《晦
翁學案》，朱熹傳略後之黃百家按語，亦無異該案總論。他說：「紫陽
以韋齋為父，延平、白水、屏山、籍溪為師，南軒、東萊諸君子為
友，其傳道切磋之人，俱非夫人之所易媿也。稟穎敏之資，用辛苦之
力，嘗自言曰，某舊時用心甚苦，思量這道理，如過危木橋子，相去
只在毫髮之間，才失腳便跌下去。可見先生用功之苦矣。而又孜孜不

24 黃百家：《泰山學案》按語，見《宋元學案》，卷2，《泰山學案》。

肯一刻放懈。其為學也,主敬以立其本,窮理以致其知,反躬以踐其
實。而博極群書,自經史著述而外,凡夫諸子、佛老、天文、地理之
學,無不涉獵而講究也。其為間世之巨儒,復何言哉!」[25]類似總論
性的按語,卷八十三《雙峰學案》、卷八十七《靜清學案》等,所在
多有。卷八十六《東發學案》,百家秉其父說,原題《四明朱門學
案》二,於黃震傳略後,他盡引其父論為按語道:「先遺獻曰,嗟
夫!學問之道,蓋難言哉。無師授者,則有多歧亡羊之歎;非自得
者,則有買櫝還珠之誚。所以哲人代興,因時補救,視其已甚者而為
之一變。當宋季之時,吾東浙狂慧充斥,慈湖之流弊極矣,果齋、文
潔不得不起而救之。然果齋之氣魄,不能及於文潔,而《日抄》之
作,折衷諸儒,即於考亭亦不肯苟同,其所自得者深也。今但言文潔
之上接考亭,豈知言哉?」[26]

此外,黃百家所寫按語,於各家學術源流述之甚詳,始終有一全
域在胸。譬如卷二十五《龜山學案》,於楊時傳略之後,百家有按語
云:「二程得孟子不傳之秘於遺經,以倡天下。而陞堂睹奧,號稱高
第者,遊、楊、尹、謝、呂,其最也。顧諸子各有所傳,而獨龜山之
後,三傳而有朱子,使此道大光,衣被天下。則大程道南目送之語,
不可謂非前識也。」[27]如此論楊時予南宋理學的影響,兼及朱熹學術
淵源,顯然要較其父之推尊謝良佐更接近歷史真實。又如卷五十八
《象山學案》之述朱、陸學術之爭,黃百家亦有擺脫門戶之論。他
說:「子輿氏後千有餘載,纘斯道之墜緒者,忽破暗而有周、程。
周、程之後曾未幾,旋有朱、陸,誠異數也。然而陸主乎尊德性,謂
先立乎其大,則反身自得,百川會歸矣。朱主乎道問學,謂物理既

---

25 黃百家:《晦翁學案》按語,見《宋元學案》,卷48,《晦翁學案上》。
26 黃百家:《東發學案》按語,見《宋元學案》,卷86,《東發學案》。
27 黃百家:《龜山學案》按語,見《宋元學案》,卷25,《龜山學案》。

窮，則吾知自致，瀚霧消融矣。二先生之立教不同，然如詔入室者，雖東西異戶，及至室中則一也。何兩家弟子不深體究，出奴入主，論辯紛紛，而至今借媒此徑者，動以朱、陸之辨同辨異，高自位置，為岑樓之寸木？」[28]

今本《宋元學案》卷八十二《北山四先生學案》，黃氏父子原題《金華學案》，百家於該案多所究心。他先以按語一段綜述金華學術源流云：「勉齋之學，既傳北山，而廣信饒雙峰亦高弟也。雙峰之後，有吳中行、朱公遷，亦錚錚一時。然再傳即不振。而北山一派，魯齋、仁山、白雲，既純然得朱子之學髓，而柳道傳、吳正傳以逮戴叔能、宋潛虛一輩，又得朱子之文瀾，蔚乎盛哉！是數紫陽之嫡子，端在金華也。」繼之則專闢後人訾議王柏治經立異朱熹之不妥，他說：「魯齋之宗信紫陽，可謂篤矣。而於《大學》，則以為格致之傳不亡，無待於補；於《中庸》，則以為〈漢志〉有〈中庸說〉二篇，當分誠明以下別為一篇；於《太極圖說》，則以為無極一句當就圖上說，不以無極為無形、太極為有理也。其於《詩》、《書》，莫不有所更定。豈有心與紫陽異哉！……後世之宗紫陽者，不能入郭廓，寧守注而背經，而昧其所以為說，苟有一言之異，則以為攻紫陽矣。然則魯齋亦攻紫陽者乎？甚矣，今人之不學也。」最後，則假評金履祥的《論孟考證》，進一步抨擊盲目尊朱之弊。百家於此寫道：「仁山有《論孟考證》，發朱子之所未發，多所牴牾。其所以牴牾朱子者，非立異以為高，其明道之心，亦欲如朱子耳。朱子豈好同而惡異者哉！世為科舉之學者，於朱子之言，未嘗不錙銖以求合也。乃學術之傳，在此而不在彼，可以憬然悟矣。」[29]

---

28 黃百家：《象山學案》按語，見《宋元學案》，卷58，《象山學案》。

29 黃百家：《北山四先生學案》按語，見《宋元學案》，卷82。

　　黃宗羲、百家之述《金華學案》，實欲據以論元代之浙東理學。
而今本卷九十之《魯齋學案》，則專述元代北方理學，故原題《北方
學案》。在該學案案主趙復傳略後，黃百家有按語一段，總論元代北
方理學云：「自石晉燕、云十六州之割，北方之為異域也久矣，雖有
宋諸儒迭出，聲教不通。自趙江漢以南冠之囚，吾道入北。而姚樞、
竇默、許衡、劉因之徒，得聞程、朱之學以廣其傳，由是北方之學鬱
起，如吳澄之經學，姚燧之文學，指不勝屈，皆彬彬鬱鬱矣。」[30]卷
九十一之《靜修學案》，黃氏父子原以附《北方學案》，百家於案中亦
有總論一代學術語。他說：「有元之學者，魯齋、靜修、草廬三人
耳。草廬後至，魯齋、靜修，蓋元之所藉以立國者也。二子之中，魯
齋之功甚大，數十年彬彬號稱名卿材大夫者，皆其門人，於是國人始
知有聖賢之學。靜修享年不永，所及不遠。然是時虞邵庵之論曰，文
正沒，後之隨聲附影者，謂修辭申義為玩物，而苟且於文章，謂辨疑
答問為躐等，而姑困其師長，謂無所猷為為涵養德性，謂深中厚貌為
變化氣質。外以聾瞽天下之耳目，內以蠱晦學者之心思。雖其流弊使
然，亦是魯齋所見，只具粗跡，故一世靡然而從之也。若靜修者，天
分盡高，居然曾點氣象，固未可以功效較優劣也。」[31]

　　黃宗羲父子之究心宋元儒學，結撰《宋儒學案》、《元儒學案》，
就內容而言，一如《明儒學案》，係斷代為史，未突破朝代界限。而
在編纂體例上，則變通舊作而有所發展。儘管黃氏遺稿今已無從得
見，但僅就經全祖望編訂的《宋元學案》而論，這一發展已顯而易
見。大體而言，黃氏父子的《宋元儒學案》，結構依然是三段式，只
是三段之中，類似《明儒學案》的總論，或因脫稿尚需時日，並未獨

---

30 黃百家：《魯齋學案》按語，見《宋元學案》，卷90。
31 黃百家：《靜修學案》按語，見《宋元學案》，卷91。

立於卷首，而是以隨文按語的形式置於案中。取而代之的，則是學術資料選編後的〈附錄〉。凡一完整的學案，皆由此三部分構成，即案主傳略、學術資料選編、附錄。附錄所載，近承孫奇逢《理學宗傳》卷末之小字附注，遠襲朱熹《伊洛淵源錄》之〈遺事〉，集中著錄案主同時及爾後學者述其學行語。這一新的三段式編纂格局，經其後全祖望編訂《宋元學案》而定型，遂合卷首〈序錄〉於一體，成為學案體史籍的圭臬。

二　全祖望與《宋元學案》

黃宗羲、百家父子相繼謝世之後，所遺《宋元儒學案》稿本，無人董理，幾至散佚。乾隆初，幸得浙東學者全祖望續加補輯，釐定卷帙，拾墜緒於將湮，理遺編於瀕失。《宋元學案》之能成完書，全祖望的辛勤勞作，最可紀念。

（一）全祖望學行述略

全祖望，字紹衣，號謝山，浙江鄞縣（今屬寧波）人。生於康熙四十四年（1705年），卒於乾隆二十年（1755年），得年僅五十一歲。祖望秉性亢直，中年失官之後，絕意宦情，潛心經史，表彰鄉邦文獻，校勘《水經注》，箋釋《困學紀聞》，編訂《宋元學案》。不惟以之而名噪於乾隆初葉的學術界，而且還被爾後學者評為兼擅經史辭章的全才。

祖望四歲即入塾讀書，迄於十四歲補博士弟子，諸經之外，《通鑑》、《通考》諸書皆已寓目。十六歲時，以所為古文謁著名文士查慎行，深得查氏推許，比之為北宋散文家劉敞一輩。之後，他留心經史，專意於鄉邦文獻的董理。浙東藏書之家，如范氏天一閣、謝氏天

賜園、陳氏云在樓，皆留下過全祖望抄撮經史的身影。雍正七年，他為浙江學政王蘭生所識拔，錄為選貢，時年二十五歲。

雍正八年春，全祖望離鄉北上，就讀京師國子學。此時，耆儒方苞以治《禮經》而名著京城。祖望讀方氏著《喪禮或問》，於其中論大夫喪禮多有未安，於是致書方苞商榷。入京伊始，即以此而嶄露頭角。後應山東學政羅鳳彩聘請，入幕濟南，遍遊三齊。十年秋，以第一名舉順天鄉試。翌年春，會試落第。時值清世宗頒詔，擬再開博學鴻詞特科，以羅致人才。全祖望得列名薦牘，遂留京待試。乾隆元年春，以三甲第三十六名成進士。原指望與試特科，一舉而躋身翰林院儒臣之列。殊不知因先前忤大學士張廷玉，竟不允與試。翌年五月，又以庶起士考試下等而不得在翰林院供職，改而聽候補選外官，時年三十三歲。失官南歸，從此不再復出。

返鄉之後，迄於乾隆二十年七月病逝，十八年間，全祖望先後應聘主持紹興蕺山書院和粵東端溪書院講席，專意經史，作育人才。晚年貧病交加，寄人籬下，依然不改初衷，獻身學術，直到齎志而歿。

《困學紀聞》的箋注，是全祖望中年以後所完成的第一項著述事業。《困學紀聞》為宋元間浙東大儒王應麟所結撰，全書凡二十卷，係著者考證經史百家之學的札記薈萃，博極群書，引據繁富，既集一生學養，亦寓家國憂思，為我國古代學術史中有口皆碑的名著。清初，古學復興之風起，閻若璩以經史考證之學而睥睨四方，曾為《困學紀聞》作校注，是為清人對此書的初箋。稍後，何焯自炫其辭章之學，於《困學紀聞》再加箋注，是為二箋。全祖望繼起，時值閻、何二家箋注相繼刊行，於二家勞作雖多加首肯，但亦緣不盡愜意而發願三箋。乾隆六年秋冬間，祖望旅居揚州，取二家箋注合訂，刪繁就簡，補闕正訛，復增三百餘條，成《困學紀聞三箋》。翌年二月，撰〈困學紀聞三箋序〉有云：「深寧王先生《文集》百二十卷，今世不

可得見。……碎金所萃，則為《困學紀聞》。顧其援引書籍奧博，難以猝得其來歷，太原閻徵君潛丘嘗為之箋，已而長洲何學士義門又補之。……潛丘詳於開索，其於是書，最所致意，然筆舌冗漫，不能抉其精要，時挾偏乖之見，如力攻《古文尚書》，乃其平日得意之作，顧何必嘵嘵攙入此箋之內，無乃不知所以裁之耶？義門則簡核，而欲高自標置，晚年妄思論學，遂謂是書尚不免詞科人習氣，不知己之批尾家當，尚有流露此箋未經洗滌者。……予學殖荒落，豈敢與前輩爭入室操戈之勝？況莫為之前，予亦未能成此箋也。……是書雖經三箋，然闕如者尚多有之，又安知海內博物君子，不有如三劉者乎？予日望之矣。」[32]

　　校勘《水經注》，為全祖望晚年的第二項著述事業。《水經》為我國古代歷史地理著述，專記南北河道水系。作者其說不一，一說為漢桑欽，一說為晉郭璞，唯證據皆不確鑿，故久久存疑。一般認為，當是東漢間的作品。北魏間，酈道元為該書作注，成《水經注》四十卷，窮原竟委，引據浩博，經伴注行，皆成歷史地理學名著。宋明以來，《水經注》多有刊行，研究酈書，亦成專門學問。然而代遠年湮，酈書在輾轉傳抄和刊刻之中，或間有散佚，或錯簡失序，或經注混淆，魯魚亥豕，所在多有。校訂訛奪，恢復舊觀，摭補逸文，是正文字，皆為亟待解決的課題。故宋明數百年，董理其事者代不乏人。入清以後，考證經史之風漸興，黃儀、胡渭、顧祖禹、閻若璩、何焯、孫潛諸家，各有箋注。乾隆初，古學日盛，沈炳巽、全祖望、趙一清等續事校勘，集前人研究之所得，將《水經注》的整理推進到一個嶄新階段。全祖望之董理《水經注》，工始於乾隆十四年，釐定經注，摭拾逸文，校訂文字，用力極勤。迄於逝世，猶未完

編。今本《鮚埼亭集外編》所錄〈水經注泄水篇跋〉,即明言「乙亥
五月又題」。足見逝世前夕,他依然在其間辛勤耙梳。道光間,祖望
遺稿傳抄本流出。光緒中,始由薛福成據以刊行。

全祖望留意宋元史事,素有重修《宋史》之志。雍正十一年在京
期間,他曾就陸九淵學術六度致書廷臣李紱,詳加商榷。當時,李紱
結撰《陸子學譜》,一意表彰陸學。全祖望私淑黃宗羲,於陸九淵學術
多所推尊,故引李紱為同調,為使其著述臻於至善而不憚書劄往復。

祖望致李紱第一書,專論元明間的合會朱、陸學術之風,辯證發
端者之非趙汸。他先是引述元儒袁桷之論,以證明早在南宋末年淳
間,此風已由番陽湯中民開其先路。元人龔霆松繼起,著《朱陸異同
舉要》,亦是合會朱、陸學術之作。因此,他認為,《陸子學譜》沿前
人誤說,推元明間人趙汸為合會朱、陸學術先驅,是不妥當的。全祖
望在信中指出:「聖學莫重於躬行,而立言究不免於有偏。朱、陸之
學,皆躬行之學也,其立言之偏,後人采其醇而略其疵,斯真能會同
朱、陸者也。若徒拘文牽義,曉曉然逞其輪攻墨守之長,是代為朱、
陸充詞命之使,即令一屈一伸,於躬行乎何預!」書末,全祖望又略
述明儒表彰陸學諸家,以補《陸子學譜》之未竟。他說:「明儒申東
山之緒者,共推篁墩。而又有督學金溪王蘷弘齋,著《陸子心學
錄》,在嘉靖初年,閣下之鄉老也。又有侍郎李堂董山,四明人也。
《陸子粹言》,則出自臨海王敬所之手,是亦所當著錄者也。」[33]

全祖望第二書,專就《陸子學譜》中所列陸九淵諸弟子加以考
辨。書中,首先考訂以徐誼為陸九淵弟子之不妥。全祖望為此而引述
葉適所撰之徐氏墓誌銘,該志云:「公以悟為宗,懸解朗徹,近取日
用之內,為學者開示修證所緣。至於形廢心死,神視氣聽,如靜中震

---

33 全祖望:〈奉臨川先生帖子一〉,《鮚埼亭集外編》,卷44。

霆，冥外朗日，無不洗然，自以為有得也。」祖望認為，這一段話《宋史》不載，而李紱特為表出，實可補其闕略。然而，此文只可證明徐氏之學與陸學相合，卻不可據以判定徐誼之為陸九淵弟子。考諸楊簡祭徐誼文，稱簡見陸九淵，乃由徐誼紹介；黃震之《黃氏日抄》亦謂，徐誼見陸九淵「天地之性人為貴論」，因令楊簡師事陸氏。全祖望於是得出結論：「然則文忠未嘗師陸子矣，而《年譜》有『文忠侍學』之語，恐未可據。」接著，全祖望又寫道：「閣下於徐文忠公而下，牽連書蔡文懿公幼學、呂太府祖儉、項龍圖安世、戴文端公溪，皆為陸子弟子，則愚不能無疑焉。」於是逐一質疑之後，祖望斷言：「倘以陸子集中嘗有切磋鏃厲之語，遂謂楊、袁之徒侶焉，則譜系紊而宗傳混，適所以為陸學之累也。」最後，全祖望又論定以羅點之子為陸氏再傳弟子之不妥。他認為，此係受《考亭淵源錄》誇飾門牆之風影響所致，實不可取。在這封信中，還有一值得注意的消息，即全祖望所云：「蒙示《陸子學譜》，其中搜羅潛逸，較姚江黃徵君《學案》數倍過之。後世追原道脈者，可以無憾。」[34]這就是說，迄於雍正十一年，全祖望已經見過黃氏父子的《宋儒學案》稿本，至少是其中的《金溪學案》稿，否則「數倍過之」云云，也就無的放矢了。

全祖望致李紱的其它四封信，皆為補《陸子學譜》之闕略而作。四書或引官私史籍，或據別集雜著，原原本本，考證周詳，皆可見全祖望於宋元史事之留意，尤其是對鄉邦文獻之諳熟。

乾隆二年冬，祖望取道餘姚返鄉。時值鄭性捐資再刻《明儒學案》，他專為致書商榷。書中所議凡十一條。第一條，議楊簡之學在明初的傳衍；第二條，議薛瑄的早年師承；第三條，議宜增《鏡川學案》；第四條，議《戢山學案》中「五星聚張」一段當刪；第五條，

---

34 全祖望：〈奉臨川先生帖子二〉，《鮚埼亭集外編》，卷44。

議訾《學案》「私其鄉人」之不實；第六條，議史桂芳集可補；第七條，議永嘉諸王門弟子；第八條，議《近溪學案》中之胡宗正、胡清虛非一人；第九條，議《東林學案》所選吳鍾巒語錄未盡允當；第十條，議《東林學案》錄黃尊素述「繞朝贈策」事失當；第十一條，議補陽明山左弟子。全祖望所議十一條，雖多為枝節，無礙大體，鄭性及黃氏後人亦未加採納，但若非通曉宋明學術源流，通讀《明儒學案》，亦難將上述意見一一舉出。

乾隆四年夏，《明儒學案》刊刻蕆事。黃氏後人又覓得父祖《宋元儒學案》遺稿，亟欲委託一方名儒整理編訂。全祖望既有對於宋元學術的深厚素養，又曾讀過《宋元儒學案》和《明儒學案》稿本，於是他自然成為最恰當不過的人選。編訂《宋元學案》，就這樣進入全祖望晚年的歲月。

據全氏門人董秉純所輯《全謝山先生年譜》記，全祖望之編訂《宋元學案》，工始於乾隆十一年春末。當時，他正應友人之邀，由水路北遊蘇州，黃氏父子《宋元儒學案》遺稿，即置行篋之中。舟中無事，編訂《宋元學案》逐日進行。夏，北抵揚州，就館於當地鹽商馬氏畲經堂，繼續致力於《宋元學案》的編訂。經過近一年的努力，至翌年二月，《宋元學案》百卷〈序錄〉寫定，於是全祖望又張羅籌資刊刻事宜。為此，他頻繁往返於杭州、南京、揚州間，一路攜書稿隨行，校補不輟。乾隆十三年以後，因迭主蕺山、端溪書院講席，先是應聘重定黃宗羲遺書，隨後又將精力轉向《水經注》校勘，故而《學案》編訂時輟時續，久未得竣。十八年，全祖望染疾粵東，久病不痊，被迫辭書院講席北歸。七月，返抵故里。十九年春杪，養痾揚州，仍旅居畲經堂，治《水經注》，兼補《宋元學案》。後因病勢不減，遂於同年十一月返鄉。久病之後，衰弱異常，二十年三月，又傷嗣子夭亡，從此病情轉重。七月，溘然長逝。《宋元學案》的編訂終

成未竟事業，後得慈谿鄭氏資助刊行者，僅及全書〈序錄〉及第十七卷之《橫渠學案》上卷。

（二）編訂《宋元學案》的業績

全祖望之於《宋元學案》，主要業績在於如下三個方面。第一是精心擘畫，釐定卷帙；第二是提綱挈領，撰就〈序錄〉；第三是變通舊規，統一體例。茲分述如後。

第一，精心擘畫，釐定卷帙。

黃氏父子的《宋元儒學案》遺稿，卷帙分合雖粗具眉目，但不惟未盡合理，且多所闕略。全祖望據以編訂，就有大量的拾遺補闕、重加分合的工作要做。據道光間校定全書的王梓材、馮云濠介紹，全祖望在編訂卷帙的過程中，所做工作大致可分為修定、補本、次定、補定四類。所謂修定，指黃氏原本所有，而為全氏增損。所謂補本，指黃氏原本所無，而經全氏特立。所謂次定，指黃氏雖有原本，但卷帙分合未盡合理，而為全氏剖分。所謂補定，指黃氏原本所有，全氏又分其卷第而特為立案。用王、馮二氏的話來說，就叫做「次定無所謂修補，補本無所謂原本，修定必有所由來，補定兼著其特立」[35]。

今本一百卷《宋元學案》中，經全祖望修訂者凡三十一卷，依次為《安定學案》、《泰山學案》、《百源學案》下、《濂溪學案》下、《明道學案》下、《伊川學案》下、《橫渠學案》下、《上蔡學案》、《龜山學案》、《廌山學案》、《和靖學案》、《武夷學案》、《豫章學案》、《橫浦學案》、《艾軒學案》、《晦翁學案》下、《南軒學案》、《東萊學案》、《梭山復齋學案》、《象山學案》、《勉齋學案》、《西山真氏學案》、《北山四先生學案》、《雙峰學案》、《介軒學案》、《魯齋學案》、《草廬學

---

35 王梓材、馮雲濠：《校刊宋元學案條例》第3條，見《宋元學案》，卷首。

案》。經全祖望補本者凡三十三卷，依次為《高平學案》、《盧陵學案》、《古靈四先生學案》、《士劉諸儒學案》、《涑水學案》上下、《范呂諸儒學案》、《元城學案》、《華陽學案》、《景迂學案》、《兼山學案》、《震澤學案》、《陳鄒諸儒學案》、《漢上學案》、《默堂學案》、《趙張諸儒學案》、《范許諸儒學案》、《玉山學案》、《清江學案》、《說齋學案》、《徐陳諸儒學案》、《二江諸儒學案》、《張祝諸儒學案》、《丘劉諸儒學案》、《存齋晦靜息庵學案》、《巽齋學案》、《師山學案》、《蕭同諸儒學案》、《元祐黨案》、《慶元黨案》、《荊公新學略》、《蘇氏蜀學略》、《屏山鳴道集說略》。經全祖望所補定者凡三十卷，依次為《滎陽學案》、《劉李諸儒學案》、《呂范諸儒學案》、《周許諸儒學案》、《王張諸儒學案》、《紫微學案》、《衡麓學案》、《五峰學案》、《劉胡諸儒學案》、《艮齋學案》、《止齋學案》、《水心學案》上下、《龍川學案》、《西山蔡氏學案》、《南湖學案》、《九峰學案》、《滄州諸儒學案》上下、《嶽麓諸儒學案》、《麗澤諸儒學案》、《慈湖學案》、《絜齋學案》、《廣平定川學案》、《槐堂諸儒學案》、《深寧學案》、《東發學案》、《靜清學案》、《靜修學案》、《靜明寶峰學案》。經全祖望所次定者凡六卷，依次為《百源學案》上、《濂溪學案》上、《明道學案》上、《伊川學案》上、《橫渠學案》上、《晦翁學案》上。足見，今本《宋元學案》卷帙的釐定，無卷沒有全祖望的辛勤勞作。所以王、馮二氏說：「梨洲原本無多，其經謝山續補者，十居六七。」[36]

　　第二，提綱挈領，撰就〈序錄〉。

　　黃氏父子的《宋元儒學案》遺稿，上下四百年，所錄儒林中人數以百千計。原稿以宋、元二代分行，全祖望合而為一，遂成貫通二代的百卷巨帙。在釐定卷帙的同時，全祖望取《明儒學案》總論遺意，

---

36 王梓材、馮雲濠：《校刊宋元學案條例》第3條，見《宋元學案》，卷首。

撰為〈序錄〉百條，冠諸全書卷首。讀者初閱《宋元學案》，有全氏〈序錄〉導引，確可收提綱挈領之效。

　　全氏〈序錄〉，首述開宋元學術端緒諸大儒。一如黃氏父子，他不取周敦頤為宋學開山之說，而是推祖於胡瑗、孫復。祖望說：「宋世學術之盛，安定、泰山為之先河，程、朱二先生皆以為然。」[37]《安定》、《泰山》二學案之後，為補黃氏父子之未盡，全祖望特立《高平》、《廬陵》、《古靈四先生》、《士劉諸儒》及《涑水》五學案，以表彰范仲淹、歐陽修、陳襄、鄭穆、陳烈、周希孟、士建中、劉顏、司馬光諸家學術。於范仲淹，全祖望說：「晦翁推原學術，安定、泰山而外，高平范魏公其一也。高平一生，粹然無疵，而導橫渠以入聖人之室，尤為有功。」[38]於歐陽修，他則專意表彰其「因文見道」之功，認為：「夫見道之文，非聖人之徒亦不能也。」[39]論邵雍、周敦頤一輩學術，全祖望亦仍黃宗羲之見，不取朱熹《伊洛淵源錄》之說，而是將邵雍置於周敦頤之前。他尤其不滿朱門中人排斥司馬光於儒學之外的偏見，指出：「小程子謂，閱人多矣，不雜者，司馬、邵、張三人耳。故朱子有六先生之目。然於涑水微嫌其格物之未精，於百源微嫌其持敬之有歉，《伊洛淵源錄》中遂祧之。草廬因是敢謂，涑水尚在不著、不察之列。有是哉？妄也。」[40]至於二程學術之是否淵源於周敦頤，全祖望亦不取朱熹之說，而是以呂希哲、汪應辰所論為據，予以否定。他說：「濂溪之門，二程子少嘗遊焉。其後伊洛所得，實不由於濂溪。是在高弟滎陽呂公已明言之，其孫紫微又申言之，汪玉山亦云然。今觀二程子終身不甚推濂溪，並未得與馬、邵

37　全祖望：《安定學案》，《宋元學案序錄》，卷1。

38　全祖望：《高平學案》，《宋元學案序錄》，卷3。

39　全祖望：《廬陵學案》，《宋元學案序錄》，卷7。

40　全祖望：《涑水學案》，《宋元學案序錄》，卷11。

之列，可以見二呂之言不誣也。晦翁、南軒始確然以為二程子所自
出，自是後世宗之，而疑者亦踵相接焉。然雖疑之，而皆未嘗考及二
呂之言以為證，則終無據。予謂濂溪誠入聖人之室，而二程子未嘗傳
其學，則必欲溝而合之，良無庸矣。」[41]

朱、陸學術之爭，是宋代理學史上的一大公案，歷元明諸朝，迄
於清初而不絕。全祖望不主張墨守朱子學，所以他在〈序錄〉中寫
道：「楊文靖公四傳而得朱子，致廣大，盡精微，綜羅百代矣。江西
之學，浙東永嘉之學，非不岸然，而終不能諱其偏。然善讀朱子之書
者，正當遍求諸家，以收去短集長之益。若墨守而屏棄一切焉，則非
朱子之學也。」[42]同樣的道理，全祖望亦不贊成朱門中人之群詆陸九
淵為異學，於是在《象山學案》的〈序錄〉中，他寫下了這樣一段
話：「象山之學，先立乎其大者，本乎孟子，足以砭末俗口耳支離之
學。但象山天分高，出語驚人，或失於偏而不自知，是則其病也。程
門自謝上蔡以後，王信伯、林竹軒、張無垢至於林艾軒，皆其前茅，
及象山而大成，而其宗傳亦最廣。或因其偏而更甚之，若世之耳食雷
同，自以為能羽翼紫陽者，竟詆象山為異學，則吾未之敢信。」[43]

宋元之際，陸學衰而朱學盛，和會朱、陸學術之風起，歷有元一
代而不衰。全祖望於此尤為注意，故而〈序錄〉中多所反映。一如黃
宗羲父子，全祖望把陸學的衰微歸咎於楊簡，他說：「象山之門，必以
甬上四先生為首，蓋本乾、淳諸老一輩也。而壞其教者實慈湖。」[44]
全祖望認為，元儒吳澄，學雖近朱，亦兼主陸學，實為和會朱、陸學
術的大儒。他就此寫道：「草廬出於雙峰，固朱學也，其後亦兼主陸

41　全祖望：《濂溪學案》，《宋元學案序錄》，卷11。
42　全祖望：《晦翁學案》，《宋元學案序錄》，卷48。
43　全祖望：《象山學案》，《宋元學案序錄》，卷58。
44　全祖望：《慈湖學案》，《宋元學案序錄》，卷74。

學。蓋草廬又師程氏紹開，程氏嘗築道一書院，思和會兩家。然草廬之著書，則終近乎朱。」[45]吳澄之後，鄭玉是另一位和會朱、陸的學者，全祖望說：「繼草廬而和會朱、陸之學者，鄭師山也。草廬多右陸，而師山則右朱，斯其所以不同。」[46]在全祖望看來，自宋末徐霖謝世，陸學遂告衰微。其後，雖有胡長孺之治陸學，但頹勢未振。有元一代，中興陸學者為江西陳苑和浙東趙偕。於是他特立《靜明寶峰學案》，在〈序錄〉中有云：「徑畈歿而陸學衰，石塘胡氏雖由朱而入陸，未能振也。中興之者，江西有靜明，浙東有寶峰。」[47]

第三，變通舊規，統一體例。

一如前述，黃宗羲父子之結撰《宋元儒學案》，在編纂體例上，既沿《明儒學案》成例，亦略有變通。述案主學術的三段式結構雖大體未改，但其總論已為附錄所取代。全祖望編訂《宋元學案》，沿例而行，再作變通。一方面置〈序錄〉於書首，提綱挈領，評介各家學術，已如前述。另一方面，既在總體上，按時代順序編次各學案，又圍繞各案案主，以講友、學侶、同調、家學、門人、私淑、續傳分目，詳盡記述其學術的傳承、演變，從而突出了宋元學術講師承、重淵源的歷史特徵。試舉全書卷首、卷末二案為例，說明如後。

全書卷首之《安定學案》，先以「高平講友」標目，述案主胡瑗學術。首為胡氏傳略，繼錄案主《論語說》、《春秋說》，再輯附錄十五條。是為典型之三段式結構。「高平講友」云者，是說案主為范仲淹講論學術的友好。胡瑗學行介紹完畢，則以「安定學侶」標目，所記凡三人，即孫復、石介、阮逸。孫復名下有注：「別為《泰山學案》。」意即已為孫氏別立一專門學案。石氏名下亦有注：「別見《泰

---

45 全祖望：《草廬學案》，《宋元學案序錄》，卷92。
46 全祖望：《師山學案》，《宋元學案序錄》，卷94。
47 全祖望：《靜明寶峰學案》，《宋元學案序錄》，卷93。

山學案》。」意即石介的有關情況，載於孫復《泰山學案》中。阮逸則有一極簡略的生平梗概。之後，接以「安定同調」之目，入目者為陳襄、楊適二人。陳氏名下注曰：「別為《古靈四先生學案》。」楊氏名下注曰：「別見《士劉諸儒學案》。」「別為」、「別見」之分，已如前述，恕不贅釋。其下則是「安定門人」一目，所載為胡瑗弟子四十六人。此四十六人中，所述詳略各異。凡屬下述三種情況者，皆僅著錄其姓名。即一是如程頤、呂希哲二人之「別為」某學案；二是如呂純、汪懈、歐陽發、饒子儀、張巨、陳貽范、朱光庭之「別見」某學案；三是如范純祐、范純仁、管師復、管師常之「並見」某學案。「並見」云者，是說二人同時附載於某學案中。除此三者，其它諸人皆有一文字長短不等的傳略，孫覺且有附錄一條，徐積更有一完整的三段式學術紹介。繼「安定門人」之後，是「節孝同調」一目，載與徐積持同樣學術主張的趙君錫。趙氏名下注云：「別見《高平學案》。」隨後為「安定私淑」之目，載服膺胡瑗之學的羅適。之後諸目，依次為「節孝門人」、「華老門人」、「八行家學」、「劉氏家學」、「劉氏門人」、「開府家學」、「倪氏門人」、「田氏門人」、「季節門人」、「鄒氏家學」、「杜氏家學」、「莫氏家學」。所載皆為胡瑗之再傳、三傳弟子。最終則以「安定續傳」之目殿後，所錄凡二人，即吳儆、汪深。吳氏名下注云：「別見《嶽麓諸儒學案》。」汪氏名下注云：「別見《象山學案》。」一個學案之中，案主、嫡傳、再傳、三傳、續傳，已達八十餘人之多，確乎令人眼花繚亂。而時間跨度就更其驚人，案主胡瑗為北宋初人，卒於仁宗嘉祐四年（1059年），而其「續傳」汪深，已入宋元之際，卒於元成宗大德八年（1304年），相去二百數十年。如此梳理學術源流，長則長矣，而一味求長之中實已失去信史價值。取與《明儒學案》之秩然有序相比，不啻弄巧成拙，簡直是一個倒退。

　　《宋元學案》卷末為《屏山鳴道集說略》，與之前《荊公新學略》、《蘇氏蜀學略》皆為全祖望所特立。王安石及蘇洵、蘇軾、蘇轍父子皆北宋人，而李純甫為金人，何以統歸卷末？既經著錄，又何以不稱「案」而名「略」？據全祖望解釋，王、蘇是因其「雜於禪」，李氏則緣其「遊於異端」。他說：「關、洛陷於完顏，百年不聞學統，其亦可歎也。李屏山之雄文而溺於異端，敢為無忌憚之言，盡取涑水以來大儒之書，恣其狂舌，可為齒冷。然亦不必辯也，略舉其大旨，使後世學者見而嗤之。其時河北之正學且起，不有狂風怪霧，無以見皎日之光明也。」[48]

　　《屏山鳴道集說略》卷首，先以「王蘇餘派」標目，述金代文章大家李純甫傳略。其次，錄《鳴道集說》中語四條。隨後再接以「屏山講友」之目，載趙秉文傳略及《滏水文集》摘編。其後，則依次為「李趙學侶」、「滏水同調」、「屏山門人」、「雷宋同調」、「滏水門人」、「蓬門家學」、「蓬門門人」、「雷氏家學」、「周氏門人」、「神川門人」、「王氏門人」諸目，凡載李氏後學二十人。一個值得注意的問題是，全祖望於《滏水文集》後，加有一段按語，據云：「滏水本學佛，而襲以儒，其視李屏山，特五十步、百步之差耳。雖然，猶知畏名教之閒，則終不可與屏山同例論也。劉從益、宋九嘉能排佛，可謂豪傑之士，顧其書無傳焉。董文甫者，亦滏水之亞也，皆附見之，聊為晦冥中存一線耳。」[49]這段按語至少可以說明兩點，即李純甫與趙秉文，雖同樣援儒入釋，但其間亦有區別，不可一概而論。此其一。其二，全祖望當年所附錄於李、趙二人之後者，為劉從益、宋九嘉、董文甫三人。因此，「李趙學侶」以下諸目，當係道光間王、馮二人所

---

48 全祖望：《屏山鳴道集說略》按語，《宋元學案》，卷100。

49 全祖望：〈屏山鳴道集說略序錄〉，《宋元學案》，卷100。

增補。由此一疑點而推擴開去，筆者實在懷疑今本《宋元學案》之疊床架屋，繁冗標目，恐非全祖望所為，或許出自王、馮二人之手。唯文獻無徵，姑存疑於此，一則求教於大雅方家，再則俟諸他日詳考。

（三）《深寧學案》與《困學紀聞》校讀記

《深寧學案》見於今本《宋元學案》卷八十五。依黃宗羲、百家父子未竟遺稿，王應麟僅存小傳一篇，附載於《真西山學案》。後經全祖望增定，始獨立而出，自成一卷，題為《深寧學案》。一如學案體史籍定例，《深寧學案》卷首為〈序錄〉，總評案主學術云：「四明之學多陸氏，深寧之父亦師史獨善以接陸學。而深寧紹其家訓，又從王子文以接朱氏，從樓迂齋以接呂氏。又嘗與湯東澗遊，東澗亦兼治朱、呂、陸之學者也。和齊斟酌，不名一師。《宋史》但誇其辭業之盛，予之微嫌於深寧者，正以其辭科習氣未盡耳。若區區以其《玉海》之少作為足盡其底蘊，陋矣。」繼之則為案主小傳，大體刪節《宋史》本傳而成，直書其事，簡核有法，所增「入元不出」四字，不沒大節，洵稱實錄。隨後即是案主學術資料選編，凡兩種，一為《深寧文集》，一為《困學紀聞》。前者僅九條，而後者則至百餘條之多。道光間，全祖望遺稿經王梓材、馮云濠二人整理，《深寧學案》中所錄《困學紀聞》語，尚存六十五條。案末為附錄，凡兩條。

《深寧學案》選錄之《困學紀聞》語，皆出全祖望手，案主之為學旨趣，棱棱風節，憑以足見大體。唯書稿本屬蠅頭細草，未經整理，祖望齎志而歿，遺稿輾轉傳抄，迭經眾手，難免魯魚豕亥，錯簡誤植。經與道光間翁氏集注本《困學紀聞》校讀，於今本《深寧學案》之刪節失當，句讀偶疏，間有所見。謹試舉數例如後。

《易說》一類，第八條「法不可變」以下，當另為一條。第九條「觀心於《復》」以下，亦當另為一條。《紀聞》皆非同條，合之失當。

　　《書說》一類，第五、六兩條，本屬一條，不應分立。「乃命三後」確為《尚書》〈呂刑〉語，而「〈小雅〉盡廢」一語則不出《尚書》，乃《詩》〈小雅〉〈六月序〉語。第五條「入於」下，脫「夷狄」兩字。

　　《詩說》一類，第一條「不畏於天」以下，《紀聞》原作「荊公謂世雖昏亂，君子不可以為惡，自敬故也，畏人故也，畏天故也。愚謂《詩》云『周宗既滅』」。《學案》既刪王荊公語，又將「愚謂《詩》云」四字一併不錄，徑接以「宗周既滅」。這樣一來，本出《小雅》〈雨無正〉之「周宗既滅」，竟被改為不明所自的「宗周既滅」。同條其後的「本心」兩字，依《紀聞》當作「人心」，文字亦經改動。

　　第二條，《紀聞》原作「『巧言如簧，顏之厚矣』，羞惡之心未亡也。『不愧於人，不畏於天』，無羞惡之心矣。天人一也，不愧則不畏」。今本《學案》則作「『不愧於人，不畏於天』。天人一也，不愧則不畏」。刪節《紀聞》，固無不可，然如此徵引古籍，面目既改，語意亦非。

　　第四條，《紀聞》原作「《孝經》言卿大夫之孝曰：『非先王之法服不敢服，非先王之法言不敢道，非先王之德行不敢行。』孟子謂曹交曰：『服堯之服，誦堯之言，行堯之行。』聖賢之訓，皆以服在言行之先」。[50]《學案》則改作「《孝經》『非先王之法服不敢服』，《孟子》『服堯之服，聖賢之訓』」。不惟刪節失當，且句讀亦誤。同條下之「不篤敬」，《學案》亦將「篤」字改作「恭」。

　　第五條，本為《紀聞》注語，非正文。《學案》以正文徵引，復改「謹獨」作「慎獨」。

---

50 末字「先」，翁元圻注《困學紀聞》作「則」，誤，據《四庫全書》本改。

第六條，《紀聞》原作「衛武公自警曰：『慎爾出話，敬爾威儀，無不柔嘉。』古之君子，剛中而柔外，仲山甫之德『柔嘉維則』，隨會『柔而不犯』。韓文公為王仲舒銘曰：『氣銳而堅，又剛以嚴，哲人之常。與其友處，順若婦女，何德之光』」。《學案》則不依原文順序，改作「古之君子，剛中而柔外，仲山甫『柔嘉維則』，衛武公『無不柔嘉』，隨會『柔而不犯』」。如此改寫舊籍，最當斟酌。

《禮說》一類，第六條，依《紀聞》，「學之始」後，本當作句號，再接以「辯云者」三字。即「一年者，學之始。辯云者，分別其心所趨向也」。而今本《學案》脫「辯云者」三字，故誤作「一年者，學之始分別」云云。

第九條，《學案》「餘子皆入學，距冬至四十五日始出學」云云，有出學時間而無入學時間，文意不全。依《紀聞》，「餘子皆入學」前，脫「新穀已入」四字。

《經說》[51]一類，第一、第二兩條，依《紀聞》實屬同條，不當分立。上半段引虞溥語，出《晉書》卷八十二《虞溥傳》。下引號當在「志不立」後，不當在「入神也」後。下半段引任子語，《紀聞》原注甚明，見《太平御覽》卷六百一十三。下引號當在「無以為仁」後，不當在「所以治人」後。引述二家語後，王應麟有云：「愚謂此皆天下名言，學者宜書以自儆。」今本《學案》之致誤，蓋緣於不錄王應麟結語。

《考史》一類，第一條，「其惑於佞甚矣」前，依《紀聞》，脫「不惟失於知人」六字，「子陵所以鴻飛冥冥也」後，脫「『懷仁輔義』之言，豈特規侯霸哉」十二字。兩處脫字，難免釀成今本《學案》句讀之誤。

---

51 今本《宋元學案》作「《說經》」，誤。

　　由以上所舉之十一例可見，讀書校讎之不能忽視。何況是《困學紀聞》、《宋元學案》一類之學術名著，吾儕學人更當嚴謹精勤，一絲不苟。晚清，張之洞著《書目答問》，於《困學紀聞》諸多版本中，獨舉二部以示後學，一為萬希槐《七籤集證》，一為翁元圻《集注》。《答問》及稍後范希曾先生之《補正》，皆尤為推重翁氏《集注》本，認為：「此注更勝《七籤》本。」前賢甘苦之言，信然可據。

三　《宋元學案》的刊行

　　全祖望的齎志而歿，使《宋元學案》的編訂頓告中斷。之後，時日遷延，董理艱難，直至八十餘年之後，始於道光十八年（1838年）得以刊行。其間，全氏弟子、黃氏後人以及王梓材、馮云濠等，或庋藏，或抄謄，或補輯，眾人勞作，多所用力。

（一）全氏弟子的庋藏和抄謄

　　全祖望故世之後，所編訂之《宋元學案》遺稿，一併為其門人盧鎬收藏。盧鎬，字配京，號月船，以乾隆十八年舉人，官山西平陽府學教諭。祖望病逝，鎬辭教職返鄉，潛心於其師《宋元學案》遺稿的整理、謄清。他與黃宗羲裔孫璋為友，相約共成《宋元學案》。據所寫〈和姚江黃稚圭見贈原韻〉一詩云：「南雷正學源流長，亭林、夏峰遙相望。甬上前賢多入室，蕺山俎豆傳馨香。小泉翁既不可作，典型無復如中郎。遺書散漫孰收拾，末學執卷增彷徨。區區校勘力未及，敢效束皙補《詩》亡。覃思幸借下帷容，助我尚賡求友章。何期雙瀑老孫子，枉顧不勞置鄭莊。黃茅白葦正彌望，忽見秀幹方崇強。秋雨閉門共商榷，足本擬續續抄堂。從今剞劂庶可望，告成五緯重輝煌。」詩中，盧氏有自注云：「梨洲先生《宋元學案》，經耒史、謝山

兩先生續葺，尚未成書，稿本今在餘處。久思補完之，不及也。」鎬注且稱：「君力任與余共成《學案》，謀即入梓。且欲續成《宋文鑒》，索余《平園》、《攻媿》諸集。」[52]盧鎬因之曾將全祖望撰〈序錄〉及底稿二十冊寄黃璋，他亦收到黃璋所寄其祖百家纂輯稿。盧氏雖有志《宋元學案》的編訂，但其師遺稿謄錄僅及半數，便告去世。後來，鎬外孫黃桐孫曾將書稿攜往安徽、廣東，試圖覓得知音，以成祖志。無奈董理乏人，只好璧還盧氏後人庋藏。

全祖望生前，弟子雖多，但往往學成而宦遊於外，獨蔣學鏞家居授徒。祖望所訂《宋元學案》稿，即有一部藏於蔣氏，其中且有全氏手稿，彌足珍貴。據見過這個本子的王梓材稱：「顧其本多與盧氏本復，然其不復者如張南軒弟子李悅齋真傳、徐宏父弟子趙時隱希館傳，謝山著錄甚詳。吉光片羽，皆可寶貴，不得以殘本少之。其本帙尾有六十卷之目，是謝山未定〈序錄〉時之目，或朱史所編之目也。」[53]

（二）黃氏後人的校補

全祖望尚在編訂《宋元學案》之時，黃宗羲裔孫璋曾試圖索觀，因未成編而不得如願。黃璋晚年，承全氏弟子盧鎬相助，得祖望所撰〈序錄〉及底稿二十冊。之後，黃璋及其子孫三代相繼，整理抄輯，終成一部八十六卷的家藏本。據璋孫直垕所記：「先遺獻公於《明儒學案》外，又輯《宋元儒學案》，尚未成編而卒，命季子主一公纂輯之。其後，謝山全庶常又續修之，大父曾向全氏索觀而不得。全氏歿，配京盧氏寄示底稿二十冊，續寄〈序錄〉一卷。大父得之，欣同拱璧。晚歲里居，為之抄輯者有年。無如輾轉抄寫，多有闕略舛誤，魯魚亥豕，更不待言。而全氏手筆，又多蠅頭細草，零星件係，幾不

---

52 王梓材、馮雲濠：《宋元學案考略》，見《宋元學案》，卷首。
53 王梓材、馮雲濠：《宋元學案考略》，見《宋元學案》，卷首。

可識別。先子于歸田後，復為之正其舛誤，補其闕略，並其件係，命直㙞抄錄而次第之，是書始克成編。」[54]

黃氏家藏校補本，雖因所得全氏底稿闕略，卷帙分合未盡允當，以致與書首全祖望百卷〈序錄〉參差。但盧氏藏本所缺，如邵雍、程頤及陸九淵兄弟的資料，則完整地保存在黃本之中。正如深知其價值的王梓材所云：「是本亦安可少哉！」[55]

（三）《宋元學案》的整理刊行

《宋元學案》在道光間的刊行，首倡者為何淩漢。道光十一年（1831年），何氏以工部侍郎主持浙江鄉試。試畢，即以學政留浙。翌年春，按試寧波，向士子王梓材詢及黃、全二家所修《宋元學案》遺稿事，梓材答以未見。何氏以寧波多藏書之家，囑梓材勤為訪求。十三年春，何氏奉召回京，繼任學政陳用光續事尋覓。先得黃氏後人家藏八十六卷校補本，繼之又得盧、蔣二氏所藏全氏遺稿，於是統交士子王梓材、馮雲濠整理。

王梓材，字㬠軒，浙江鄞縣（今寧波市）人。馮雲濠，字五橋，浙江慈谿人。王、馮二人於《宋元學案》的整理，主要做了如下幾個方面的工作。首先，將黃、全二家遺稿詳加比勘，以全祖望百卷〈序錄〉為準，釐定全書次第。其次，除將全氏百卷〈序錄〉冠諸書首，又以各學案之〈序錄〉分置該案案端，以示提綱挈領。再次，為各學案補編一表，分置各案〈序錄〉之後，以明各家學術傳承。整理者認為：「明儒諸家，派別尚少。宋元儒則自安定、泰山諸先生，以及濂、洛、關、閩，相繼而起者，子目不知凡幾。故《明儒學案》可以

---

54 黃直㙞：〈家藏宋元學案補本跋〉，見《宋元學案》，卷首。

55 王梓材、馮雲濠：《宋元學案考略》，見《宋元學案》，卷首。

無表,《宋元學案》不可無表,以揭其流派。」[56]復次,自全祖望《鮚
埼亭集》及其補編中,摘取考論宋元學術的文字,分置於各案,以補
脫略殘缺。最後,據全氏〈序錄〉,以《道命錄》為底本,補撰卷九
十六《元祐黨案》、卷九十七《慶元黨案》。又參考史傳,補寫黃、全
二家所闕案中人傳略,並就史實考訂及校勘等,酌加必要按語於各案
之中。

　　道光十七年春,馮雲濠出資,將王、馮整理稿在浙東付刻。翌年
夏,王梓材攜新刻《宋元學案》印本進京呈何淩漢,何氏欣然作序。
一年多後,何淩漢病故。二十二年春,英軍肆虐浙東,馮氏書版毀於
兵火。同年秋,何淩漢子紹基服闋入都,決意依王氏所呈印本重刊
《宋元學案》,以完成其父遺志。王梓材應何紹基請,重加校勘。此
時,何紹基在京中集資,於西城慈仁寺內隙地,營建顧亭林先生祠新
成,即請王氏下榻其間。何氏且將所庋藏圖書凡與《學案》有關者,
移置祠內,供梓材查閱。所雇刻工,亦隨居慈仁寺內。王梓材精心校
勘,補脫正誤,刻工則隨校隨刻,何紹基亦竭力襄事。至道光二十六
年夏,重刊《宋元學案》告竣。在此次重校中,王梓材又成《宋元學
案補遺》百卷,後以別本刊行。

---

56 王梓材、馮雲濠:《校刊宋元學案條例》,見《宋元學案》,卷首。

中華文化思想叢書 A0100009

清代學術源流　上冊

作　　者　陳祖武

責任編輯　蔡雅如

發 行 人　陳滿銘

總 經 理　梁錦興

總 編 輯　陳滿銘

副總編輯　張晏瑞

編 輯 所　萬卷樓圖書股份有限公司

排　　版　林曉敏

印　　刷　百通科技股份有限公司

封面設計　斐類設計工作室

出　　版　昌明文化有限公司

桃園市龜山區中原街 32 號

電話　(02)23216565

發　　行　萬卷樓圖書股份有限公司

臺北市羅斯福路二段 41 號 6 樓之 3

電話　(02)23216565

傳真　(02)23218698

電郵　SERVICE@WANJUAN.COM.TW

大陸經銷

廈門外圖臺灣書店有限公司

　電郵　JKB188@188.COM

ISBN 978-986-92892-0-7

2016 年 4 月初版

定價：新臺幣 400 元

如何購買本書：

1. 劃撥購書，請透過以下郵政劃撥帳號：

　帳號：15624015

　戶名：萬卷樓圖書股份有限公司

2. 轉帳購書，請透過以下帳戶

　合作金庫銀行 古亭分行

　戶名：萬卷樓圖書股份有限公司

　帳號：0877717092596

3. 網路購書，請透過萬卷樓網站

　網址 WWW.WANJUAN.COM.TW

大量購書，請直接聯繫我們，將有專人為您

服務。客服：(02)23216565 分機 10

如有缺頁、破損或裝訂錯誤，請寄回更換

國家圖書館出版品預行編目資料

清代學術源流 / 陳祖武著.-- 初版.-- 桃園
市：昌明文化出版；臺北市：萬卷樓發行,
2016.04

　冊；　公分.-- (中華文化思想叢書)

ISBN 978-986-92892-0-7(上冊：平裝)

1.學術思想 2.清代

112.7　　　　　　　　　　　105002879

本著作物經廈門墨客知識產權代理有限公司代理，由北京師範大學出版社（集團）有
限公司授權萬卷樓圖書股份有限公司出版、發行中文繁體字版版權。